深埋长隧洞探测技术研究

薛云峰　张继锋　郭玉松　编著

黄河水利出版社
·郑州·

内 容 提 要

本书根据南水北调西线工程的特点,分析了可控源音频大地电磁法在南水北调西线工程探测中存在的一些技术难题,并对这些问题进行了理论分析、模型研究和方法技术研究,确定了以可控源音频大地电磁法为主,配合其他物探和地质调查进行南水北调西线工程深埋长隧洞探测方法,为类似工程的探测和成果解释提供了工作模式。

本书可供从事物探、地质工作的工程技术人员及大专院校相关专业的教师和研究生学习参考。

图书在版编目(CIP)数据

深埋长隧洞探测技术研究/薛云峰,张继锋,郭玉松编著. —郑州:黄河水利出版社,2010.12

ISBN 978-7-80734-923-5

Ⅰ.①深… Ⅱ.①薛… ②张… ③郭… Ⅲ.①深埋隧道-探测-研究 Ⅳ.①U459.9

中国版本图书馆 CIP 数据核字(2010)第 203454 号

组稿编辑:王路平 电话:0371-66022212 E-mail:hhslwlp@126.com

出 版 社:黄河水利出版社

地址:河南省郑州市顺河路黄委会综合楼 14 层 邮政编码:450003

发行单位:黄河水利出版社

发行部电话:0371-66026940、66020550、66028024、66022620(传真)

E-mail:hhslcbs@126.com

承印单位:河南省瑞光印务股份有限公司

开本:787 mm×1 092 mm 1/16

印张:10

字数:230 千字 印数:1—1 000

版次:2010 年 12 月第 1 版 印次:2010 年 12 月第 1 次印刷

定价:29.00 元

前　言

深埋长隧洞施工是南水北调西线工程第一期工作中的难点，也是跨流域调水工程必须面对的问题。如何在隧洞设计与施工之前，对拟建隧洞的工程地质条件进行详细勘察，在地表利用地面勘探、地质调查、综合地球物理探测技术，获取引水隧洞附近地层结构和物性特征，并根据物性特征进行岩性分类；查明主要断层构造的宽度和走向、埋深，并对构造的赋水性进行初步评价是十分有意义的。

工程地球物理以地表至地下几百米的介质或异常体的结构、构造为目标，用高科技手段采集主动源或被动源激励条件下的物理响应信号，通过数字信号转换、数据处理和分析，从而了解和把握目标体的物理性质与状态。国内近年来在利用地球物理勘探技术查明地下不良地质体方面做了大量的工作，深埋长隧洞岩性划分和不良地质体的探测成了工程地球物理的热点和难点问题，引起了地球物理学者的广泛关注，投入了各种各样的方法和技术，在各种物探方法中，由于可控源音频大地电磁法（CSAMT）具有工作效率高、勘探深度范围大、分辨率高、高阻屏蔽作用小、抗干扰能力大等突出的特点，因此成为南水北调西线工程深埋长隧洞探测的主要方法技术。

可控源音频大地电磁法虽然有着其他方法不可比拟的优点，但是对于南水北调西线工程这样沟谷深切、断崖纵横、地质构造复杂、地层陡倾角的高原地区，解决 1 000 m 以内的构造、岩溶、岩层划分等问题，可控源音频大地电磁法仍存在一些技术难题，如近场效应、静态效应、各向异性、分辨能力、探测深度等难题。这些难题有些是该方法本身固有的缺陷，有些是特殊的地形地质条件造成的，对这些技术难题进行深入的理论和模型研究及方法技术研究，以便采取最有效的观测系统，编制有效的软件，对各种效应进行识别和消除，提高数据的质量；利用已知的钻孔资料、探洞资料、综合测井资料及其他综合物探资料，进一步分析各类岩性的物性特征，采用有限元数值模拟方法，对不同的地质模型进行正演，分析数值模拟的结果，为异常的识别提供指导；最后形成一套系统有效的深埋长隧洞围岩岩性识别的探测技术，并利用综合探测技术和地质调查相结合的方法对南水北调工程深埋长隧洞附近地层结构和岩性特征进行分类，对主要构造线（尤其是断层）的宽度、走向及赋水性进行初步评价，取得了良好的探测效果。这为南水北调西线工程以及其他水利水电工程、交通、铁路、矿山的深埋长隧洞的围岩岩性识别评价、灾害预测提供了关键的理论方法和技术支持。

本书的研究成果是在国家“十一五”科技支撑计划项目“南水北调工程若干关键技术研究与应用”的资助下完成的，是对课题“西线超长隧洞 TBM 施工关键技术问题研究”的专题项目“隧洞围岩岩性识别的综合探测技术研究”成果的总结。本书分 8 章，主要研究内容包括：CSAMT 的基本理论研究，研究了各种波区视电阻率的定义及相互关系，提出计算视电阻率的公式；对三维可控源音频电磁法数值模拟理论和算法的研究，解决了三维可控源音频电磁法数值模拟的问题；对基于南水北调西线工程岩性特征不同三维地质模型的有限元数值模拟研究,分析了数值模拟结果,为异常的识别提供了理论指导;对 CSAMT 野外工作设计和数据处理关键问题的研究,为数据采集和资料解释提供了方法和技术;最后在理论研究和有限元数值计算模拟的基础上,确定了以可控源音频大地电磁法为主,配合其他物探方法进行南水北调西线工程深埋长隧洞探测方法,并对探测结果进行了系统的分析和总结。

在此向为本书做出贡献的同仁表示感谢,向所有参加过南水北调西线工程深埋长隧洞地球物理探测的单位和个人表示感谢。

由于时间仓促,水平有限,书中缺点和错误在所难免,恳请读者指正。

作　者

2010 年 7 月

目 录

第1章　绪　论

1.1　研究的目的和意义

南水北调西线工程,是从位于青藏高原的大渡河、雅砻江、通天河向黄河中上游地区调水的宏大工程,是解决我国西北六省(区)用水和黄河生态用水的重大举措。与国内外已经实施和正在规划研究的跨流域调水工程相比,南水北调西线工程可谓当今世界上规模最大的调水工程,具有调水量最大、水源点最多、调水线路最长、受水区最广、配套工程建设任务最重的特点。特殊的地理、气候条件及地质条件的复杂性也决定了南水北调西线工程是当今世界上难度最大的调水工程;调水区的低气压、缺氧和寒冷构成了调水区的气候特点,使得工程的勘察、规划、设计和施工工作困难重重;调水工作区的陡倾角岩层、褶皱、断层的异常发育,以及多年冻土和季节性冻土的普遍存在,将会给工程带来一系列棘手的问题;尤其是深埋隧洞的高温、高地应力、断层破碎带、涌水、有害气体等问题,仅第一期工程隧洞总长244.10 km,分为7段,其中最长洞段为73 km,最大埋深1 100 m。由此可见,深埋长隧洞的施工是第一期工作中的难点,也是跨流域调水工程必须面对的问题。如何在隧洞设计与施工之前,对拟建隧洞的工程地质条件进行详细勘察,在地表利用地面勘探、地质调查、综合地球物理探测技术,获取引水线路附近地层结构和各种物性特征,并根据物性特征进行岩性分类;查明主要断层构造的宽度和走向,并对构造的赋水性进行初步评价是十分有意义的。

1.2　工程地球物理的发展及探测方法的选择

1.2.1　工程地球物理的主要方法

工程地球物理是应用地球物理的一个重要分支,由于其服务对象是国民经济的基本建设,其地位与作用随着我国经济建设的迅猛发展而显得越来越重要,由于工程地球物理具有成本低、周期短、精度高、效果好的优势,近年来工程地球物理方法和理论不断发展,应用领域不断扩展,已成为应用地球物理的又一个主力军。

工程地球物理以地表至地下几百米的介质或异常体的结构、构造为目标,用高科技手段采集主动源或被动源激励条件下的物理响应信号,通过数字信号转换、数据处理和分析,从而了解和把握目标体的物理性质和状态。工程地球物理是一门应用学科,以理论模拟和物理实验模拟为理论研究的核心,目前有限元、边界元、解析计算和差分计算等是正演方法的主流,许多实际理论问题逐步解决,如由一维问题发展到二维乃至多维定解,由完全弹性条件假设至非完全弹性条件假设等。由于工程地球物理的最终目的在于反演,所以反演理论领域的发展尤为突出,反演问题由线性化理论转向非线性化理论、模糊理论和联合反演等方向。

国内近年来在利用地球物理勘探技术查明地下不良地质体方面做了大量的工作,深埋长隧洞岩性划分和不良地质体的探测成了工程地球物理的热点和难点问题,引起了地球物理学者的广泛关注,投入了各种各样的方法和技术,在各种物探方法中,根据其所研究地球物理场的不同,通常可分为以下几大类:

(1)以地下介质密度差异为基础,研究重力场变化的方法称为重力勘探;

(2)以介质磁性差异为基础,研究地磁场变化规律的方法称为磁法勘探;

(3)以介质电性差异为基础,研究天然或人工电场(或电磁场)的变化规律的方法称为电法勘探(或电磁法勘探);

(4)以介质弹性差异为基础,研究波场变化规律的方法称为地震勘探;

(5)以介质放射性差异为基础,研究辐射场变化特征的方法称为放射性勘探;

(6)以地下热能分布和介质导热性为基础,研究地温场变化的方法称为地热测量。

面对南水北调西线工程深埋长隧洞的特点和特殊的地质情况,电磁法是解决南水北调西线工程特殊地质问题的重要勘探方法。

1.2.2　电磁感应法的类别

电磁感应法(简称电磁法)是电法勘探的重要方法,主要利用了岩土介质的导电性、导磁性和介电性的差异,观测和研究人工或天然形成的电磁场的分布规律(时间和频率特性),进而解决有关的各类地质问题。电磁法种类多,观测参数多,依据所用场源性质、工作方式及其解决地质问题的能力,可将电磁法分为时间域电磁法和频率域电磁法。从场源的形式上可以分为天然场源和人工场源两种。人工场源又可分为连续波场、辐射场和瞬变脉冲场。连续波场是向大地发射连续的电磁场,在发射的同时,观测场的空间分布也可以改变发射频率,从而研究异常场随频率的变化,这种形式的电磁法称为频率域电磁法,其工作频率一般低于 10^5 Hz。

当电磁波的频率超过 10^5 Hz 时,电磁波以波动形式传播。这种情况下,主要利用岩、矿石对电磁波的反射、透射及吸收特性来研究有关的地质问题,这种形式的电磁波称为辐射场法,主要包括地质雷达等;瞬变脉冲场是向大地发射不同形式的脉冲电磁场,在脉冲的间歇时间观测电磁场随时间的衰减,这种方法称为时间域电磁法,也称瞬变电磁法;天然场源包括大地电磁法(MT)和音频大地电磁法(AMT),前者是观测与太阳辐射有关的超低频(频率范围 $n\times10^{-4}\sim n\times10^{2}$ Hz)天然大地电磁场,后者主要观测由于雷电作用产生的音频(频率范围 $n\times10^{-1}\sim n\times10^{3}$ Hz)大地电磁场。在 AMT 的观测方式基础上,通过观测人工供电产生的音频电磁场,发展形成了可控源音频大地电磁法(CSAMT),这些方法称为频率域电磁法。

时间域电磁法(Time Domain Electromagnetic Methods),简写为 TEM。它是利用不接地回线或接地线源向地下发送一次脉冲磁场,在一次脉冲磁场的间歇期间,利用线圈或接地电极观测二次涡流场的方法,尽管 TEM 与频率域电磁法(FEM)都是同属于研究二次涡流场的方法,并且两者通过傅里叶变化关系相互关联着,在某些条件下,一种方法的数据可以转换为另一种方法的数据。然而,就一次场对观测结果的影响而言,两种方法具有不相同的效能,TEM 是在没有一次场背景的情况下观测研究二次场(纯异场),大大简化了对地质对象所产生异常场的研究,对于提高方法的探测能力更具有前景。但是,由于时间域发射波形复杂,测量的信号弱,因此对仪器性能要求较高,理论也较复杂,且抗干扰能力低,探测深度有限。频率域中,理论相对简单,对仪器性能要求也较简单,又因测量总场,信噪比高,抗干扰能力强。由于这些特点,频率域电磁法在国内外中深度勘探中得到了广泛的应用。

频率域电磁法是通过改变电磁场的频率进行测深的一类电磁法勘探,它利用电磁感应的趋肤效应,即高频电磁场穿透浅,低频电磁场穿透深,在场源和接收点间距不变的情况下,改变电磁场的频率来达到测深的目的。当测深深度在 100 ~ 200 m 以内时,频率可采用几十到几万赫兹,当探测更大深度时,可将频率降低到 $n\times10^{-1}\sim n\times10^{-3}$ Hz。

频率域电磁测深可利用天然电磁场,也可利用人工电磁场。利用前者的方法称为大地电磁测深,后者称为人工频率电磁法。两种方法皆在地面上测量电场和磁场分量,计算出不同频率和深度的视电阻率值,再对资料进行推断解释。大地电磁法(MT)、音频大地电磁法(AMT)和高频大地电磁法(HMT)本质上都属于采集天然场信号的被动源频率域电磁法,差别在于采集信号的频率不同,相应的探测深度和分辨率不同。高频大地电磁法(HMT)采集的信号频率较高,最高可达 100 kHz,研究的深度较浅,从地下的十几米至几百米。由于天然场源的随机性和信号微弱,MT 法需要花费巨大努力来记录和分析野外数据。为克服 MT 法的这个缺点,加拿大多伦多大学教授 D. W. Strangway 和他的学生 Myron Goldstein 提出了可控源音频大地电磁法(Controlled Source Electromagnetic Methods,简称 CSAMT)。

1.3 CSAMT 的发展及特点

可控源音频大地电磁法(CSAMT)是利用两端接地的有限长导线作为发射源,使用人工源激发交变电磁场,在地表观测电磁响应并计算波阻抗及视电阻率进行勘探的一种方法。它是在大地电磁法(MT)、音频大地电磁法(AMT)基础上发展起来的利用人工场源的大地电磁法。该方法的最大特点是采用人工场源,大大增加了电磁信号的强度,弥补了天然场源信号微弱、不易观测等缺点,同时又具有较大的勘探深度。

大地电磁测深法是研究地壳和上地幔构造的一种以天然交变电磁场为场源的地球物理勘探方法。当交变电磁场以波的形式在地下介质中传播时,由于电磁感应作用,地面电磁场所观测到的数据将包含有地下介质电性(电阻率)分布的信息。根据电磁场的趋肤效应,不同周期的电磁场信号具有不同的穿透深度,因此通过研究大地对天然电磁场的频率响应并经反演处理,就可获取地下介质不同深度的电阻率分布信息(介质电性特征),通过研究地下介质电性特征的差异就能实现局部构造的圈闭及地质层位的追踪。

实际生产中一般观测电磁场的五个分量,即 E_x、E_y、H_x、H_y、H_z。通过计算得到不同频率的视电阻率及相位响应,根据反演资料表征的由浅到深的地下介质电阻率的大小变化情况、电阻率等值线所反映的断面纵横向的变化、测井、钻孔、岩石物性等资料的地质标定,达到了解目的层纵横向展布、局部构造圈闭、基底构造起伏及断裂发育、采空等情况。

大地电磁测深法的最初模型是苏联学者 A. H. 吉洪诺夫(A. N. Tikhonov)(1950),以及法国学者卡尼尔(L. Cagniard)(1953)提出的。前提条件是假设模型的场源是均匀平面电磁波垂直入射于大地,且大地电性介质是水平均匀层状分布的。在此基础上,论证了场源为垂直入射的平面波,大地介质是水平层状分布的条件下,相应大地电磁场的解,并把阻抗响应变换为习惯的视电阻率形式,他们的理论奠定了大地电磁测深法的基础。苏联于 1957 年研制出了第一台用于大地电磁测深的仪器,其记录系统采用一般的光点模拟照相记录。20 世纪 60 年代法国、美国、苏联、加拿大等国都进一步着手仪器的研制工作,试制出感应式磁场接收器与饱和式磁场接收器。我国 20 世纪 60 年代初期,原中国科学院地球物理研究所开始研究大地电磁测深法,取得了初步成果,并用它进行了方法的试验和研究,随后又研制出了感应式光电模拟记录大地电磁测深仪和感应式数字磁带记录大地电磁测深仪。20 世纪 90 年代加拿大、美国等国家研制出了具有卫星同步功能、体积小、质量轻的 24 位大地电磁测深系统,在设计上采用了更快捷的采集系统和更容易的数字记录系统。现在,全球定位系统(GPS)已常规的用于信号的同步和计时,由于系统不再需要联线实现同步与记录,使得系统更加灵活方便。采集站点也不需要固定在靠近其他站点或中心站点的位置,从而使远磁参考成为可能。目前,国内应用的主要采集系统为加拿大凤凰公司生产的 V5 – 2000、美国 EMI 公司的 MT – 24NS 网络型、德国 Metronix 公司的多功能 GMS – 06 等电磁系统。80 年代末期美国学者 Bostick 提出了电磁阵列剖面法(Electric Magnetic Array Profile),它在原理上通过采用沿测线方向同步高密度信息采集的方法,控制和减少了横向电性不均匀体分布所造成的影响,为静态位移校正及提高构造勘探分辨率奠定了基础。

针对大地电磁法(MT)场源的随机性和信号微弱,以致观测困难这一状况,加拿大多伦多大学的 D. W. Strangway 等在 1971 年提出了一种改变方案——采用可以控制的人工场源,论文于 1975 年发表,从理论和实验两个方面奠定了可控源音频大地电磁法的基础。自 70 年代中期起,CSAMT 得到实际应用,一些公司相继生产用于 CSAMT 测量的仪器和解释应用软件。特别是 80 年代以来,方法理论和仪器都得到了很大发展,应用领域也扩展到普查、勘探石油、天然气、地热、金属矿产、水文、环境等各个方面,从而成为受重视的一种地球物理方法。近年来,加拿大凤凰公司(PHOENLX)和美国宗基公司(ZONGE)制造了先进的 CSAMT 测试系统,如 V6、V8、GDP – 32系统,进一步促进了 CSAMT 的发展和应用。

根据使用的场源数目和观测的场分量多少,CSAMT 分为张量 CSAMT、矢量 CSAMT 和标量 CSAMT 三种。张量 CSAMT 使用两组正交场源,对每个场源测量五个场分量(E_x、H_y、E_y、H_x、H_z);矢量 CSAMT 使用一个场源,测量五个场分量;标量 CSAMT 仅观测一个场源的两个正交的切向分量。在一般的地质情况下,面积性标量 CSAMT 可以取得良好的效果,且较为简便、快速、经济,因此获得了广泛的应用。

CSAMT 的激发方式一般分为接地式(电性激发)和感应式(磁性激发),图 1-1 是 CSAMT 的激发方式,图 1-1(a)为接地式,图 1-1(b)为感应式。借助交流电的发射装置,在地中及空气中建立感应电磁场。第一种方法与直流电法一样,利用 A、B 供电电极将交变电流直接供入地下。地中的分散电流及供电导线中的集中电流均在其周围产生交变一次磁场,后者在地中有感应产生二次电场,它是封闭的涡旋电场。如果地下介质不均匀,则在覆盖层、围岩及局部导体上均产生涡旋电场。如果观测点是在距 A、B 供电电极连线外的很远处,则 A、B 供电电极已成为电偶极子。电偶极子源产生的电磁波实际上是向四面八方辐射的,就波的传播途径而言,可分为天波、地面波和地层波(见图 1-2),电磁波在地下的波长远比空气中的波长要小,那么沿地表向接收端的地面波和直接在地层中传播的地层波在某一时刻由于波程的差别,就会在地面附近形成一个近于水平的波阵面(见图 1-3),造成一个几乎垂直向下传播的近似的水平极化平面波。这些波在传播过程中均与地下地质体发生作用,并把作用结果反映到地面观测点,那么我们才可从地面的测量中推断地下地质体的赋存情况。

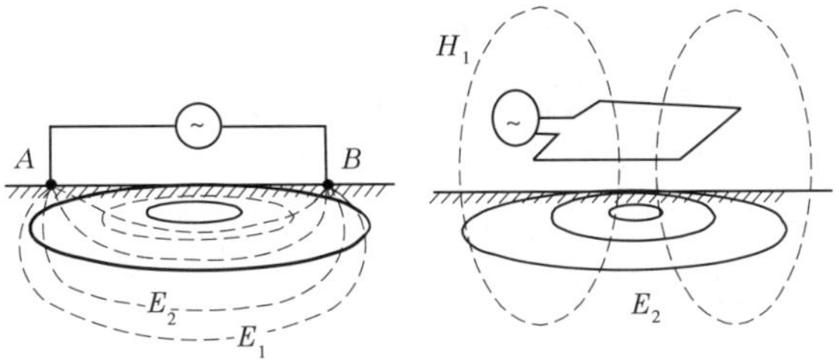

(a)接地式 (b)感应式

图 1-1 CSAMT 的激发方式

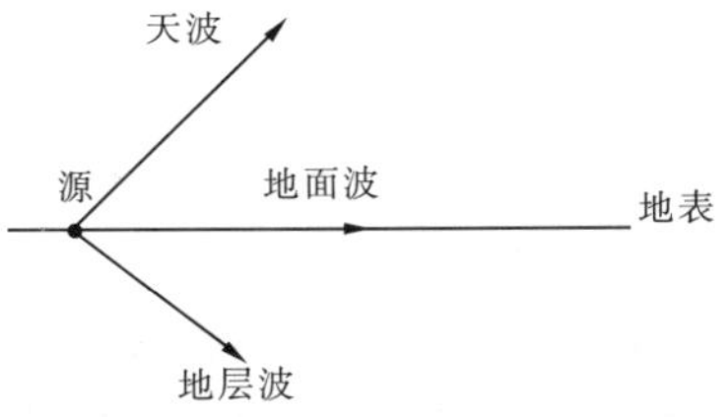

图 1-2 电磁波的传播途径

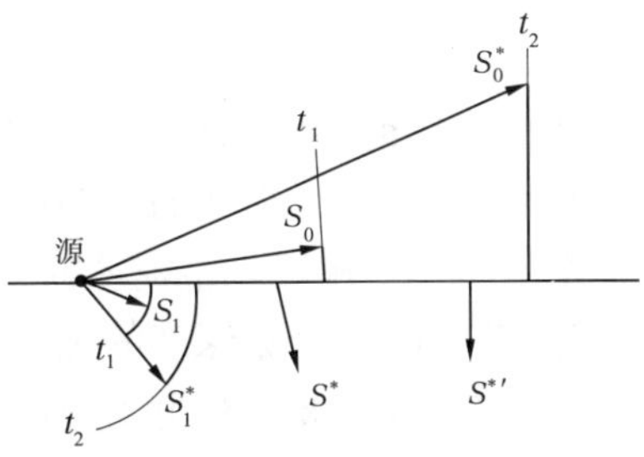

图 1-3 波程差和波阵面

可控源音频大地电磁法最大的特点是采用人工场源,大大增加了电磁信号的强度,弥补了天然场源信号微弱、不易观测等缺点。此外,它还具有工作效率高、勘探深度范围大、水平和垂直分辨率较高、高阻屏蔽作用小等优点。概括地讲,CSAMT 具有如下特点:

(1)工作效率高。利用一个偶极发射,可以在四个很大的扇形区域内测量。

(2)勘探深度范围大。考虑到主客观因素和目前的技术,CSAMT 的勘探深度为几十米至二三千米。

(3)垂向分辨率高。CSAMT 垂向分辨能力与多种因素有关,如果将要探测对象的厚度和埋深之比定义为垂向分辨率,那么,它为 10% ~20% 。

(4)水平分辨率高。CSAMT 水平分辨率与收发距无关,约等于接收电偶极长度。

(5)地形影响小。由于观测值事实上作了归一化,因此地形影响大为减弱;由于是平面波场,因而测区内地形影响也较小,且易于校正。

(6)高阻层的屏蔽作用小。CSAMT 使用的是交变电磁场,因而它可以穿过高阻层,特别是高阻薄层。有些无法用直流电法探测到的高阻层下的地质体,用 CSAMT 能很好地反映出来。

由于可控源音频电磁法具有工作效率高、勘探深度范围大、分辨率高、高阻屏蔽作用小、抗干扰能力大等突出的特点,所以成为南水北调西线工程深埋长隧洞探测的主要方法技术。

CSAMT 虽然有着大地电磁法不可比拟的优点,但是对于南水北调西线工程这样沟谷深切、断崖纵横、地质构造复杂、地层陡倾角的高原地区,解决 1 000 m 以内的构造、岩溶、岩层划分等问题,可控源音频大地电磁法仍存在一些技术难题,如近场效应、静态效应、各向异性、分辨能力、探测深度等难题。这些难题有些是该方法本身固有的缺陷,有些是特殊的地形地质条件造成的。对这些技术难题进行深入的理论和模型研究以及方法技术研究,以便采取最有效的观测系统,编制有效的软件,对各种效应进行识别和消除,提高数据的质量;利用已知的钻孔资料、探洞资料、综合测井资料及其他综合物探资料,进一步分析各类岩性的物理性质特征,采用有限元数值模拟方法,对不同的地质模型进行正演,分析数值模拟的结果,为异常的识别提供指导。最后形成一套系统有效的隧洞围岩岩性识别的探测技术。

1.4 本书研究内容及结构

第 1 章 介绍了南水北调西线工程的特点及地球物理探测的主要任务,分析了可控源音频大地电磁法的特点和在南水北调西线工程探测中存在的一些技术难题,明确了研究的目的和意义,给出了全文的主要内容结构。

第 2 章 概述了电磁场的基本理论,包括 Maxwell 方程组、电磁量之间的物质方程及边界方程,趋肤深度和探测深度的确定;讨论了均匀大地表面上水平电偶极源的电磁场的分布特点,研究了各种波区视电阻率的定义及相互关系,提出计算视电阻率的公式。推导了可控源电磁法远区电场闭合表达式及一维解析解;并对电磁场边值问题、电磁变分、伽辽金有限元法进行了研究。

第 3 章 对大型稀疏复系数矩阵的压缩存储以及方程组的求解进行了研究,解决了三维电磁场有限元数值模拟的瓶颈,并取得了较好效果。

第 4 章 本章对三维可控源数值模拟的理论和数值计算方法进行了系统研究,编制了计算程序,并对程序的正确性进行了检验,最后根据南水北调西线工程深埋长隧洞岩性的地球物理特征,设置了不同的三维地质模型,采用可控源音频电磁法进行了有限元数值模拟,分析了数值模拟结果,得出了重要结论,为实际工作提供了理论指导作用。

第 5 章 根据探测任务和现场工作条件对 CSAMT 野外工作进行设计。主要包括场源设计、测量方式与噪声分析、最佳工作参数、数据采集与质量评价等。

第 6 章 对 CSAMT 数据处理的关键问题进行了分析和研究,主要包括地形、近场效应、静态效应的分析和改正,反演的推断解释。

第7章　在理论研究和有限元数值计算模拟的基础上，确定了以可控源音频大地电磁法为主，配合其他物探方法进行南水北调西线工程深埋长隧洞的探测工作。本章主要介绍了工作的内容、工作的方法、综合探测结果及地质解释。

第8章　对全书进行总结，指出存在的不足之处，并对今后需要做的工作提出了建议。

第 2 章　CSAMT 的理论基础及有限元基本原理

众所周知,麦克斯韦方程组是完整统一的电磁场理论基础。CSAMT 一般采用水平电偶极子场源,它产生的电磁场理所当然地由麦克斯韦方程组完整地描述。因此,求解偶极子场的分布,就是求这种场源的一定边界条件下麦克斯韦方程组的解。

2.1　电磁法中的基本方程及电磁量参数

2.1.1　麦克斯韦方程组与基本电磁量

麦克斯韦方程组是描写电磁场的一组基本的经验公式,含有以下四个彼此独立的方程,分别反映了以下四条基本的物理定律:

法拉第定律
$$\mathrm{rot}\boldsymbol{E} = \frac{\partial \boldsymbol{B}}{\partial t} \tag{2-1}$$

安培定律
$$\mathrm{rot}\boldsymbol{H} = \boldsymbol{J} + \frac{\partial \boldsymbol{D}}{\partial t} \tag{2-2}$$

库仑定律
$$\mathrm{div}\boldsymbol{D} = q \tag{2-3}$$

磁通量连续性原理
$$\mathrm{div}\boldsymbol{B} = 0 \tag{2-4}$$

并且
$$\begin{aligned} \boldsymbol{D} &= \varepsilon \boldsymbol{E} \\ \boldsymbol{B} &= \mu \boldsymbol{H} \\ \boldsymbol{J} &= \sigma \boldsymbol{E} \end{aligned} \tag{2-5}$$

以上各式中,$\boldsymbol{E}$、$\boldsymbol{D}$ 分别为电场强度矢量和电感应强度矢量;ε 为介质的介电常数;$\boldsymbol{H}$、$\boldsymbol{B}$ 分别为磁场强度矢量和磁感应强度矢量;μ 为介质的磁导率;$\boldsymbol{J}$ 为电流密度矢量;σ 为介质的电导率;在地球物理勘探中,常常采用 σ 的倒数 ρ,即 $\rho = \frac{1}{\sigma}$,称之为电阻率;q 为电荷密度。

以上这些便是磁场的基本物理量。

对式(2-2)两边取散度,由于旋度的散度恒为零,故有:

$$\mathrm{div}\boldsymbol{J} + \mathrm{div}\frac{\partial \boldsymbol{D}}{\partial t} = 0 \tag{2-6}$$

式(2-6)第二项中,对坐标的微分和对时间的微分互不相关,可以交换它们的顺序,并注意到

$$\mathrm{div}\boldsymbol{D} = q$$

即有

$$\mathrm{div}\boldsymbol{J} + \frac{\partial q}{\partial t} = 0 \tag{2-7}$$

式(2-7)称为连续性方程,它是电量守恒定律的数学表示。

2.1.2　波动方程

我们来研究均匀导电介质中的电磁场,在这样的介质中,ε、μ、σ 都是常数。

可以证明,在均匀介质中,除场源所在处以外,可变电荷密度 q 实际上等于零。因此,在场源以外,麦克斯韦方程组中式(2-3)可写为:

$$\mathrm{div}\boldsymbol{D} = \varepsilon \mathrm{div}\boldsymbol{E} = 0$$

即

$$\mathrm{div}\boldsymbol{E} = 0 \tag{2-8}$$

为了分别研究电场或磁场的性质,有必要从式(2-1)和式(2-2)中消去电场矢量 $\boldsymbol{E}$ 或者消去磁场矢量 $\boldsymbol{H}$,使之变为只含一个场矢量的方程式。为此,对式(2-1)取旋度:

$$\mathrm{rot}\ \mathrm{rot}\boldsymbol{E} = -\mu \frac{\partial}{\partial t}\mathrm{rot}\boldsymbol{H} \tag{2-9}$$

把式(2-2)代入式(2-9),有:

$$\mathrm{rot}\ \mathrm{rot}\boldsymbol{E} = -\sigma\mu \frac{\partial \boldsymbol{E}}{\partial t} - \varepsilon\mu \frac{\partial^2 \boldsymbol{E}}{\partial t^2} \tag{2-10}$$

利用矢量分析中的已知恒等式

$$\mathrm{rot}\ \mathrm{rot}\boldsymbol{E} = \mathrm{grad}\ \mathrm{div}\boldsymbol{E} = \nabla^2\boldsymbol{E}$$

并注意到在场源外,$\mathrm{div}\boldsymbol{E} = 0$,我们得到:

$$\nabla^2\boldsymbol{E} = \varepsilon\mu \frac{\partial^2 \boldsymbol{E}}{\partial t^2} + \sigma\mu \frac{\partial \boldsymbol{E}}{\partial t} \tag{2-11}$$

对式(2-2)进行同样的运算,得到关于磁场强度 $\boldsymbol{H}$ 的形式完全相同的方程式,即:

$$\nabla^2\boldsymbol{H} = \varepsilon\mu \frac{\partial^2 \boldsymbol{H}}{\partial t^2} + \sigma\mu \frac{\partial \boldsymbol{H}}{\partial t} \tag{2-12}$$

式(2-11)和式(2-12)称为波动方程,它把场矢量随空间的变化和随时间的变化联系起来,说明电磁场是以波动方式在空间传播的。

2.1.3　亥姆霍兹方程

在 CSAMT 法中,人工供给场源的电源是谐变电流,可以写成指数函数的形式:

$$I = I_0 \mathrm{e}^{-\mathrm{i}\omega t} \tag{2-13}$$

式中:I_0 为电流的幅值;ω 为谐变电流的圆频率;t 为时间。

谐变电流产生的电磁场也是谐变的,同样可以写为:

$$\boldsymbol{E} = \boldsymbol{E}_0 \mathrm{e}^{-\mathrm{i}(\omega t - \varphi_E)} \tag{2-14}$$

$$\boldsymbol{H} = \boldsymbol{H}_0 \mathrm{e}^{-\mathrm{i}(\omega t - \varphi_H)} \tag{2-15}$$

式中:$\boldsymbol{E}_0$、$\boldsymbol{H}_0$ 分别为电场及磁场强度的幅值;φ_E、φ_H 分别为电场和磁场相对于电流的相位差。

不难验证,式(2-13)、式(2-14)对时间的微分具有下列算符规律:

$$\frac{\partial}{\partial t} = -\mathrm{i}\omega \qquad \frac{\partial^2}{\partial t^2} = -\omega^2$$

据此,式(2-11)和式(2-12)可以分别写为:

$$\nabla^2 \boldsymbol{E} = -\varepsilon\mu\omega^2\boldsymbol{E} - \mathrm{i}\sigma\mu\omega\boldsymbol{E} = -(\varepsilon\mu\omega^2 + \mathrm{i}\sigma\mu\omega)\boldsymbol{E} \tag{2-16}$$

$$\nabla^2 \boldsymbol{H} = -\varepsilon\mu\omega^2\boldsymbol{H} - \mathrm{i}\sigma\mu\omega\boldsymbol{H} = -(\varepsilon\mu\omega^2 + \mathrm{i}\sigma\mu\omega)\boldsymbol{H} \tag{2-17}$$

令

$$k^2 = \varepsilon\mu\omega^2 + \mathrm{i}\sigma\mu\omega \tag{2-18}$$

式(2-16)、式(2-17)变为以下形式:

$$\nabla^2 \boldsymbol{E} + k^2\boldsymbol{E} = 0 \tag{2-19}$$

$$\nabla^2 \boldsymbol{H} + k^2\boldsymbol{H} = 0 \tag{2-20}$$

式(2-19)和式(2-20)称为亥姆霍兹方程,也称它们为波动方程。实际上,它们是由波动方程式(2-11)和式(2-12)在谐变电流条件下导出的结果,式中 k 称为波数或传播常数。

2.1.4　衰减常数与相位常数

在式(2-18)中

$$k^2 = \varepsilon\mu\omega^2 + \mathrm{i}\sigma\mu\omega = \mu\omega(\varepsilon\omega + \mathrm{i}\sigma)$$

公式右边第一项含有介质的介电常数 ε,称为位移项;第二项含有介质的电导率 σ,称为传导项。

在一般情况下,电介质(比如空气)中的电流主要是位移电流,传导电流常常可以忽略不计,而在导体(比如岩石)中,电流主要是传导电流,位移电流可以忽略不计。在音频段,导电介质中的位移电流和传导电流有同等的作用,由定义式(2-18)可知,波数 k 为一复量,可以表示为如下的两部分之和:

$$k = a + \mathrm{i}b \tag{2-21}$$

式中:a 为相位常数;b 称为衰减常数。

将式(2-21)两边同时平方,并使它和式(2-18)相等,得:

$$k^2 = a^2 - b^2 + \mathrm{i}2ab = \varepsilon\mu\omega^2 + \mathrm{i}\sigma\mu\omega \tag{2-22}$$

使式(2-22)中实部和实部、虚部和虚部分别相等,得到以下关系:

$$a^2 - b^2 = \varepsilon\mu\omega^2 \tag{2-23}$$

$$2ab = \sigma\mu\omega \tag{2-24}$$

解此关于 a、b 的联立方程,经过一些代数运算,我们得到:

$$a = \omega\left(\frac{\mu\varepsilon}{2}\right)^{\frac{1}{2}}\left[(1 + a^2)^{\frac{1}{2}} + 1\right]^{\frac{1}{2}} \tag{2-25}$$

$$b = \omega\left(\frac{\mu\varepsilon}{2}\right)^{\frac{1}{2}}\left[(1 + a^2)^{\frac{1}{2}} - 1\right]^{\frac{1}{2}} \tag{2-26}$$

式(2-25)和式(2-26)中

$$a = \frac{\sigma}{\omega\varepsilon}$$

表示介质中传导电流与位移电流之比,称为损耗角正切。

2.1.5　趋肤深度或透入深度

如果假设电磁波为平面单色波,在无限均匀导电介质中传播,即满足式(2-14)、式(2-15),以及 ε、μ、σ 均为常数的条件,并设波的传播方向沿 z 轴方向,此时式(2-19)中 $\boldsymbol{E}$ 对 x、y 的微分项消失,亥姆霍兹方程变为:

$$\frac{\partial^2 \boldsymbol{E}}{\partial z^2} + k^2 \boldsymbol{E} = 0 \tag{2-27}$$

不难验证,微分方程式(2-27)的解为:

$$\boldsymbol{E} = \boldsymbol{E}_0 \mathrm{e}^{-\mathrm{i}(\omega t - kz)} \tag{2-28}$$

将式(2-21)代入式(2-27),我们有:

$$\boldsymbol{E} = \boldsymbol{E}_0 \mathrm{e}^{-bz} \mathrm{e}^{-\mathrm{i}(\omega t - az)} \tag{2-29}$$

$\boldsymbol{E}$ 的绝对值(模)为 $\boldsymbol{E}_0 \mathrm{e}^{-bz}$。由此可见,波在导电介质中传播时,其幅值按指数规律衰减,也就是说,其能量将随传播距离 z 的增加而逐渐被吸收。当 $z = \frac{1}{b}$ 时,波的振幅衰减到原来的 $\frac{1}{\mathrm{e}}$(约为原来的 37%)。

令

$$\delta = \frac{1}{b} \tag{2-30}$$

称为趋肤深度,又叫穿透深度或透入深度。

它的物理意义是,当电磁波传播到趋肤深度时其大部分能量(约 63%)已被吸收;或者说,在介质中电磁波集中在深度为 δ 的表层内。大于趋肤深度,电磁波已经相当微弱了。所以,δ 表示电磁波透入介质的深度,而它的倒数 b 则称为吸收系数或衰减常数。

由式(2-26),趋肤深度可以写为:

$$\delta = \frac{1}{b} = \frac{1}{\omega\left(\frac{\mu\varepsilon}{2}\right)^{\frac{1}{2}}\left[(1 + a^2)^{\frac{1}{2}} - 1\right]^{\frac{1}{2}}} \tag{2-31}$$

2.1.6 相位和相速度

在式(2-29)中,电磁波的辐角

$$\varphi = -(\omega t - az) \tag{2-32}$$

称为波的相位,它是决定波的运动状态的物理量。

由式(2-32)可知,在空间每一点上,电磁波的相位是随时间变化的。如果设电磁波传播的速度 v_{p},那么相位不随时间而改变的面(等相面)也应该以速度 v_{p} 向外传播。相位不随时间而改变的条件可写为:

$$\varphi = -(\omega t - az) = 常数 \tag{2-33}$$

当 $t = 0$ 时,初始相位 $\varphi_0 = az$,所以空间某点的初始相位与 a 有关,故称 a 为相位常数。

对式(2-33)求微分,可得:

$$\mathrm{d}\varphi = -\omega \mathrm{d}t + a\mathrm{d}z = 0$$

所以,相传波速度

$$v_{\mathrm{p}} = \frac{\mathrm{d}z}{\mathrm{d}t} = \frac{\omega}{a} \tag{2-34}$$

2.1.7 波长与波数

设电磁波的频率为f,则$\omega = 2\pi f$,于是电磁波的波长

$$\lambda = \frac{v_p}{f} = \frac{2\pi}{a} \tag{2-35}$$

在理想电介质中,$\varepsilon\omega \gg 0$,此时传导电流可以忽略,k为实数,即

$$k = a = \omega\sqrt{\varepsilon\mu} \tag{2-36}$$

由式(2-35)和式(2-36)有:

$$k = \frac{2\pi}{\lambda} \tag{2-37}$$

由此可见,k表示在单位距离内波的个数的2π倍,这就是将k称为波数的原因。

2.1.8 准静态极限($\sigma \gg \varepsilon\omega$)条件下电磁法的探测深度

当大地的导电性占支配地位时,比方说,大地物质电导率的常见值$\sigma > 10^{-4}$ s/m(相当于$\rho < 10^4$ Ω·m),介电常数的常值$\varepsilon = 8.85 \times 10^{-12}$ F/m,当频率不超过100 kHz时,我们有:

$$\sigma \gg \varepsilon\omega$$

这种状态称为准静态极限。

在这种情况下,在式(2-25)及式(2-26)中,$a \gg 1$,相位常数a和衰减常数b相等,即

$$a = b = \sqrt{\frac{\mu\omega\sigma}{2}} \tag{2-38}$$

传播常数k简化为:

$$k = (1 + \mathrm{i})\sqrt{\frac{\mu\omega\sigma}{2}} \tag{2-39}$$

并且波数k与介电常数ε无关。

将式(2-39)代入式(2-29),并注意到在平面波沿z轴传播的假设下,$\boldsymbol{E}$沿x方向,我们有:

$$\begin{aligned} \boldsymbol{E} &= \boldsymbol{E}_x \\ &= \boldsymbol{E}_0 \mathrm{e}^{-bz} \cdot \mathrm{e}^{-\mathrm{i}(\omega t - az)} \\ &= \boldsymbol{E}_0 \mathrm{e}^{-\mathrm{i}\omega t} \cdot \mathrm{e}^{-bz} \cdot \mathrm{e}^{\mathrm{i}az} \end{aligned} \tag{2-40}$$

利用前面所定义的趋肤深度$\delta = \frac{1}{b}$,式(2-40)可改为:

$$\boldsymbol{E} = \boldsymbol{E}_0 \mathrm{e}^{-\mathrm{i}\omega t} \cdot \mathrm{e}^{-\frac{z}{\delta}} \cdot \mathrm{e}^{\mathrm{i}\frac{z}{\delta}}$$

在准静态条件下,趋肤深度

$$\delta = \sqrt{\frac{2}{\mu\omega\sigma}} \tag{2-41}$$

$$\omega = 2\pi f$$

如果取大地中$\mu = 1.256 \times 10^{-6}$ H/m,并以f和ρ分别代替式(2-41)中的ω和σ,则可

把趋肤深度 δ 写成与电阻率 ρ 有关的形式：

$$\delta = 503\sqrt{\frac{\rho}{f}} \quad (\mathrm{m}) \tag{2-42}$$

虽然趋肤深度在某种意义上来说与电磁波在介质中的穿透深度有关，但它并不代表实际的有效探测深度。穿透深度 D 是一个比较模糊的概念，它大体上是指某种测深方法的体积平均探测深度。对穿透深度 D 较好的经验公式：

$$D = \delta/\sqrt{2} = 356\sqrt{\frac{\rho}{f}} \quad (\mathrm{m}) \tag{2-43}$$

式(2-43)说明，穿透深度仅仅取决于两个参数：大地电阻率 ρ 和信号频率 f。随着电阻率的减小或频率增高，穿透深度变浅；反之，随着电阻率增大或频率降低，穿透深度加深。当大地电阻率结构一定时，改变信号频率，便可以得到连续的垂直测深。

2.2　均匀大地表面上水平电偶极源的电磁场

在电磁法中，大地表面上的水平电偶极子和垂直磁偶极子都是常用的场源。两种场源电磁场的分布特点相似。下面重点研究均匀大地表面上水平电偶极源的电磁场的分布特点。

2.2.1　在准静态条件下，地表电磁场各分量的表达式

设偶极矩为 dL 的水平电偶极子位于均匀大地的表面，供给它强度为 I 的谐变电流 $I = \mathrm{e}^{-\mathrm{i}\omega t}$。选取坐标原点位于偶极子中心，$z$ 轴垂直向下的柱坐标系统 r、φ、z，并选取偶极矩的方向为直角坐标中 x 轴的方向，也就是柱坐标中 $\varphi = 0$ 的方向。

在准静态条件下，柱坐标系统中地表电磁场各分量的表达式为：

$$E_r = \frac{IdL\cos\varphi}{2\pi\sigma r^3}[1 + \mathrm{e}^{\mathrm{i}kr}(1 - \mathrm{i}kr)] \tag{2-44}$$

$$E_\varphi = \frac{IdL\sin\varphi}{2\pi\sigma r^3}[2 - \mathrm{e}^{\mathrm{i}kr}(1 - \mathrm{i}kr)] \tag{2-45}$$

$$E_z = 0\text{（当观察点从下半空间趋近地表时）}$$

或者

$$E_z = \frac{IdL}{2\pi r}\cos\varphi\,\mathrm{i}\omega\mu_0 I_1\left(\frac{\mathrm{i}kr}{2}\right)K_1\left(\frac{\mathrm{i}kr}{2}\right) \tag{2-46}$$

$$H_r = -\frac{3IdL\sin\varphi}{2\pi r^2}\left\{I_1\left(\frac{\mathrm{i}kr}{2}\right)K_1\left(\frac{\mathrm{i}kr}{2}\right) + \frac{1}{6}\mathrm{i}kr\left[I_1\left(\frac{\mathrm{i}kr}{2}\right)K_0\left(\frac{\mathrm{i}kr}{2}\right) - I_0\left(\frac{\mathrm{i}kr}{2}\right)K_1\left(\frac{\mathrm{i}kr}{2}\right)\right]\right\} \tag{2-47}$$

$$H_\varphi = \frac{IdL\cos\varphi}{2\pi r^2}\left[I_1\left(\frac{\mathrm{i}kr}{2}\right)K_1\left(\frac{\mathrm{i}kr}{2}\right)\right] \tag{2-48}$$

$$H_z = -\frac{3IdL\sin\varphi}{2\pi k^2 r^4}\left[1 - \mathrm{e}^{\mathrm{i}kr}\left(1 - \mathrm{i}kr - \frac{1}{3}k^2 r^2\right)\right] \tag{2-49}$$

式(2-44)～式(2-49)各式中：σ 为下半空间介质的电导率；μ_0 为自由空间磁导率；ω

为谐变电流的圆频率；$I_0(\frac{ikr}{2})$、$I_1(\frac{ikr}{2})$和$K_0(\frac{ikr}{2})$、$K_1(\frac{ikr}{2})$分别为以$\frac{ikr}{2}$为宗量的第一类虚宗量贝塞尔函数和第二类虚宗量贝塞尔函数，下标“0”或“1”表示贝塞尔函数的阶数；k为波数。

必须指出，只有当观察点从上半空间趋近地表时，垂直分量E_0才不等于零，而当观察从下半空间趋近地表时，E_z等于零。在准静态条件下

$$k = (1 + i)\sqrt{\frac{\mu\omega\sigma}{2}} \tag{2-50}$$

由式(2-44)～式(2-49)可看出，电磁场各分量的强度与观察到偶极源中心的距离r和波数k的乘积有关，而波数k中又包含了介质性质和工作频率等参数，并且以趋肤深度的形式表现出来。

$$kr = (1 + i)r/\delta$$

令

$$p = r/\delta \tag{2-51}$$

称为电距离或者感应数。

它实质上是以趋肤深度δ为单位来表示的观察点到场源的距离，于是

$$ikr = p(-1 + i) = p\sqrt{2}e^{i\frac{3\pi}{4}} \tag{2-52}$$

现在，我们可借助参数p来对距场源的远近、介质性质和工作频率作综合性的统一考虑，即：

$p \ll 1$ 即电距离近时的场称为近区；

$p \gg 1$ 即电距离远时的场称为远区或平面波场区；

$p \approx 1$ 即介于前两者之间的区域称为过渡带。

由于$p = \frac{r}{\delta} = r\sqrt{\frac{\sigma\mu\omega}{2}}$，不难理解，感应数$p$的大或小，也就是场区的远或近，不但与观察点到场源的距离有关，而且与大地的电导率和使用的频率有关。在不改变收发距r和大地电导率σ的条件下，改变频率ω，可以获得不同的穿透深度以便满足远区或近区的要求；当在导电介质中，即使使用低频，也不得不使r相当大才能满足远区的条件。

在电磁法中，测量的是彼此正交的电场和磁场水平分量，并且计算它们的模的比，这个模的比值称为波阻抗，用符号$|Z|$表示波阻抗Z的模，记作：

$$|Z| = \frac{|E|}{|H|} \tag{2-53}$$

而Z的相位则定义为E和H间的相位差。

2.2.2　卡尼亚视电阻率表达式

(1)近区响应($p \ll 1$)。

当$r \ll \delta$即$p \ll 1$时，式(2-44)～式(2-49)的渐近表达式为：

$$E_r \approx \frac{IdL}{\pi\sigma r^3}\cos\varphi \tag{2-54}$$

$$E_\varphi \approx \frac{IdL}{2\pi\sigma r^3}\sin\varphi \tag{2-55}$$

$$E_z \approx \frac{IdL}{4\pi\sigma r} \mathrm{i}\omega\cos\varphi \tag{2-56}$$

$$H_r \approx -\frac{IdL\sin\varphi}{4\pi r^2} \tag{2-57}$$

$$H_\varphi \approx \frac{IdL\cos\varphi}{4\pi r^2} \tag{2-58}$$

$$H_z \approx \frac{IdL\sin\varphi}{4\pi r^2} \tag{2-59}$$

比较式(2-54)~式(2-59)可以看出,在近区,电场水平分量按$\frac{1}{r^3}$衰减,而磁场按$\frac{1}{r^2}$衰减,此时波阻抗的模

$$|Z| = \frac{|E_\varphi|}{|H_r|} = \frac{2}{\sigma r} \tag{2-60}$$

或者写成视电阻率的形式

$$\rho = \frac{r}{2}\frac{|E_\varphi|}{|H_r|} \tag{2-61}$$

可见在近区视电阻率与几何因素有关。

式(2-54)~式(2-59)说明,电场 E 的水平分量在近区直接正比于地下电阻率,并且与频率无关;与此相比,磁场 H 与电阻率和频率二者均无关。E 和 H 与频率无关叫做测深曲线的饱和部分。因此,在近区进行 CSMAT 测量是有问题的。除非只是根据电场数据来计算视电阻率,而且近区视电阻率是 r 的函数,因为 E 和 H 分别按$\frac{1}{r^3}$和$\frac{1}{r^2}$衰减。近区测量的实际结果与直流电阻率测深相类似,测量结果和穿透深度,由排列的几何参数决定。所以,在真正的近区最好是不测 H 而测 E,就像在标准电阻率和激发极化法中那样,改变排列的几何尺寸来改变测深深度。

(2)远区响应($p \gg 1$)。

当 $r \gg \delta$ 即 $p \gg 1$ 时,式(2-44)~式(2-49)的渐近表达式如下:

$$E_r \approx \frac{IdL}{2\pi\sigma r^3}\cos\varphi \tag{2-62}$$

$$E_\varphi \approx \frac{IdL}{\pi\sigma r^3}\sin\varphi \tag{2-63}$$

$$E_z \approx \frac{IdL}{2\pi r^2}\sqrt{\frac{\omega\mu_0}{\sigma}}\cos\varphi \mathrm{e}^{\mathrm{i}\frac{\pi}{4}} \tag{2-64}$$

$$H_r \approx \frac{IdL\sin\varphi}{\pi r^3\sqrt{\sigma\mu\omega}}\mathrm{e}^{-\mathrm{i}\frac{\pi}{4}} \tag{2-65}$$

$$H_\varphi \approx -\frac{IdL\cos\varphi}{2\pi r^3\sqrt{\sigma\mu\omega}}\mathrm{e}^{-\mathrm{i}\frac{\pi}{4}} \tag{2-66}$$

$$H_z \approx -\frac{3IdL\sin\varphi}{2\pi r^4\sqrt{\sigma\mu\omega}}\mathrm{e}^{-\mathrm{i}\frac{\pi}{2}} \tag{2-67}$$

比较式(2-62) ~ 式(2-67)可以发现,E 的水平分量与频率无关,直接与电阻率成正比。远区的 E_r 分量为近区的 1/2,但远区的 E_φ 分量却为近区的 2 倍。与近区磁场不同,远区水平磁场与频率有关,并且与电阻率的平方根成正比。因此,在远区磁场是不会饱和的。

从远区 E_r、E_φ 和 H_r、H_φ 的表达式还可看出,所有的水平场都按$\frac{1}{r^3}$衰减。因此,阻抗与收发距无关,与大地电阻率的平方根成正比:

$$|Z| = \frac{|E_\varphi|}{|H_r|} = \sqrt{\frac{\mu\omega}{\sigma}} = \sqrt{\mu\omega\rho} \tag{2-68}$$

因此,对于导电大地来说,在低频时阻抗是很小的。例如:当地下电阻率为 10 Ω · m 和频率等于 1 Hz 时,阻抗为 0. 003 Ω;相反,对于电阻率很高的介质或高的频率,阻抗很大。例如,当大地电阻率为 1 000 Ω · m,频率为 10 kHz 时,阻抗是 8. 9 Ω。

式(2-68)说明,远区视电阻率可以用在某一特定频率的正交的电场和磁场强度来定义:

$$\rho = \frac{1}{\mu\omega}\frac{|E_\varphi|^2}{|H_r|^2} \tag{2-69}$$

在均匀大地条件下,电场和磁场之间的相位差是 π/4。

当采用直角坐标时

$$E_x = E_r\cos\varphi - E_\varphi\sin\varphi = \frac{I\rho dL}{2\pi r^3}(1 - 3\sin^2\varphi) \tag{2-70}$$

$$E_y = H_r\sin\varphi + H_\varphi\cos\varphi = \frac{-IdLe^{-i\frac{\pi}{4}}}{2\pi\sqrt{\sigma\mu\omega r^3}}(1 - 3\sin^2\varphi) \tag{2-71}$$

$$|Z| = +\sqrt{\rho\mu\omega} \tag{2-72}$$

也可以得到同样的电阻率

$$\rho = \frac{1}{\mu\omega}\frac{|E_x|^2}{|H_y|^2} = \frac{1}{2\pi\mu f}\frac{|E_x|^2}{|H_y|^2} \tag{2-73}$$

在实际工作中,多使用 MKS 制单位。此时,E 以 mV/km 为单位,H 以 V(1 V = $\frac{10^{-2}}{4\pi}$ A/m,下同)为单位,这对野外工作是很方便的。此时

$$\rho = \frac{1}{5f}\frac{|E_x|^2}{|H_y|^2} \quad (\Omega \cdot \text{m}) \tag{2-74}$$

式(2-74)就是以卡尼亚(Cagniard)命名的计算视电阻率的公式。卡尼亚是一位法国地球物理学家,他在 20 世纪 50 年代对发展大地电磁法做出了开拓性的贡献(Cagniard, 1963)。卡尼亚电阻率对远区,也就是说在满足平面波的条件下是有效的,并且是在 MT 法和满足远区条件的电磁法中常用的关系。

(3)过渡带响应($p\approx1$)。

此时 $r\approx\delta$、$p\approx1$,电磁场合分量由式(2-44) ~ 式(2-49)严格地描述。当大地为均匀导电介质时,在这个带场强各分量从近场的特性均匀地过渡到远场的特性。对于非均匀大

地，过渡带场的性质变得很复杂，与受地质条件制约的电性分布有关。此时波阻抗性质也很复杂，与收发距、大地电阻率、频率及方位角都有关系。

2.3　可控源电磁法远区电场闭合表达式及一维解析解

数值模拟属于一种近似方法，它是相对于解析解而言的。虽然只有很少一部分电磁场问题能够求出解析解，但解析解有它重要的作用。它能够明确显示场量与参数之间的关系，揭示电磁场的基本规律。此外，解析解能够作为数值计算时的特例用以验证数值计算的正确性。水平电偶极子激励的电磁场在均匀半空间和层状介质中是有解析解的，但最后导出的表达式具有 Sommerfield 型积分，为求出场量还需要做数值积分，不适合于有限元中外边界条件的施加。本节在准静态近似条件下，把该类积分转变成由初等函数和特殊函数组成的闭合表达式，解决了三维可控源有限元模拟中外边界条件的加载困难。

2.3.1　基于磁矢量位的洛伦兹规范条件下的电场表达式

在电磁勘探理论研究中，准静态近似是获得闭合解的一种途径。准静态近似包含两个内容：一个是忽略地中的位移电流，另一个是忽略空中的位移电流。众所周知，波数 $k=(\omega^2\varepsilon\mu+\mathrm{i}\omega\mu\sigma)^{1/2}$ 中的实部代表位移电流，虚部代表传导电流。通常条件下，如大地的电阻率不大于 1 000 Ω · m，电磁波频率不高于 100 kHz 时，按极限情况下算 $\frac{\sigma}{\varepsilon_0\omega}=180$，那么 $\frac{\sigma}{\varepsilon_0\omega}\gg 1$（$\varepsilon_0$ 为真空中的介电常数，一般认为 $\varepsilon=\varepsilon_0$），地中的传导电流比位移电流大得多，通常是可以略去的。因此，在准静态条件下，大地的复波数可取 $k_2=(\mathrm{i}\omega\mu_0\sigma_2)^{1/2}$（$\mu_0$ 为真空中的磁导率，一般认为 $\mu=\mu_0$），$k_1=(\omega^2\varepsilon_0\mu_0)^{1/2}\approx 3.33\times10^{-4}$，可以忽略不计，取 $k_1\approx 0$。

设有一水平电偶极子位于上半空间，其偶极距为 dL，距分界面的高度为 h，如图 2-1 所示。选取共同原点位于偶极子中心的一个直角坐标系统和一个柱坐标系统。使偶极距指向 x 轴正方向，z 轴垂直向下。设 σ_1、μ_1、ε_1 分别为上半空间介质的电导率、磁导率和介质电常数；σ_2、μ_2、ε_2 分别为下半空间的介质的电导率、磁导率和介质电常数；在勘探地球物理中，下半空间常常代表大地，上半空间常常代表空气。设偶极源中的电流为正弦交变电流 $I=I_0\mathrm{e}^{-\mathrm{i}\omega t}$，故其产生的电磁场亦为谐变场：

$$\boldsymbol{E}=\boldsymbol{E}_0\mathrm{e}^{-\mathrm{i}(\omega t-\varphi_E)} \tag{2-75}$$

$$\boldsymbol{H}=\boldsymbol{H}_0\mathrm{e}^{-\mathrm{i}(\omega t-\varphi_H)} \tag{2-76}$$

式中：$\boldsymbol{E}_0$、$\boldsymbol{H}_0$ 为电场和磁场强度的复幅值；φ_E、φ_H 分别为电场和磁场相对于电流的相位差。

在介质性质均匀的条件下，场源以外区域的谐变场满足如下的麦克斯韦方程组：

$$\nabla\times\boldsymbol{E}=-\frac{\partial\boldsymbol{B}}{\partial t} \tag{2-77}$$

$$\nabla\times\boldsymbol{H}=\boldsymbol{J}_s+\sigma\boldsymbol{E}+\frac{\partial\boldsymbol{D}}{\partial t} \tag{2-78}$$

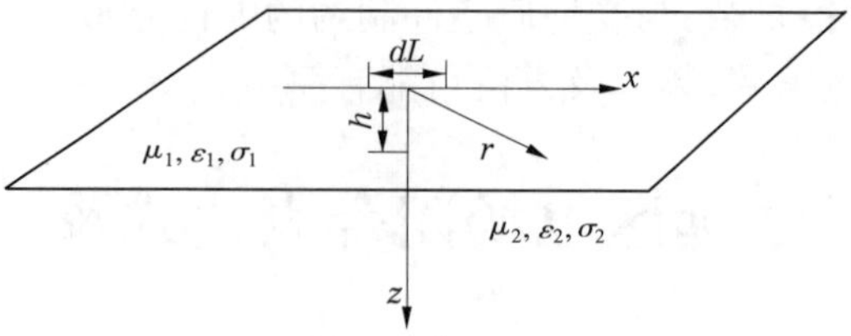

图 2-1　均匀大地表面水平电偶极子及坐标系统的规定

$$\nabla \cdot \boldsymbol{E} = \rho_v \tag{2-79}$$

$$\nabla \cdot \boldsymbol{B} = 0 \tag{2-80}$$

因为

$$\boldsymbol{B} = \mu \boldsymbol{H} \tag{2-81}$$

μ 是常数，为了和一些书中的公式保持一致，我们把式(2-80)写为：

$$\nabla \cdot \boldsymbol{H} = 0 \tag{2-82}$$

在准静态条件下，忽略$\frac{\partial \boldsymbol{D}}{\partial t}$，根据谐变场规律，有$\frac{\partial}{\partial t} = -\mathrm{i}\omega$，把式(2-77)、式(2-78)转换到频率域为：

$$\nabla \times \boldsymbol{E} = \mathrm{i}\omega \boldsymbol{B} \tag{2-83}$$

$$\nabla \times \boldsymbol{H} = \boldsymbol{J}_s + \sigma \boldsymbol{E} \tag{2-84}$$

由场论可知，任何一个矢量场旋度的散度恒等于零，那么从式(2-80)可以推导出：

$$\boldsymbol{H} = \nabla \times \boldsymbol{A} \tag{2-85}$$

式中：$\boldsymbol{A}$ 为引入的矢量位。

式(2-84)代入式(2-82)整理得到

$$\nabla \times (\boldsymbol{E} - \mathrm{i}\omega\mu \boldsymbol{A}) = 0 \tag{2-86}$$

由于任何一个标量梯度的散度恒为零，那么由式(2-85)可以得到

$$\boldsymbol{E} = \mathrm{i}\omega\mu \boldsymbol{A} - \nabla \varphi \tag{2-87}$$

把式(2-87)和式(2-85)代入式(2-84)整理得到：

$$\nabla \times (\nabla \times \boldsymbol{A}) = \boldsymbol{J}_s + \mathrm{i}\omega\sigma\mu \boldsymbol{A} - \sigma \nabla \varphi \tag{2-88}$$

根据矢量恒等式得：

$$\nabla \times (\nabla \times \boldsymbol{A}) = \nabla(\nabla \cdot \boldsymbol{A}) - \nabla^2 \boldsymbol{A} \tag{2-89}$$

把式(2-89)代入式(2-88)中，得到：

$$\nabla^2 \boldsymbol{A} - \nabla(\nabla \cdot \boldsymbol{A}) + \mathrm{i}\omega\mu\sigma \boldsymbol{A} - \sigma \nabla \varphi + \boldsymbol{J}_s = 0 \tag{2-90}$$

为了保证解的唯一性和简化方程，必须对式(2-90)采取规范条件，在这里我们采用洛伦兹规范条件：

$$\nabla \cdot \boldsymbol{A} = -\sigma\varphi \tag{2-91}$$

那么，方程式(2-90)则可以写为：

$$\nabla^2 \boldsymbol{A} + \mathrm{i}\omega\mu\sigma \boldsymbol{A} + \boldsymbol{J}_s = 0 \tag{2-92}$$

式(2-92)是一个非齐次亥姆霍兹方程，源点之外的区域满足齐次亥姆霍兹方程：

$$\nabla^2 \boldsymbol{A} + \mathrm{i}\omega\mu\sigma \boldsymbol{A} = 0 \tag{2-93}$$

由于把式(2-91)代入式(2-85)后可得到关于电场的表达式：

$$E = i\omega\mu A + \frac{1}{\sigma}\nabla\nabla\cdot A \tag{2-94}$$

至此，我们就可以通过求解齐次亥姆霍兹方程式(2-93)，解得中间位量 $\boldsymbol{A}$，再根据式(2-85)和式(2-94)得到电场和磁场的值。

2.3.2　均匀半空间中磁矢量位表达式

在洛伦兹条件下把电场表示为磁矢量位的表达式后，那么只要求出磁矢量位的值后，就可以根据磁矢量位得到电场的值，因此下面结合边界条件求解基于磁矢量位的齐次亥姆霍兹方程。

在存在大地—空气分界面条件下，在介质 1(空气)中，以位移电流为主，传导电流可以忽略，此时波数 k 化为 $k_1^2=\varepsilon_1\mu_1\omega^2$；而在介质 2(大地)中，传导电流占支配地位，位移电流可以忽略，相应地波数 k 简化为 $k_2^2=i\sigma_2\mu_2\omega$。

在图 2-1 所规定的坐标系统中，偶极矩沿 x 方向，故场以 xoy 平面对称，于是我们设 $A_y=0$，矢量位 $\boldsymbol{A}$ 只有两个分量 A_x 和 A_y，即：

$$\boldsymbol{A} = (A_x, 0, A_y) \tag{2-95}$$

这样，亥姆霍兹方程式(2-93)可以写为关于 A_x 和 A_y 的两个亥姆霍兹方程：

$$\nabla^2 A_x + i\omega\mu\sigma A_x = 0 \tag{2-96}$$

$$\nabla^2 A_z + i\omega\mu\sigma A_z = 0 \tag{2-97}$$

在上、下两个半空间的分界面上，场的切向分量应该连续，而法向分量不连续：

$$\begin{array}{ll} E_{1x} = E_{2x} & H_{1x} = H_{2x} \\ E_{1y} = E_{2y} & H_{1y} = H_{2y} \\ \varepsilon_1 E_{1z} = \varepsilon_2 E_{2z} & \mu_1 H_{1z} = \mu_2 H_{2z} \end{array} \tag{2-98}$$

要使式(2-94)所表达的场分量满足边界条件式(2-98)，那么大地表面上必须满足下面关于矢量位的边界表达式：

$$\left.\begin{array}{l} \mu_1\left(A_{1x} + \dfrac{1}{k_1^2}\dfrac{\partial}{\partial x}\nabla\cdot\boldsymbol{A}_1\right) = \mu_2\left(A_{2x} + \dfrac{1}{k_2^2}\dfrac{\partial}{\partial x}\nabla\cdot\boldsymbol{A}_2\right) \\ \dfrac{1}{k_1^2}\dfrac{\partial}{\partial y}\nabla\cdot\boldsymbol{A}_1 = \dfrac{1}{k_2^2}\dfrac{\partial}{\partial y}\nabla\cdot\boldsymbol{A}_2 \\ \dfrac{\partial A_{1z}}{\partial z} = \dfrac{\partial A_{2z}}{\partial y} \\ \dfrac{\partial A_{1x}}{\partial z} - \dfrac{\partial A_{1z}}{\partial x} = \dfrac{\partial A_{2x}}{\partial z} - \dfrac{\partial A_{2z}}{\partial x} \end{array}\right\} \tag{2-99}$$

对 x、y 分别积分这些不等式，我们得到了以下四个修正的边界条件：

$$\left.\begin{array}{l} A_{1z} = A_{2z} \\ \dfrac{\partial A_{1x}}{\partial z} = \dfrac{\partial A_{2x}}{\partial z} \\ \mu_1 A_{1x} = \mu_2 A_{2x} \\ \dfrac{\mu_1}{k_1^2}\nabla\cdot\boldsymbol{A}_1 = \dfrac{\mu_2}{k_2^2}\nabla\cdot\boldsymbol{A}_2 \end{array}\right\} \tag{2-100}$$

首先讨论一下上半空间中 A_{1x} 解的结构，并把恒定电流偶极子矢势的表达式作为当频率趋于零时的极限条件，以便为下一步求解做好准备。显然，上半空间中矢势的水平分量 A_{1x} 可以写成两项之和：

$$A_{1x} = A_{1x}^{0} + A_{1x}^{s} \tag{2-101}$$

式中：A_{1x}^{0} 为全空间中电偶极源矢势的分量；A_{1x}^{s} 为界面存在时二次场作用引起的矢势分量。

$$A_{1x}^{0} = \frac{IdL}{4\pi}\frac{e^{ik_1R}}{R} \tag{2-102}$$

利用索莫菲－傅里叶积分公式：

$$\frac{e^{ik_1R}}{R} = \int_0^{\infty}\frac{m}{m_1}e^{-m_1z}J_0(mr)\,dm \qquad (z = h) \tag{2-103}$$

式中，$J_0(mr)$ 为零阶第一类贝塞尔函数。

$R = \sqrt{r^2 + h^2}$ 为观察点到偶极子中心的距离，r 为柱坐标的极径，$r = \sqrt{x^2 + y^2}$，$m_1 = \sqrt{m^2 + k_1^2}$。

于是式(2-102)可写为：

当 $z = h$ 时
$$A_{1x} = \frac{IdL}{4\pi}\int_0^{\infty}\frac{m}{m_1}e^{-m_1z}J_0(mr)\,dm + A_{1x}^{s} \tag{2-104}$$

均匀大地表面上恒定电流水平电偶极子源的矢势为：

当 $z \geqslant 0$ 时
$$A_x = \frac{IdL}{4\pi}\int_0^{\infty}e^{-m_1z}J_0(mr)\,dm$$

$$A_z = -\frac{IdL}{4\pi}\cos\varphi\int_0^{\infty}e^{-m_1z}J_1(mr)\,dm \tag{2-105}$$

把式(2-96)和式(2-97)换为圆柱坐标系统中亥姆霍兹方程

$$\frac{1}{r}\frac{\partial}{\partial r}\left(r\frac{\partial A}{\partial r}\right) + \frac{1}{r^2}\frac{\partial^2 A}{\partial\varphi^2} + \frac{\partial^2 A}{\partial z^2} + k^2A = 0 \tag{2-106}$$

采用分离变量法，把 A 写为互不相关的函数的乘积：

$$A = U(r)\cdot V(\varphi)\cdot W(z) \tag{2-107}$$

其中，$U(r)$ 只是坐标变量 r 的函数，$V(\varphi)$ 只是坐标变量 φ 的函数，$W(z)$ 只是 z 的函数。

将式(2-107)代入式(2-106)，得到：

$$\frac{1}{r}\frac{\partial}{\partial r}\left[r\frac{\partial U(r)V(\varphi)W(z)}{\partial r}\right] + \frac{1}{r^2}\frac{\partial^2}{\partial\varphi^2}\left[\frac{\partial U(r)V(\varphi)W(z)}{\partial r}\right] +$$

$$\frac{\partial^2}{\partial z^2}\left[\frac{\partial U(r)V(\varphi)W(z)}{\partial r}\right] + k^2\frac{\partial U(r)V(\varphi)W(z)}{\partial r} = 0$$

$$V(\varphi)W(z)\frac{d^2U(r)}{dr^2} + \frac{V(\varphi)W(z)}{r}\frac{dU(r)}{dr} +$$

$$\frac{U(r)W(z)}{r^2}\frac{d^2V(\varphi)}{d\varphi^2} + U(r)V(\varphi)\frac{d^2W(z)}{dz^2} + k^2U(r)V(\varphi)W(z) = 0 \tag{2-108}$$

为了使三个独立变量 r、φ、z 分离开来，以 $U(r)V(\varphi)W(z)$ 去除式(2-108)，结果得到：

$$\frac{1}{U(r)}\frac{d^2U(r)}{dr^2} + \frac{1}{rU(r)}\frac{dU(r)}{dr} + \frac{1}{r^2V(\varphi)}\frac{d^2V(\varphi)}{d\varphi^2} + \frac{1}{W(z)}\frac{d^2W(z)}{dz^2} + k^2 = 0 \tag{2-109}$$

式(2-109)中前三项只与 r、φ 有关,第四项只与 z 有关,把它移项后可以将前二个变量的函数写成与第三个坐标变量函数相等:

$$\frac{1}{U(r)}\frac{\mathrm{d}^2U(r)}{\mathrm{d}r^2}+\frac{1}{rU(r)}\frac{\mathrm{d}U(r)}{\mathrm{d}r}+\frac{1}{r^2V(\varphi)}\frac{\mathrm{d}^2V(\varphi)}{\mathrm{d}\varphi^2}=-\left[\frac{1}{W(z)}\frac{\mathrm{d}^2W(z)}{\mathrm{d}z^2}+k^2\right] \tag{2-110}$$

式(2-110)的左边含有 r、φ 的函数及其微分,右边含有 z 的函数及其微分,除非左右两边同时等于某个常数,否则不可能相等。设这个常数为 $-m^2$,则可以把式(2-110)分解为两个独立的常微分方程:

$$\frac{1}{U(r)}\frac{\mathrm{d}^2U(r)}{\mathrm{d}r^2}+\frac{1}{rU(r)}\frac{\mathrm{d}U(r)}{\mathrm{d}r}+\frac{1}{r^2V(\varphi)}\frac{\mathrm{d}^2V(\varphi)}{\mathrm{d}\varphi^2}+m^2=0 \tag{2-111}$$

$$\frac{1}{W(z)}\frac{\mathrm{d}^2W(z)}{\mathrm{d}z^2}+k^2-m^2=0 \tag{2-112}$$

式中,m 为分离常数,使 m 以平方的形式出现主要是为了保持合适的单位系统。

将式(2-112)两边同时乘以 $W(z)$ 得到:

$$\frac{\mathrm{d}^2W(z)}{\mathrm{d}z^2}-(k^2-m^2)W(z)=0 \tag{2-113}$$

显然,式(2-112)的解为:

$$W(z)=a\mathrm{e}^{z\sqrt{m^2+k^2}}+b\mathrm{e}^{-z\sqrt{m^2+k^2}} \tag{2-114}$$

对式(2-111)进一步分离变量,得到:

$$\frac{1}{U(r)}\frac{\mathrm{d}^2U(r)}{\mathrm{d}r^2}+\frac{1}{rU(r)}\frac{\mathrm{d}U(r)}{\mathrm{d}r}+m^2=-\frac{1}{r^2V(\varphi)}\frac{\mathrm{d}^2V(\varphi)}{\mathrm{d}\varphi^2}=\frac{n^2}{r^2}$$

$$r^2\frac{\mathrm{d}^2U(r)}{\mathrm{d}r^2}+r\frac{\mathrm{d}U(r)}{\mathrm{d}r}+[(mr)^2-n^2]U(r)=0 \tag{2-115}$$

$$\frac{\mathrm{d}^2V(\varphi)}{\mathrm{d}\varphi^2}+n^2V(\varphi)=0 \tag{2-116}$$

式(2-115)的解:

$$V(\varphi)=c\cos(n\varphi)+d\sin(n\varphi) \tag{2-117}$$

式(2-115)是 n 阶贝塞尔方程,其解为 n 阶第一类贝塞尔函数 $J_n(mr)$ 和 n 阶第二类贝塞尔函数 $Y_n(mr)$ 之和。由于 $Y_n(mr)$ 沿 z 轴任何一点为无限大,不能满足矢势处处有限而且连续的条件,故不能作为解的一部分。综合以上三个独立方程的解,可以把关于 A 亥姆霍兹方程的解写为:

$$A=[(a\mathrm{e}^{z\sqrt{m^2+k^2}}+b\mathrm{e}^{-z\sqrt{m^2+k^2}})\cos(n\varphi)+(c\mathrm{e}^{z\sqrt{m^2+k^2}}+d\mathrm{e}^{-z\sqrt{m^2+k^2}})\sin(n\varphi)]J_n(mr) \tag{2-118}$$

根据矢势的叠加原理,并把 m 看做是连续变量,方程式(2-118)应该是对所有可能的 m 值的任意组合,可以写为汉克尔变换积分:

$$A=\int_0^{\infty}\sum_{m=0}^{\infty}\Big[(a\mathrm{e}^{z\sqrt{m^2+k^2}}+b\mathrm{e}^{-z\sqrt{m^2+k^2}})\cos(n\varphi)+(c\mathrm{e}^{z\sqrt{m^2+k^2}}+$$

$$d\mathrm{e}^{-z\sqrt{m^2+k^2}})\sin(n\varphi)\Big]J_n(mr)\mathrm{d}m \tag{2-119}$$

式中，a、b、c、d 都是与 r、φ、z 无关的常数，但可能与 m、n 有关，结合边界条件，就可以求出这些常数。

由于我们选择的坐标系是对称关系，场以 xoz 平面对称。当 φ 改变符合时，$\sin(n\varphi)$ 也改变符号，不符合对称的条件，故舍去。

在介质 1 中，当 $z\to-\infty$ 时，矢势 A_1 应该有限，故舍去 A_1 中的负指数项，相应波数为 k_1。同理，在 A_2 中舍去正指数项，波数应为 k_2。当频率为零时，矢势 A 应该转换为恒定电流偶极子的表达式(2-105)，故在 A_x 表达式中 n 应取 0，而在 A_z 表达式中 n 应取 1，并且在介质 1 中，解的结构应当具有式(2-104)的结构。

在介质 1 和介质 2 中矢势 A_x、A_y 的解应分别写为：

$$A_{1x}=\frac{IdL\mathrm{e}^{\mathrm{i}k_1R}}{4\pi R}+\int_0^\infty a_1\mathrm{e}^{m_1z}J_0(mr)\mathrm{d}m=\frac{IdL}{4\pi}\int_0^\infty\frac{m}{m_1}\mathrm{e}^{-m_1z}J_0(mr)\mathrm{d}m+\int_0^\infty a_1\mathrm{e}^{m_1z}J_0(mr)\mathrm{d}m \tag{2-120}$$

$$A_{1z}=\cos\varphi\int_0^\infty a_2\mathrm{e}^{m_1z}J_1(mr)\mathrm{d}m \tag{2-121}$$

$$A_{2x}=\int_0^\infty b_1\mathrm{e}^{-m_2z}J_0(mr)\mathrm{d}m \tag{2-122}$$

$$A_{2z}=\cos\varphi\int_0^\infty b_2\mathrm{e}^{-m_2z}J_0(mr)\mathrm{d}m \tag{2-123}$$

式中，$m_i=\sqrt{m^2-k_i^2}\,(i=1,2)$。

现在我们利用边界条件来确定常数 a，b，在分界面上 $z=h$ 处，由边界条件 1 得：

$$\cos\varphi\int_0^\infty a_2\mathrm{e}^{m_1h}J_1(mr)\mathrm{d}m=\cos\varphi\int_0^\infty b_2\mathrm{e}^{-m_2h}J_1(mr)\mathrm{d}m \tag{2-124}$$

由边界条件 2 得：

$$\frac{IdL}{4\pi}\int_0^\infty -m\mathrm{e}^{-m_1h}J_0(mr)\mathrm{d}m+\int_0^\infty a_1m_1\mathrm{e}^{m_1h}J_0(mr)\mathrm{d}m=\int_0^\infty -m_2b_1\mathrm{e}^{-m_2h}J_0(mr)\mathrm{d}m \tag{2-125}$$

由边界条件 3 得：

$$\mu_1\left[\frac{IdL}{4\pi}\int_0^\infty\frac{m}{m_1}\mathrm{e}^{-m_1h}J_0(mr)\mathrm{d}m+\int_0^\infty a_1\mathrm{e}^{m_1h}J_0(mr)\mathrm{d}m\right]=\mu_2\int_0^\infty b_1\mathrm{e}^{-m_2h}J_0(mr)\mathrm{d}m \tag{2-126}$$

由边界条件 4，并且注意到：

$$\frac{\partial J_0(mr)}{\partial x}=\frac{\partial J_0(mr)}{\partial r}\frac{\partial r}{\partial x}=-J_1(mr)\cdot m\cos\varphi$$

那么有

$$\begin{aligned}&\cos\varphi\frac{\mu_1}{k_1^2}\int_0^\infty\Big(-\frac{IdLm^2}{4\pi m_1}\mathrm{e}^{-m_1n}-a_1m\mathrm{e}^{m_1h}+a_2m_1\mathrm{e}^{-m_1h}\Big)J_1(mr)\mathrm{d}m\\&=\cos\varphi\frac{\mu_2}{k_2^2}\int_0^\infty\big(-b_1m\mathrm{e}^{-m_2h}-b_2m_2\mathrm{e}^{-m_2h}\big)J_1(mr)\mathrm{d}m\end{aligned} \tag{2-127}$$

整理式(2-124)～式(2-127),我们得到:

$$a_2 e^{m_1 h} = b_2 e^{m_2 h} \tag{2-128}$$

$$-\frac{IdL}{4\pi} m e^{-m_1 h} + a_1 e^{m_1 h} = -b_1 m_2 e^{-m_2 h} \tag{2-129}$$

$$\mu_1 \left(\frac{IdL}{4\pi} \frac{m_2}{m_1} e^{-m_1 h} + a_1 e^{m_1 h} \right) = -\mu_2 b_1 e^{-m_2 h} \tag{2-130}$$

$$\frac{\mu_1}{k_1^2} \left(-\frac{IdL}{4\pi} \frac{m}{m_1} e^{-m_1 h} - a_1 m e^{m_1 h} + a_2 m_1 e^{m_1 h} \right) = -\frac{\mu_2}{k_2^2} (-b_1 m - b_2 m_2) e^{-m_2 h} \tag{2-131}$$

把偶极子逐渐移到分界面上,即命 $h \to 0$ 作为求解积分常数的极限条件,这时式(2-128)～式(2-131)变为:

$$a_2 = b_2 \tag{2-132}$$

$$-\frac{IdL}{4\pi} m + a_1 m_1 = -b_1 m_2 \tag{2-133}$$

$$\mu_1 \left(\frac{IdLm}{4\pi m_1} + a_1 \right) = \mu_2 b_1 \tag{2-134}$$

$$\frac{\mu_1}{k_1^2} \left(-\frac{IdLm^2}{4\pi m_1} - a_1 m + a_2 m_1 \right) = \frac{\mu_2}{k_2^2} (-b_1 m - b_2 m_2) \tag{2-135}$$

解此关于 a_1, b_1, a_2, b_2 的联立方程,得到

$$\left.\begin{aligned} a_1 &= \frac{IdLm}{4\pi m_1} \cdot \frac{\mu_2 m_1 - \mu_1 m_2}{\mu_2 m_1 + \mu_1 m_2} \\ b_1 &= \frac{IdL}{4\pi} \cdot \frac{2m\mu_1}{\mu_2 m_1 + \mu_1 m_2} \\ a_2 = b_2 &= \frac{IdL}{4\pi} \cdot \frac{2m^2 \mu_1 \mu_2}{\mu_2 m_1 + \mu_1 m_2} \cdot \frac{k_2^2 - k_1^2}{\mu_1 m_1 k_2^2 + \mu_2 m_2 k_1^2} \end{aligned}\right\} \tag{2-136}$$

对于实际存在的空气和大地介质而言,其磁导率都非常接近于真空中磁导率,即:

$$\left.\begin{aligned} &\mu_1 \approx \mu_2 \approx \mu_0 \\ a_1 &= \frac{IdLm}{4\pi m_1} \cdot \frac{m_1 - m_2}{m_1 + m_2} \\ b_1 &= \frac{IdL}{4\pi} \cdot \frac{2m_1}{m_1 + m_2} \\ a_2 = b_2 &= \frac{IdL}{4\pi} \cdot \frac{2m_1^2}{m_1 + m_2} \cdot \frac{k_2^2 - k_1^2}{m_1 k_2^2 + m_2 k_1^2} \end{aligned}\right\} \tag{2-137}$$

$$\begin{aligned} A_{1x} &= \frac{IdL}{4\pi} \int_0^\infty \left(e^{m_1 z} + \frac{m_1 - m_2}{m_1 + m_2} e^{m_1 z} \right) J_0(mr) \, dm \\ &= \frac{IdL}{4\pi} \int_0^\infty \frac{2m_1}{m_1 + m_2} e^{m_1 z} J_0(mr) \, dm \end{aligned} \tag{2-138}$$

因为 $\cos\varphi = \frac{\partial r}{\partial x}$ 和 $\frac{\partial}{\partial r} J_0(mr) = -mJ_1(mr)$,所以得到以下各式:

$$A_{1z} = -\frac{IdL}{4\pi}\frac{\partial}{\partial x}\int_0^\infty \frac{2m_1}{m_1+m_2}\frac{k_2^2-k_1^2}{m_1k_2^2+m_2k_1^2}e^{m_1z}J_0(mr)\mathrm{d}m \tag{2-139}$$

$$A_{2x} = \frac{IdL}{4\pi}\int_0^\infty \frac{2m_1}{m_1+m_2}e^{-m_2z}J_0(mr)\mathrm{d}m \tag{2-140}$$

$$A_{2z} = -\frac{IdL}{4\pi}\frac{\partial}{\partial x}\int_0^\infty \frac{2m_1}{m_1+m_2}\cdot\frac{k_2^2-k_1^2}{m_1k_2^2+m_2k_1^2}e^{-m_2z}J_0(mr)\mathrm{d}m \tag{2-141}$$

2.3.3 均匀半空间中电场各分量的远区闭合表达式

在得到均匀半空间下磁矢量位的表达式后，我们就可以根据它进一步求解电场各分量的远区表达式。

首先求解以下两个表达式：

$$\begin{aligned}\left(\frac{\partial A_{1x}}{\partial x}+\frac{\partial A_{1z}}{\partial z}\right) &= \frac{IdL}{4\pi}\left[\frac{\partial}{\partial x}\int_0^\infty \frac{2m_1}{m_1+m_2}e^{m_1z}J_0(mr)\mathrm{d}m - \right.\\ &\quad \left.\frac{\partial}{\partial z}\frac{\partial}{\partial x}\int_0^\infty \frac{2m_1}{m_1+m_2}\frac{k_2^2-k_1^2}{m_1k_2^2+m_2k_1^2}e^{m_1z}J_0(mr)\mathrm{d}m\right]\\ &= \frac{IdL}{4\pi}\frac{\partial}{\partial x}\int_0^\infty \frac{2m_1}{m_1+m_2}\left[1-\frac{m_1(k_2^2-k_1^2)}{m_1k_2^2+m_2k_1^2}\right]e^{m_1z}J_0(mr)\mathrm{d}m\\ &= \frac{IdL}{4\pi}\frac{\partial}{\partial x}\int_0^\infty \frac{2m_1}{m_1+m_2}\left[\frac{m_2k_1^2+m_1k_1^2}{m_1k_2^2+m_2k_1^2}\right]e^{m_1z}J_0(mr)\mathrm{d}m\\ &= \frac{IdLk_1^2}{2\pi}\frac{\partial}{\partial x}\int_0^\infty \frac{m_1}{m_1k_2^2+m_2k_1^2}e^{m_1z}J_0(mr)\mathrm{d}m \end{aligned} \tag{2-142}$$

$$\begin{aligned}\left(\frac{\partial A_{2x}}{\partial x}+\frac{\partial A_{2z}}{\partial z}\right) &= \frac{IdL}{4\pi}\left[\frac{\partial}{\partial x}\int_0^\infty \frac{2m_1}{m_1+m_2}e^{-m_2z}J_0(mr)\mathrm{d}m - \right.\\ &\quad \left.\frac{\partial}{\partial z}\frac{\partial}{\partial x}\int_0^\infty \frac{2m_1}{m_1+m_2}\frac{k_2^2-k_1^2}{m_1k_2^2+m_2k_1^2}e^{-m_2z}J_0(mr)\mathrm{d}m\right]\\ &= \frac{IdL}{4\pi}\frac{\partial}{\partial x}\int_0^\infty \frac{2m_1}{m_1+m_2}\left[1+\frac{m_2(k_2^2-k_1^2)}{m_1k_2^2+m_2k_1^2}\right]J_0(mr)\mathrm{d}m \quad (2\text{-}143)\\ &= \frac{IdL}{2\pi}\frac{\partial}{\partial x}\int_0^\infty \frac{m_1}{m_1+m_2}\left(\frac{m_1k_2^2+m_2k_2^2}{m_1k_2^2+m_2k_1^2}\right)J_0(mr)\mathrm{d}m\\ &= \frac{IdLk_2^2}{2\pi}\frac{\partial}{\partial x}\int_0^\infty \frac{m_1}{m_1k_2^2+m_2k_1^2}J_0(mr)\mathrm{d}m \end{aligned}$$

式(2-142)和式(2-143)分别是空气和大地磁矢量位的散度表示式，在后面的推导中，我们将用到这两个表达式。

在远区场和准静态条件下有 $k_1\approx 0, m_1\approx m$，则

$$m_2 = \sqrt{m^2-k_2^2}\approx\sqrt{-k_2^2} = -\mathrm{i}k_2 \qquad \text{当 } Re(m_2)>0\text{，在地下 } m=0 \tag{2-144}$$

$$\frac{m_1}{m_1+m_2} = \frac{m_1(m^2-m_2^2)}{k_2^2(m_1+m_2)} = \frac{m_1(m-m_2)(m+m_2)}{k_2^2(m_1+m_2)} = \frac{m_1(m-m_2)}{k_2^2} \tag{2-145}$$

空中半空间电场远区表达式如下：

$$
\begin{aligned}
E_{f1x} &= \mathrm{i}\omega\mu\left[A_{1x} + \frac{1}{k_1^2}\frac{\partial}{\partial x}\left(\frac{\partial A_{1x}}{\partial x} + \frac{\partial A_{1z}}{\partial z}\right)\right] \\
&= \mathrm{i}\omega\mu\frac{IdL}{2\pi}\left[\int_0^{\infty}\frac{m_1}{m_1 + m_2}\mathrm{e}^{m_1 z}J_0(mr)\mathrm{d}m + \frac{\partial^2}{\partial x^2}\int_0^{\infty}\frac{m_1}{m_1k_2^2 + m_2k_1^2}\mathrm{e}^{m_1 z}J_0(mr)\mathrm{d}m\right] \\
&\approx \mathrm{i}\omega\mu\frac{IdL}{2\pi}\left[\int_0^{\infty}\frac{m(m + \mathrm{i}k_2)}{k_2^2}\mathrm{e}^{mz}J_0(mr)\mathrm{d}m + \frac{\partial^2}{\partial x^2}\int_0^{\infty}\frac{1}{k_2^2}\mathrm{e}^{mz}J_0(mr)\mathrm{d}m\right] \\
&\approx \mathrm{i}\omega\mu\frac{IdL}{2\pi k_2^2}\left[\int_0^{\infty}m^2\mathrm{e}^{mz}J_0(mr)\mathrm{d}m + \mathrm{i}k_2\int_0^{\infty}m\mathrm{e}^{mz}J_0(mr)\mathrm{d}m + \frac{\partial^2}{\partial x^2}\int_0^{\infty}\mathrm{e}^{mz}J_0(mr)\mathrm{d}m\right] \\
&\approx \frac{IdL}{2\pi\sigma_2}\left[\frac{\partial}{\partial z^2}\int_0^{\infty}\mathrm{e}^{mz}J_0(mr)\mathrm{d}m + \mathrm{i}k_2\frac{\partial}{\partial z}\int_0^{\infty}\mathrm{e}^{mz}J_0(mr)\mathrm{d}m + \frac{\partial^2}{\partial x^2}\left(\frac{1}{R}\right)\right] \\
&= \frac{IdL}{2\pi\sigma_2}\left[\frac{\partial}{\partial z^2}\left(\frac{1}{R}\right) + \mathrm{i}k_2\frac{\partial}{\partial z}\left(\frac{1}{R}\right) + \frac{\partial^2}{\partial x^2}\left(\frac{1}{R}\right)\right] \\
&= \frac{IdL}{2\pi\sigma_2}\frac{1}{R^3}\left[\frac{3}{R^2}(x^2 - z^2) + \mathrm{i}k_2 z - 2\right]
\end{aligned}
\tag{2-146}
$$

$$
\begin{aligned}
E_{f1y} &= \frac{\mathrm{i}\omega\mu}{k_1^2}\frac{\partial}{\partial y}\left(\frac{\partial A_{1x}}{\partial x} + \frac{\partial A_{1z}}{\partial z}\right) \\
&= \frac{\mathrm{i}\omega\mu}{k_1^2}\frac{IdLk_1^2}{2\pi}\frac{\partial}{\partial y}\frac{\partial}{\partial x}\int_0^{\infty}\frac{m_1}{m_1k_2^2 + m_2k_1^2}\mathrm{e}^{m_1 z}J_0(mr)\mathrm{d}m \\
&\approx \frac{\mathrm{i}\omega\mu IdL}{2\pi k_2^2}\frac{\partial}{\partial y}\frac{\partial}{\partial x}\int_0^{\infty}\mathrm{e}^{m_1 z}J_0(mr)\mathrm{d}m \\
&\approx \frac{IdL}{2\pi\sigma_2}\frac{\partial^2}{\partial y\partial x}\left(\frac{1}{R}\right) = \frac{IdL}{2\pi\sigma_2}\left(\frac{3xy}{R^5}\right)
\end{aligned}
\tag{2-147}
$$

$$
\begin{aligned}
E_{f1z} &= \mathrm{i}\omega\mu\left[A_{1z} + \frac{1}{k_1^2}\frac{\partial}{\partial z}\left(\frac{\partial A_{1x}}{\partial x} + \frac{\partial A_{1z}}{\partial z}\right)\right] \\
&= -\mathrm{i}\omega\mu\frac{IdL}{2\pi}\left[\frac{\partial}{\partial x}\int_0^{\infty}\frac{m_1}{m_1 + m_2}\frac{k_2^2 - k_1^2}{m_1k_2^2 + m_2k_1^2}\mathrm{e}^{m_1 z}J_0(mr)\mathrm{d}m - \right. \\
&\quad \left.\frac{\partial}{\partial z}\frac{\partial}{\partial x}\int_0^{\infty}\frac{m_1}{m_1k_2^2 + m_2k_1^2}\mathrm{e}^{m_1 z}J_0(mr)\mathrm{d}m\right] \\
&\approx \mathrm{i}\omega\mu\frac{IdL}{2\pi}\frac{\partial}{\partial x}\int_0^{\infty}\frac{m}{m_1k_2^2 + m_2k_1^2}\left(m - \frac{k_2^2 - k_1^2}{m_1 + m_2}\right)\mathrm{e}^{mz}J_0(mr)\mathrm{d}m \\
&\approx \mathrm{i}\omega\mu\frac{IdL}{2\pi}\frac{\partial}{\partial x}\int_0^{\infty}\frac{mm_2}{m_1k_2^2 + m_2k_1^2}\mathrm{e}^{mz}J_0(mr)\mathrm{d}m \\
&= \mathrm{i}\omega\mu\frac{IdL}{2\pi k_2^2}\frac{\partial}{\partial x}\int_0^{\infty}m_2\mathrm{e}^{mz}J_0(mr)\mathrm{d}m \\
&\approx -\frac{\mathrm{i}IdLk_2}{2\pi\sigma_2}\frac{\partial}{\partial x}\int_0^{\infty}\mathrm{e}^{mz}J_0(mr)\mathrm{d}m \\
&= -\frac{\mathrm{i}IdLk_2}{2\pi\sigma_2}\frac{\partial}{\partial x}\left(\frac{1}{R}\right)
\end{aligned}
$$

$$= (\mathrm{i}-1)\frac{IdL}{2\pi}\sqrt{\frac{\omega\mu}{2\sigma_2}}\frac{x}{R^3} \tag{2-148}$$

地下半空间电场远区表达式推导如下：

$$E_{f2x} = \mathrm{i}\omega\mu A_{2x} + \frac{1}{\sigma}\frac{\partial}{\partial x}\left(\frac{\partial A_{2x}}{\partial x} + \frac{\partial A_{2z}}{\partial z}\right)$$

$$= \mathrm{i}\omega\mu\left[A_{2x} + \frac{1}{k_2^2}\frac{\partial}{\partial x}\left(\frac{\partial A_{2x}}{\partial x} + \frac{\partial A_{2z}}{\partial z}\right)\right]$$

$$= \mathrm{i}\omega\mu\frac{IdL}{2\pi}\left[\int_0^\infty \frac{m_1}{m_1+m_2}\mathrm{e}^{-m_2 z}J_0(mr)\,\mathrm{d}m + \frac{\partial^2}{\partial x^2}\int_0^\infty \frac{m_1}{m_1k_2^2+m_2k_1^2}\mathrm{e}^{-m_2 z}J_0(mr)\,\mathrm{d}m\right]$$

$$\approx \mathrm{i}\omega\mu\frac{IdL}{2\pi}\left[\int_0^\infty \frac{m(m+\mathrm{i}k_2)}{k_2^2}\mathrm{e}^{-m_2 z}J_0(mr)\,\mathrm{d}m + \frac{\partial^2}{\partial x^2}\int_0^\infty \frac{1}{k_2^2}\mathrm{e}^{-m_2 z}J_0(mr)\,\mathrm{d}m\right]$$

$$\approx \mathrm{i}\omega\mu\frac{IdL}{2\pi k_2^2}\left[\int_0^\infty m^2\mathrm{e}^{k_2 z}J_0(mr)\,\mathrm{d}m + \mathrm{i}k_2\int_0^\infty m\mathrm{e}^{k_2 z}J_0(mr)\,\mathrm{d}m + \frac{\partial^2}{\partial x^2}\int_0^\infty \mathrm{e}^{k_2 z}J_0(mr)\,\mathrm{d}m\right]$$

$$= \frac{IdL}{2\pi\sigma_2}\mathrm{e}^{k_2 z}\left[-\frac{1}{r^3} + 0 + \frac{\partial^2}{\partial x^2}\left(\frac{1}{r}\right)\right] = \frac{IdL}{2\pi\sigma_2}\mathrm{e}^{k_2 z}\frac{1}{r^3}\left(\frac{3x^2}{r^2} - 2\right) \tag{2-149}$$

$$E_{f2y} = \frac{\mathrm{i}\omega\mu}{k_2^2}\frac{\partial}{\partial y}\left(\frac{\partial A_{2x}}{\partial x} + \frac{\partial A_{2z}}{\partial z}\right)$$

$$= \frac{\mathrm{i}\omega\mu}{k_2^2}\frac{IdLk_2^2}{2\pi}\frac{\partial}{\partial y}\frac{\partial}{\partial x}\int_0^\infty \frac{m_1}{m_1k_2^2+m_2k_1^2}\mathrm{e}^{-m_2 z}J_0(mr)\,\mathrm{d}m$$

$$\approx \frac{\mathrm{i}\omega\mu IdL}{2\pi k_2^2}\frac{\partial}{\partial y}\frac{\partial}{\partial x}\int_0^\infty \mathrm{e}^{\mathrm{i}k_2 z}J_0(mr)\,\mathrm{d}m$$

$$\approx \frac{IdL}{2\pi\sigma_2}\frac{\partial^2}{\partial y\partial x}\mathrm{e}^{\mathrm{i}k_2 z}\left(\frac{1}{R}\right) = \frac{IdL}{2\pi\sigma_2}\mathrm{e}^{\mathrm{i}k_2 z}\left(\frac{3xy}{R^5}\right) \tag{2-150}$$

$$E_{f2z} = \mathrm{i}\omega\mu\left[A_{2z} + \frac{1}{k_2^2}\frac{\partial}{\partial z}\left(\frac{\partial A_{2x}}{\partial x} + \frac{\partial A_{2z}}{\partial z}\right)\right]$$

$$= -\mathrm{i}\omega\mu\left[\frac{IdL}{4\pi}\frac{\partial}{\partial x}\int_0^\infty \frac{2m_1}{m_1+m_2}\frac{k_2^2-k_1^2}{m_1k_2^2+m_2k_1^2}\mathrm{e}^{-m_2 z}J_0(mr)\,\mathrm{d}m + \right.$$

$$\left.\frac{IdL}{2\pi}\frac{\partial}{\partial z}\frac{\partial}{\partial x}\int_0^\infty \frac{m_1}{m_1k_2^2+m_2k_1^2}\mathrm{e}^{-m_2 z}J_0(mr)\,\mathrm{d}m\right]$$

$$\approx -\mathrm{i}\omega\mu\frac{IdL}{2\pi}\frac{\partial}{\partial x}\int_0^\infty \frac{m}{m_1k_2^2+m_2k_1^2}\left(m_2 + \frac{k_2^2-k_1^2}{m_1+m_2}\right)\mathrm{e}^{-m_2 z}J_0(mr)\,\mathrm{d}m$$

$$\approx -\mathrm{i}\omega\mu\frac{IdL}{2\pi}\frac{\partial}{\partial x}\int_0^\infty \frac{mm_1}{m_1k_2^2+m_2k_1^2}\mathrm{e}^{-m_2 z}J_0(mr)\,\mathrm{d}m$$

$$= -\mathrm{i}\omega\mu\frac{IdL}{2\pi k_2^2}\mathrm{e}^{\mathrm{i}k_2 z}\frac{\partial}{\partial x}\int_0^\infty mJ_0(mr)\,\mathrm{d}m = 0 \tag{2-151}$$

2.3.4　均匀半空间电场的解析解

均匀半空间电场的解析解相对来说比较简单，但是它有着重要的意义。数值模拟结果的正确与否大都与它相比较，以证明数值模拟的正确性。

在 2.3.2 中已经求得磁矢量位的表达式(2-138)～式(2-141)，那么现在根据磁矢量位的表达式，便可求得电场各分量的表达式。在柱坐标系统中，各分量可具体写为：

$$E_r = \mathrm{i}\omega\mu A_r + \frac{1}{\sigma}\frac{\partial}{\partial r}\mathrm{div}A \tag{2-152}$$

$$E_\varphi = \mathrm{i}\omega\mu A_\varphi + \frac{1}{\sigma r}\frac{\partial}{\partial \varphi}\mathrm{div}A \tag{2-153}$$

根据上式来求电场各分量的表达式，为此先求 $\mathrm{div}A$：

$$\mathrm{div}A_1 = \frac{\partial A_{1x}}{\partial x} + \frac{\partial A_{1z}}{\partial z} = 0 \tag{2-154}$$

$$\mathrm{div}A_2 = \frac{\partial A_{2x}}{\partial x} + \frac{\partial A_{2z}}{\partial z} = -\frac{IdL}{2\pi}\cos\varphi\int_0^\infty mJ_1(mr)\mathrm{d}m \tag{2-155}$$

式(2-155)中的积分可以写成

$$\int_0^\infty mJ_1(mr)\mathrm{d}m = \int_0^\infty -\frac{\partial}{\partial r}J_0(mr)\mathrm{d}m$$

在韦伯、李普希兹积分公式 $\int_0^\infty \mathrm{e}^{-mz}J_0(mr)\mathrm{d}m = \frac{1}{\sqrt{r^2+z^2}}$ 中，命 $z=0$，我们有 $\int_0^\infty J_0(mr)\mathrm{d}m = \frac{1}{r}$，所以得到如下表达式：

当 $z = 0$ 时

$$\mathrm{div}A_2 = -\frac{IdL}{2\pi r^2}\cos\varphi \tag{2-156}$$

当 $z > 0$ 时

$$\mathrm{div}A_2 = -\frac{IdL}{2\pi}\cos\varphi\int_0^\infty m\mathrm{e}^{-m_1 z}J_1(mr)\mathrm{d}m \tag{2-157}$$

对地表电场强度的水平分量，我们有以下表达式：

$$E_r = \frac{IdL}{2\pi}\cos\varphi\left[\mathrm{i}\omega\mu\int_0^\infty \frac{mJ_0(mr)}{m_1+m_2}\mathrm{d}m - \frac{1}{\sigma}\frac{\partial}{\partial r}\frac{1}{r^2}\right] \tag{2-158}$$

$$E_\varphi = \frac{IdL}{2\pi}\sin\varphi\left[-\mathrm{i}\omega\mu\int_0^\infty \frac{mJ_0(mr)}{m+m_1}\mathrm{d}m + \frac{1}{\sigma}\frac{1}{r^3}\right] \tag{2-159}$$

为了求出式(2-158)、式(2-159)的积分，我们把积分部分改写为：

$$\int_0^\infty \frac{m}{m+m_1}J_0(mr)\mathrm{d}m = \int_0^\infty \frac{m(m-m_1)}{m^2-m_1^2}J_0(mr)\mathrm{d}m = \frac{1}{k^2}\int_0^\infty (m^2 - mm_1)J_0(mr)\mathrm{d}m \tag{2-160}$$

利用韦伯、李普希兹公式 $\int_0^\infty \mathrm{e}^{-mz}J_0(mr)\mathrm{d}m = \frac{1}{R}$，式中 $R = \sqrt{r^2+z^2}$，可以把式(2-160)的第一个积分写为 $\int_0^\infty m^2J_0(mr)\mathrm{d}m = \frac{\partial^2}{\partial z^2}\int_0^\infty \mathrm{e}^{-mz}J_0(mr)\mathrm{d}m = \frac{\partial^2}{\partial z^2}\frac{1}{R}$。

进行二阶微分并使 $z=0$，我们有：

$$\int_0^\infty m^2J_0(mr)\mathrm{d}m = -\frac{1}{r^3} \tag{2-161}$$

对于第二个积分，我们利用索莫菲－傅里叶积分公式得：

$$\frac{e^{ikr}}{r} = \int_0^{\infty} \frac{m}{m_1} e^{-m_1 |z|} J_0(mr) dm \tag{2-162}$$

把式(2-162)改写成：

$$\int_0^{\infty} m m_1 J_0(mr) dm = \int_0^{\infty} \frac{m}{m_1} e^{-m_1 |z|} J_0(mr) dm = \frac{\partial^2}{\partial z^2} \frac{e^{ikr}}{r} \tag{2-163}$$

进行二阶微分并使 $z = 0$，我们有：

$$\int_0^{\infty} m m_1 J_0(mr) dm = -\frac{1}{r^3}(1 - ikr) e^{ikr} \tag{2-164}$$

因此，电场的水平分量的表达式为：

$$E_r = \frac{I\rho dL\cos\varphi}{2\pi r^3}[1 + e^{ikr}(1 - ikr)] \tag{2-165}$$

$$E_\varphi = \frac{I\rho dL\sin\varphi}{2\pi r^3}[2 - e^{ikr}(1 - ikr)] \tag{2-166}$$

当采用直角坐标系时，可以利用以下两个式子进行转换：

$$E_x = E_r\cos\varphi - E_\varphi\sin\varphi \tag{2-167}$$

$$E_y = E_r\sin\varphi - E_\varphi\cos\varphi \tag{2-168}$$

其中，$\cos\varphi = \frac{x}{r}$，$\sin\varphi = \frac{y}{r}$，$r = \sqrt{x^2 + y^2}$。

2.3.5　层状模型下电场的解析解

如图 2-2 所示，n 层水平层状介质中第 n 层的电阻率和层厚度分别为 ρ_n 和 h_n。一水平电偶极子位于层状介质表面，偶极距为 $p = IdL$（I 为谐变电流）。选取公共坐标原点位于偶极子中心的柱坐标系和直角坐标系，使 x 轴指向偶极距方向（即 $\varphi = 0$ 的方向），z 轴垂直向下，则地表面的电磁场分布可通过直接求解场所满足的非齐次亥姆霍兹方程。略去冗繁的数学推导，此处直接写出静态极限下柱坐标系中地表电磁场各分量的表达式：

$$E_r = \frac{IdL}{2\pi}\cos\varphi\left[\frac{i\omega\mu}{r}\int_0^{\infty}\frac{1}{m + m_1/R^*}J_1(mr)dm - \rho_1\int_0^{\infty}\frac{mm_1}{R}J_0(mr)dm + \frac{\rho_1}{r}\int_0^{\infty}\frac{m_1}{R}J_1(mr)dm\right] \tag{2-169}$$

$$E_\varphi = \frac{IdL}{2\pi}\sin\varphi\left[\frac{i\omega\mu}{r}\int_0^{\infty}\frac{1}{m + m_1/R^*}J_1(mr)dm - i\omega\mu\int_0^{\infty}\frac{m}{m + m_1/R^*}J_0(mr)dm + \frac{\rho_1}{r}\int_0^{\infty}\frac{m_1}{R}J_1(mr)dm\right. \tag{2-170}$$

其中

$$R^* = \coth\left[m_1h_1 + \coth^{-1}\frac{m_1}{m_2}\coth(m_2h_2 + \cdots + \coth^{-1}\frac{m_{n-1}}{m_n})\right]$$

$$R = \coth\left[m_1h_1 + \coth^{-1}\frac{m_1\rho_1}{m_2\rho_2}\coth(m_2h_2 + \cdots + \coth^{-1}\frac{m_{n-1}\rho_{n-1}}{m_n\rho_n})\right]$$

$$m_j = \sqrt{m^2 - k_j^2}$$

$$k_j^2 = \frac{i\omega\mu}{\rho_j}$$

$$\coth x = \frac{e^x + e^{-x}}{e^x - e^{-x}}$$

式中，m 称为空间频率，它具有距离倒数的量纲。

借助于式(2-167)和式(2-168)，可以得到直角坐标系下的表达式。

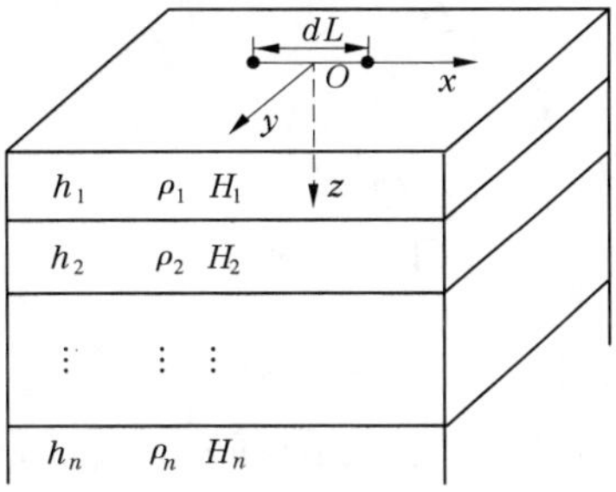

图 2-2　层状介质中的水平电偶极子

2.3.6　快速汉克尔变换

由于层状介质的电场表达式中含有关于贝塞尔函数的积分，对于这类积分一般用数值积分的方法，而数值积分中的关键是 Hankel 变换。

考虑含贝塞尔函数在(0, ∞)区间上的积分：

$$g(r) = \int_0^\infty f(\lambda)\lambda J_v(\lambda r)\mathrm{d}\lambda \tag{2-171}$$

其中，J_v 是 v 阶第一类贝塞尔函数，实数 $v > -1$，引入如下变换式：

$$\lambda = e^{-x}/r_0 \tag{2-172}$$

$$r = r_0 e^y \tag{2-173}$$

式中，x、y 是快速汉克尔变换的新变量，r_0 是选定常数，定义如下新函数：

$$F(x) = f(\lambda)\lambda, G(y) = g(r)r \tag{2-174}$$

则式(2-174)可重写为：

$$\begin{aligned} G(y) &= \int_{-\infty}^{\infty} F(x)J_v(e^{y-x})e^{y-x}\mathrm{d}x \\ &= \int_{-\infty}^{\infty} F(x)H_v(y-x)\mathrm{d}x = F * H_v \end{aligned} \tag{2-175}$$

即 G 是函数 F 和 H_v 的褶积，这里 $H_v = J_v(e^x)e^x$。

根据抽样定理，对 $F(x)$进行抽样，并利用抽样定理写出：

$$\overline{F(x)} = \sum_{n=-\infty}^{\infty} F(n\Delta)P\left(\frac{x}{\Delta} - n\right) \tag{2-176}$$

其中 Δ 为采样间隔，且

$$P(x) = \frac{\sin(\pi x)}{\pi x} \tag{2-177}$$

将$\overline{F(x)}$代入式(2-175)，整理得：

$$\overline{G(y)} = \sum_{n=-\infty}^{\infty} F(n\Delta)H_v^*(y - n\Delta) \tag{2-178}$$

再对 y 离散化,式(2-178)可写为

$$\overline{G(m\Delta)} = \sum_{n=-\infty}^{\infty} F(n\Delta) H_v^*[(m-n)\Delta]$$

$$= \sum_{n=-\infty}^{\infty}\left[f\left(\frac{1}{r_0}e^{n\Delta}\right)\frac{1}{r_0}e^{n\Delta}\right]H_v^*[(m-n)\Delta]$$

即

$$g(r) = \frac{1}{r}\sum_{n=-\infty}^{\infty}\left[f\left(\frac{1}{r_0}e^{n\Delta}\right)\frac{1}{r_0}e^{n\Delta}\right]H_v^*[(m-n)\Delta] \tag{2-179}$$

式中

$$H_v^*(y) = \int_{-\infty}^{\infty} P\left(\frac{x}{\Delta}\right) H_v(y-x)\,dx \tag{2-180}$$

式(2-179)称为汉克尔滤波系数。由式(2-179)、式(2-180)可看出,汉克尔滤波系数与抽样间隔有关,同时它也与不同的计算方法有关。目前,已经有不同抽样间隔的不同长度的汉克尔滤波系数,可根据要求选用。利用快速汉克尔滤波的计算公式可方便地计算出层状介质表面谐变偶极子的电磁。

2.4 地电磁场边值问题

2.4.1 电磁法基本方程

典型的地电磁场问题的求解区域应该是一个包括空气和大地的无限大空间区域,但这只是在理论上成立,在数值模拟中是不可能实现的,所以在一定范围内必须对研究区域进行人工截断,截断的边界称为无穷远边界或人工截断边界,如图 2-3 所示,Γ_1 和 Γ_2 分别为空中无穷远边界和大地无穷远边界。经过人工截断边界后,把一个无限区域问题就转换为有限区域问题,这将使我们的数值模拟得以顺利进行,虽然我们感兴趣的是大地以下的不均匀半无限介质,但电磁场是以波动形式传播的,所以还必须考虑空中区域。图 2-3中 V_1 是空中区域;V_2 是不包括异常体的大地区域;V_3 是异常体区域,也是我们最感兴趣的区域;Γ_{12}是空气与大地的接触面,即地表;Γ_{23}是异常体与围岩边界。

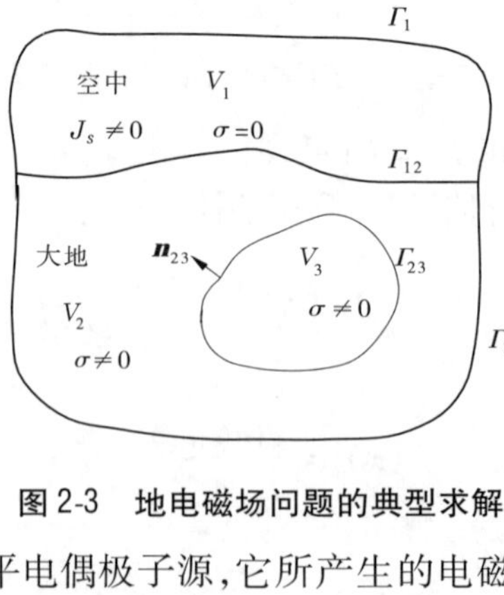

图 2-3 地电磁场问题的典型求解区域

电磁测深一般采用水平电偶极子源,它所产生的电磁场满足麦克斯韦方程组。麦克斯韦方程组是完整统一的电磁场理论基础,它是描述电磁场的一组基本的经验公式,如

式(2-1)～式(2-6)。

2.4.2　边界条件

麦克斯韦方程组的微分形式只适用于场矢量的各个分量处处可微的区域。实际上所涉及的场域中，往往有几种不同媒质介质，媒质介质的界面两侧，媒质的电磁参数不同。分界面上有束缚面电荷、面电流，还可能有自由面电荷、面电流。在这些面电荷、面电流的影响下，场矢量越过分界面时可能不连续，这时必须用边界条件来确定分界面上电磁场的特性。边界条件是描述场矢量越过分界面时变化规律的一组方程，它是将麦克斯韦方程的积分形式应用于媒质的分界面，是当方程中各种积分区域无限缩小且趋近于分界面上的一个点时所得方程的极限形式。

考虑一般情况，取两种媒质分界面的任一横截面，如图 2-4 所示，跨过该截面取一扁平圆柱形高斯面 A，上、下底面分别记为 A_1 和 A_2，界面的法向方向矢量为 $\hat{\boldsymbol{n}}$，圆柱高度为 h，底面面积为 S，应用积分形式 $\oiint_A \boldsymbol{B}\cdot \mathrm{d}\boldsymbol{s} = 0$ 到此高斯面，当柱面的高 h 趋于零时，侧面对高斯积分没有贡献，即：

$$\oiint_A \boldsymbol{B}\cdot \mathrm{d}\boldsymbol{s} = \int_{A_1}\boldsymbol{B}_1\cdot \mathrm{d}\boldsymbol{s} - \int_{A_2}\boldsymbol{B}_2\cdot \mathrm{d}\boldsymbol{s} = S\boldsymbol{B}_1\cdot\hat{\boldsymbol{n}} - S\boldsymbol{B}_2\cdot\hat{\boldsymbol{n}} = 0$$

所以

$$\hat{\boldsymbol{n}}\cdot(\boldsymbol{B}_2 - \boldsymbol{B}_1) = 0$$

由于 $\boldsymbol{B} = \mu\boldsymbol{H}$，所以

$$\mu_1\boldsymbol{H}_1 = \mu_2\boldsymbol{H}_2$$

同理，将式 $\oint_V \boldsymbol{D}\cdot \mathrm{d}\boldsymbol{s} = \int_V \rho \mathrm{d}V$ 应用到图 2-4 中的圆柱体，可得到电位移的法向连续性，即：

$$\hat{\boldsymbol{n}}\cdot(\boldsymbol{D}_2 - \boldsymbol{D}_1) = \rho_s$$

分界面上若没有自由面电荷，则有：

$$\boldsymbol{D}_{1n} = \boldsymbol{D}_{2n}\quad \varepsilon_1\boldsymbol{E}_{1n} = \varepsilon_2\boldsymbol{E}_{2n}$$

跨过界面作垂直界面的闭合矩形回路，如图 2-5 所示，矢量 $\boldsymbol{F}_{12}$ 可以是电场强度或磁场强度。垂直跨过介质表面的闭合矩形回路。矩形的高度为 h，上边位移矢量为 $\boldsymbol{l}$，方向取为从左到右，在矩形曲面 S 上分别应用，即：

$$\oint_L \boldsymbol{E}\cdot \mathrm{d}\boldsymbol{l} = -\iint_S \frac{\partial \boldsymbol{B}}{\partial t}\cdot \mathrm{d}\boldsymbol{s}$$

$$\oint_L \boldsymbol{H}\cdot \mathrm{d}\boldsymbol{l} = \iint_S \left(\boldsymbol{J}_f + \frac{\partial \boldsymbol{D}}{\partial t}\right)\cdot \mathrm{d}\boldsymbol{s}$$

对很小的回路，场在每种介质的小路径上都可以看做是均匀的。设 $h\to 0$，忽略垂直方向路径的贡献，经过推导得到以下形式：

$$\boldsymbol{H}_{1t} - \boldsymbol{H}_{2t} = \boldsymbol{J}_s$$

$$\boldsymbol{E}_{1t} - \boldsymbol{E}_{2t} = 0$$

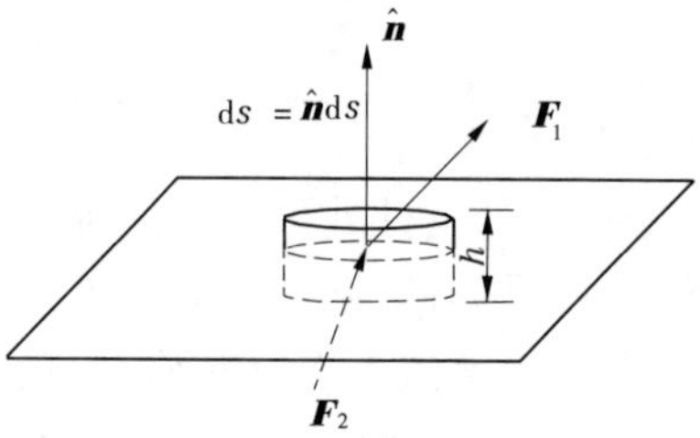

图 2-4 法向分量边界条件

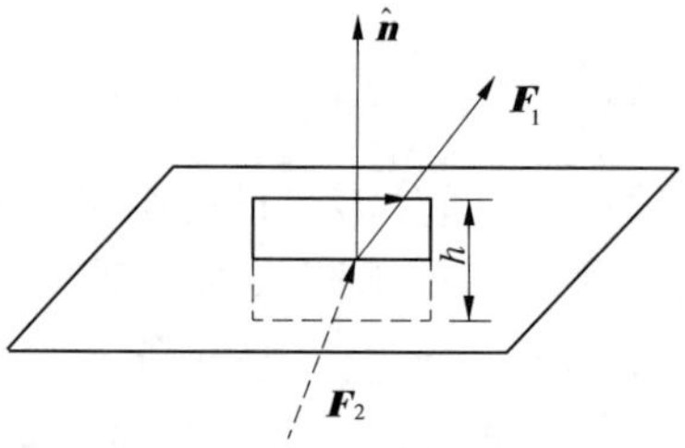

图 2-5 切向分量边界条件

所以,最后得到边界条件如下:

$$\hat{\boldsymbol{n}} \times (\boldsymbol{E}_1 - \boldsymbol{E}_2) = 0 \tag{2-181}$$

$$\hat{\boldsymbol{n}} \cdot (\boldsymbol{D}_1 - \boldsymbol{D}_2) = \rho_s \tag{2-182}$$

$$\hat{\boldsymbol{n}} \times (\boldsymbol{H}_1 - \boldsymbol{H}_2) = \boldsymbol{J}_s \tag{2-183}$$

$$\hat{\boldsymbol{n}} \cdot (\boldsymbol{B}_1 - \boldsymbol{B}_2) = 0 \tag{2-184}$$

必须说明,这四个边界条件公式并不是相互独立的,式(2-181)和式(2-184)是相互独立的。由于ρ_s和$\boldsymbol{J}_s$在一般情况下不容易求得,所以经常用的边界条件是式(2-181)和式(2-184)。

2.5 电磁变分原理

2.5.1 标准变分原理

有限元法以变分原理为基础,研究有限元法就不可避免地涉及变分问题。建立有限元解变分公式一般有两种途径:里兹方法和加权余量法,应用里兹方法的过程通常称为里兹有限元法,或者变分有限元法;应用加权余量法的过程通常称为伽辽金(Galerkin)有限元方法。由于控制方程算子的非正定性和非自伴性,在希尔伯特(Hilbert)空间中不存在等价的变分问题,因此直接从微分方程出发的伽辽金法成为有限元计算普遍采用的方法。但是变分法在科学研究中具有重要的地位,在电磁学中,应当能建立起一种可推导任意给定问题变分公式的普遍过程。这个过程对电磁场有限元计算是重要的,因为虽然通过Galerkin 法可以导出有限元方程,但是只有建立泛函的变分才能为数值计算提供稳定性和准确性的保证。

变分方法的主要优点是它有牢固的数理基础,其公式也有明确的物理解释,另一个优点在于通过变分原理,我们能够清楚地说明必要边界条件和自然边界条件的区别,正是由于这些优点,过去人们对变分方法的偏爱常常甚于伽辽金方法。然而变分方法也有一些缺点,尤其是在电磁学领域中。它不同于直接从微分方程出发的伽辽金方法,变分方法从变分公式出发。因此,该方法的适用性直接取决于这样的变分公式是否存在。本节中将推导出能用于建立多数电磁学边值问题公式的广义变分原理。

典型的边值问题可以用区域Ω内的控制微分方程和包围区域Ω的边界Γ上的边界

条件来定义。微分方程可以定义为：

$$\pounds\,\Phi = f \tag{2-185}$$

式中：$\pounds$ 为微分算符；f 为激励或强加函数；Φ 为未知量。

电磁学中，控制微分方程既包括简单的泊松方程，也包括像矢量波动方程等。边界条件有简单的狄利克雷（Dirichlet）边界条件和诺曼（Neumann）边界条件，也有复杂的阻抗和辐射边界条件，甚至还有更复杂的高阶条件。

对于式（2-185）定义的边值问题，如果算符$\pounds$ 是自伴的，即：

$$\langle \pounds\,\Phi,\psi\rangle = \langle \Phi,\pounds\,\psi\rangle \tag{2-186}$$

算符$\pounds$ 是正定的，即：

$$\langle \pounds\,\Phi,\Phi\rangle = \begin{cases} > 0 & \Phi \neq 0 \\ = 0 & \Phi = 0 \end{cases} \tag{2-187}$$

那么通过求下式泛函的极小值

$$F(\Phi) = \frac{1}{2}\langle \pounds\,\Phi,\Phi\rangle - \frac{1}{2}\langle \pounds\,\Phi,f\rangle - \frac{1}{2}\langle f,\Phi\rangle \tag{2-188}$$

就可以求出式（2-185）的解。

在上面的式（2-185）～式（2-188）中，ψ 表示与 Φ 满足相同边界条件的任意函数。尖括号表示如下定义的内积

$$\langle \Phi,\psi\rangle = \int_{\Omega} \Phi\psi^{*}\,\mathrm{d}\Omega \tag{2-189}$$

式中，Ω 表示问题的区域，它可以是一维、二维和三维的；星号表示复共轭。

为了证明这个变分原理，首先需要证明：微分方程式（2-79）是当泛函 F 驻定时（即当 $\delta F=0$ 时）的必然结果。然后还需要证明驻点是泛函 F 的极小值点，这等价于证明 $\delta(\delta F)>0$。

先证明第一条，取式（2-188）的第一变分得到：

$$\delta F = \frac{1}{2}\langle \pounds\,\delta\Phi,\Phi\rangle + \frac{1}{2}\langle \pounds\,\Phi,\delta\Phi\rangle - \frac{1}{2}\langle \pounds\,\delta\Phi,f\rangle - \frac{1}{2}\langle f,\delta\Phi\rangle \tag{2-190}$$

既然$\pounds$ 是自伴的，那么式（2-190）右边的第一项可以写为：

$$\frac{1}{2}\langle \pounds\,\delta\Phi,\Phi\rangle = \frac{1}{2}\langle \delta\Phi,\pounds\,\Phi\rangle \tag{2-191}$$

因此

$$\delta F = \frac{1}{2}\langle \delta\Phi,\pounds\,\Phi - f\rangle + \frac{1}{2}\langle \pounds\,\Phi - f,\delta\Phi\rangle \tag{2-192}$$

根据内积的定义可以得到

$$\delta F = \frac{1}{2}\langle \delta\Phi,\pounds\,\Phi - f\rangle + \frac{1}{2}\langle \delta\Phi,\pounds\,\Phi - f\rangle^{*} = Re\langle \delta\Phi,\pounds\,\Phi - f\rangle \tag{2-193}$$

式中，$Re(x)$ 表示取（x）的实部。

强加驻点条件，我们得到

$$Re\langle \delta\Phi,\pounds\,\Phi - f\rangle = 0 \tag{2-194}$$

因为 $\delta\Phi$ 是任意的变分，所以可以立即从式(2-194)得出 Φ 必须满足式(2-186)的结论。因此，第一点得到了证明。

现在考虑第二点的证明。再取 δF 的第一变分，得到：

$$\delta(\delta F) = \delta F(\Phi + \delta\Phi) - \delta F(\Phi) = Re\langle \delta\Phi, £\,\delta\Phi \rangle \tag{2-195}$$

既然£ 是正定的，那么对于非零的 $\delta\Phi$，可以从式(2-186)得到 $\delta(\delta F) > 0$。因此，驻点是 F 的极小值点。

从上面的两点证明可以看出，为了用式(2-188)的标准变分原理建立极小值对应于原边值问题的泛函 F，微分算符£必须是正定的、自伴的，换句话说，它必须满足式(2-186)和式(2-187)描述的两个条件。同时，尽管许多物理问题的解确实对应于泛函的极小值，但是我们的最终目标是求解式(2-185)，所以其解对应于泛函的极小值、极大值或者拐点是不重要的。因此，如果这种变分原理存在某种不足，则它必定是由自伴条件引起的。

地球物理电磁场并不能用以上的变分原理来求取泛函，对于一般情况下的有源电磁场矢量问题：

$$\nabla \times \left(\frac{1}{\mu_r}\nabla \times \boldsymbol{E}\right) - k_0^2\varepsilon_r\boldsymbol{E} = -jk_0Z_0\boldsymbol{J} \tag{2-196}$$

其中，μ_r 和 ε_r 分别为相对磁导率和相对介电常数，$k_0 = \omega\sqrt{\varepsilon_0\mu_0}$ 是自由空间的波数，$Z_0 = \sqrt{\frac{\mu_0}{\varepsilon_0}}$ 是自由空间的特征阻抗，$\boldsymbol{J}$ 是外加电流或者源电流。

对于矢量情况，定义内积

$$\langle \boldsymbol{a}, \boldsymbol{b} \rangle = \iiint_V \boldsymbol{a} \cdot \boldsymbol{b}^* \mathrm{d}V \tag{2-197}$$

微分算符£可以表示成：

$$£ = \nabla \times \left(\frac{1}{u_r}\nabla \times\right) - k_0^2\varepsilon_r \tag{2-198}$$

根据式(2-197)的内积定义：

$$\langle £\boldsymbol{E}, \boldsymbol{F} \rangle = \iiint_V \boldsymbol{F}^* \cdot \left[\nabla \times \left(\frac{1}{\mu_r}\nabla \times \boldsymbol{E}\right) - k_0^2\varepsilon_r\boldsymbol{E}\right]\mathrm{d}V \tag{2-199}$$

由第二矢量格林定理：

$$\iiint_V [\boldsymbol{b} \cdot (\nabla \times \boldsymbol{u}\nabla \times \boldsymbol{a}) - \boldsymbol{a} \cdot (\nabla \times \boldsymbol{u}\nabla \times \boldsymbol{b})]\mathrm{d}V$$
$$= \oint_S \boldsymbol{u}(\boldsymbol{a} \times \nabla \times \boldsymbol{b} - \boldsymbol{b} \times \nabla \times \boldsymbol{a}) \cdot \hat{\boldsymbol{n}}\mathrm{d}S \tag{2-200}$$

代入方程式(2-199)得到：

$$\langle £\boldsymbol{E}, \boldsymbol{F} \rangle = \iiint_V \boldsymbol{E} \cdot \left[\nabla \times \left(\frac{1}{\mu_r}\nabla \times \boldsymbol{F}^*\right) - k_0^2\varepsilon_r\boldsymbol{F}^*\right]\mathrm{d}V +$$
$$\oint_S \frac{1}{\mu_r}[\boldsymbol{E} \times (\nabla \times \boldsymbol{F}^*) - \boldsymbol{F}^* \times (\nabla \times \boldsymbol{E})] \cdot \hat{\boldsymbol{n}}\mathrm{d}S \tag{2-201}$$

因为 $[\boldsymbol{E} \times (\nabla \times \boldsymbol{F}^*)] \cdot \hat{\boldsymbol{n}} = (\hat{\boldsymbol{n}} \times \boldsymbol{E}) \cdot (\nabla \times \boldsymbol{F}^*) = -\boldsymbol{E} \cdot [\hat{\boldsymbol{n}} \times (\nabla \times \boldsymbol{F}^*)]$

所以，如果 $\boldsymbol{E}$ 和 $\boldsymbol{F}$ 均满足齐次狄利克雷边界条件

在 S_1 上
$$\hat{\boldsymbol{n}} \times \boldsymbol{E} = 0 \tag{2-202}$$
以及第三类齐次诺曼边界条件

在 S_2 上
$$\frac{1}{\mu_r}\hat{\boldsymbol{n}} \times (\nabla \times \boldsymbol{E}) + \gamma_e \hat{\boldsymbol{n}} \times (\hat{\boldsymbol{n}} \times \boldsymbol{E}) = 0 \tag{2-203}$$

那么只要 μ_r 和 γ_e 是实数，式(2-201)中的面积分就变成零。在式(2-202)和式(2-203)中，$S_1 + S_2 = S$。此外，如果 μ_r 和 γ_e 均是实数，则式(2-201)可以写成
$$\langle \pounds \boldsymbol{E}, \boldsymbol{F} \rangle = \langle \boldsymbol{E}, \pounds \boldsymbol{F} \rangle \tag{2-204}$$
因而£是自伴的。所以，式(2-201)定理的微分算符£是自伴的条件为：

(1) ε_r、μ_r 和 γ_e 是实数或者实函数；

(2)边界条件是齐次的。

在这些条件满足的情况下，可以将式(2-201)代入式(2-188)中，则可以建立泛函
$$F(\boldsymbol{E}) = \iiint_V \boldsymbol{E}^* \cdot \left[\nabla \times \left(\frac{1}{\mu_r} \nabla \times \boldsymbol{E}\right) - k_0^2 \varepsilon_r \boldsymbol{E}\right] \mathrm{d}V - \frac{jk_0 Z_0}{2} \iiint_V (\boldsymbol{E} \cdot \boldsymbol{J}^* - \boldsymbol{E}^* \cdot \boldsymbol{J}) \mathrm{d}V \tag{2-205}$$
根据第一矢量格林公式
$$\iiint_V [\boldsymbol{u} \cdot (\nabla \times \boldsymbol{a}) \cdot (\nabla \times \boldsymbol{b}) - \boldsymbol{a} \cdot (\nabla \times \boldsymbol{u} \nabla \times \boldsymbol{b})] \mathrm{d}V = \oiint_S \boldsymbol{u}(\boldsymbol{a} \times \nabla \times \boldsymbol{b}) \cdot \hat{\boldsymbol{n}} \mathrm{d}S \tag{2-206}$$
考虑到边界条件式(2-202)和式(2-203)，可以得到：
$$F(\boldsymbol{E}) = \iiint_V \left[\frac{1}{\mu_r}(\nabla \times \boldsymbol{E}) \cdot (\nabla \times \boldsymbol{E})^* - k_0^2 \varepsilon_r \boldsymbol{E} \cdot \boldsymbol{E}^*\right] \mathrm{d}V + \frac{jk_0 Z_0}{2} \iiint_V (\boldsymbol{E}^* \cdot \boldsymbol{J} - \boldsymbol{E} \cdot \boldsymbol{J}^*) \mathrm{d}V + \frac{1}{2} \iint_{S_2} \gamma_e (\hat{\boldsymbol{n}} \times \boldsymbol{E}) \cdot (\hat{\boldsymbol{n}} \times \boldsymbol{E}^*) \mathrm{d}S \tag{2-207}$$
现在考虑矢量微分算子的正定性：
$$\langle \pounds \boldsymbol{E}, \boldsymbol{E} \rangle = \iiint_V \left[\frac{1}{\mu_r}(\nabla \times \boldsymbol{E}) \cdot (\nabla \times \boldsymbol{E})^* - k_0^2 \varepsilon_r \boldsymbol{E} \cdot \boldsymbol{E}^*\right] \mathrm{d}V - \oiint_S \frac{1}{\mu_r} [\boldsymbol{E}^* \times (\nabla \times \boldsymbol{E})] \cdot \hat{\boldsymbol{n}} \mathrm{d}S \tag{2-208}$$
应用第一矢量格林公式(2-206)，可以得到：
$$\langle \pounds \boldsymbol{E}, \boldsymbol{E} \rangle = \iiint_V \boldsymbol{E}^* \cdot \left[\nabla \times \frac{1}{\mu_r}(\nabla \times \boldsymbol{E}) - k_0^2 \varepsilon_r \boldsymbol{E}\right] \mathrm{d}V \tag{2-209}$$
由于边界条件式(2-202)和式(2-203)，式(2-209)可以写成：
$$\langle \pounds \boldsymbol{E}, \boldsymbol{E} \rangle = \iiint_V \left[\frac{1}{\mu_r}(\nabla \times \boldsymbol{E}) \cdot (\nabla \times \boldsymbol{E})^* - k_0^2 \varepsilon_r \boldsymbol{E} \cdot \boldsymbol{E}^*\right] \mathrm{d}V + \iint_{S_2} \gamma_e (\hat{\boldsymbol{n}} \times \boldsymbol{E}) \cdot (\hat{\boldsymbol{n}} \times \boldsymbol{E}^*) \mathrm{d}S \tag{2-210}$$

它是正比于存储在磁场中时间平均能量与存储在电场中时间平均能量之差的量。在这种情况下，$\langle \pounds \boldsymbol{E}, \boldsymbol{E} \rangle$ 可以不是正的，因而算符£可能不是正定的，这意味着式(2-197)的解可能不对应于式(2-208)的极小值。

2.5.2 修正变分原理

对于电磁场矢量问题，上述的标准变分原理有其局限性，为了应用标准变分原理，微分方程的算符必须是自伴的。对于一个自伴算符，算符本身以及边界算符必须是实数或者实函数，另外，边界条件必须是齐次的。在地球物理电磁场中，算符通常是复数或者复函数，而且边界条件通常也是非齐次的。因此，去掉这两个条件将产生十分严重的后果，这限制了变分法的应用，必须对标准变分原理进行修正，才能适用于矢量电磁场的有限元计算。

首先考虑非齐次边界条件，将标准变分原理修正为能处理非齐次边界条件的修正变分原理。对于式(2-185)定义的边值问题和一组非齐次边界条件，算符是非自伴的，然而只要引进新的未知函数 $\boldsymbol{\Phi}' = \boldsymbol{\Phi} - u$ 后，非自伴问题可以转化为自伴问题。这里的 u 是满足给定非齐次边界条件的任意函数。结果新的函数 $\boldsymbol{\Phi}'$ 满足齐次边界条件，因而问题是可以变成自伴的。因此，就可以用标准变分原理来建立问题的泛函。将 $\boldsymbol{\Phi} = \boldsymbol{\Phi}' + u$ 代入式(2-185)，$\boldsymbol{\Phi}'$ 的微分方程可以写为：

$$\pounds \boldsymbol{\Phi}' = f' \tag{2-211}$$

式中 $f' = f - \pounds u$，因此式(2-211)的泛函为：

$$F(\boldsymbol{\Phi}') = \frac{1}{2}\langle \pounds \boldsymbol{\Phi}', \boldsymbol{\Phi}' \rangle - \frac{1}{2}\langle \pounds \boldsymbol{\Phi}', f' \rangle - \frac{1}{2}\langle f', \boldsymbol{\Phi}' \rangle \tag{2-212}$$

即

$$F(\boldsymbol{\Phi}) = \frac{1}{2}\langle \pounds (\boldsymbol{\Phi} - u), (\boldsymbol{\Phi} - u) \rangle - \frac{1}{2}\langle \pounds (\boldsymbol{\Phi} - u), (f - \pounds u) \rangle - \frac{1}{2}\langle (f - \pounds u), (\boldsymbol{\Phi} - u) \rangle \tag{2-213}$$

由于只对未知函数 $\boldsymbol{\Phi}$ 取变分，可以把式(2-213)中的不含 $\boldsymbol{\Phi}$ 的项丢掉。因此，泛函可以写成：

$$F(\boldsymbol{\Phi}) = \frac{1}{2}\langle \pounds \boldsymbol{\Phi}, \boldsymbol{\Phi} \rangle - \frac{1}{2}\langle \pounds \boldsymbol{\Phi}, u \rangle + \frac{1}{2}\langle \boldsymbol{\Phi}, \pounds u \rangle - \frac{1}{2}\langle \boldsymbol{\Phi}, f \rangle - \frac{1}{2}\langle f, \boldsymbol{\Phi} \rangle \tag{2-214}$$

在式(2-214)中，右边的第二项和第三项通常可以转化成边界积分或者边界项，其中 u 在应用边界条件后消失。这种方法描述的结果就是修正后的变分原理。即：对于式(2-185)给定的边值问题，如果微分算符£在齐次边界条件下是自伴的，那么，其解可以通过求解泛函式(2-214)的驻点而得到，其中 u 是满足给定非齐次边界条件的任意函数。修正变分原理可以应用于包括地球物理电磁学在内的几乎所有的无耗介质的电磁学问题。

同样，考虑在标准变分原理中提到的矢量波动方程式(2-196)，其边界条件如下：

在 S_1 上

$$\hat{\boldsymbol{n}} \times \boldsymbol{E} = \boldsymbol{P} \tag{2-215}$$

以及第三类齐次诺曼边界条件

在 S_2 上
$$\frac{1}{\mu_r}\hat{\boldsymbol{n}}\times(\nabla\times\boldsymbol{E})+\gamma_e\hat{\boldsymbol{n}}\times(\hat{\boldsymbol{n}}\times\boldsymbol{E})=\boldsymbol{U} \tag{2-216}$$

只要 ε_r、μ_r 和 γ_e 是实数或者实函数，微分算符£在齐次边界条件下是自伴的。因此，用式(2-214)可以建立该问题的泛函。

$$\begin{aligned}F(\boldsymbol{E})=&\frac{1}{2}\iiint_V\left[\nabla\times\left(\frac{1}{\mu_r}\nabla\times\boldsymbol{E}\right)-k_0^2\varepsilon_r\boldsymbol{E}\right]\cdot\boldsymbol{E}^*\mathrm{d}V-\\&\frac{1}{2}\iiint_V\left[\nabla\times\left(\frac{1}{\mu_r}\nabla\times\boldsymbol{E}\right)-k_0^2\varepsilon_r\boldsymbol{E}\right]\cdot\boldsymbol{u}^*\mathrm{d}V+\\&\frac{1}{2}\iiint_V\boldsymbol{E}\cdot\left[\nabla\times\left(\frac{1}{\mu_r}\nabla\times\boldsymbol{u}\right)-k_0^2\varepsilon_r u^*\right]\mathrm{d}V+\\&\frac{jk_0Z_0}{2}\iiint_V(\boldsymbol{E}^*\cdot\boldsymbol{J}-\boldsymbol{E}\cdot\boldsymbol{J}^*)\mathrm{d}V\end{aligned} \tag{2-217}$$

式中，u 是满足式(2-215)和式(2-216)的任意函数。

对式(2-217)应用第一矢量格林定理，可以得到：

$$\begin{aligned}F(\boldsymbol{E})=&\frac{1}{2}\iiint_V\left[\nabla\times\left(\frac{1}{\mu_r}\nabla\times\boldsymbol{E}\right)-k_0^2\varepsilon_r\boldsymbol{E}\right]\cdot\boldsymbol{E}^*\mathrm{d}V-\\&\frac{1}{2}\oint\!\!\!\oint_S\frac{1}{\mu_r}[\boldsymbol{u}^*\times(\nabla\times\boldsymbol{E})-\boldsymbol{E}\times(\nabla\times\boldsymbol{u}^*)]\cdot\hat{\boldsymbol{n}}\mathrm{d}S+\\&\frac{jk_0Z_0}{2}\iiint_V(\boldsymbol{E}^*\cdot\boldsymbol{J}-\boldsymbol{E}\cdot\boldsymbol{J}^*)\mathrm{d}V\end{aligned} \tag{2-218}$$

因为 E 和 u 均满足边界条件式(2-215)和式(2-216)，所以我们得到

$$\begin{aligned}F(\boldsymbol{E})=&\frac{1}{2}\iiint_V\left[\nabla\times\left(\frac{1}{\mu_r}\nabla\times\boldsymbol{E}\right)-k_0^2\varepsilon_r\boldsymbol{E}\right]\cdot\boldsymbol{E}^*\mathrm{d}V+\\&\frac{1}{2}\iint_{S_1}\frac{1}{\mu_r}\left[\boldsymbol{P}^*\cdot(\nabla\times\boldsymbol{E})-\boldsymbol{P}\cdot(\nabla\times\boldsymbol{u}^*)\right]\mathrm{d}S+\\&\frac{1}{2}\iint_{S_2}(\boldsymbol{E}\cdot\boldsymbol{U}^*-u^*\cdot\boldsymbol{U})\mathrm{d}S+\\&\frac{jk_0Z_0}{2}\iiint_V(\boldsymbol{E}^*\cdot\boldsymbol{J}-\boldsymbol{E}\cdot\boldsymbol{J}^*)\mathrm{d}V\end{aligned} \tag{2-219}$$

丢掉不含 E 的项，式(2-219)变成

$$\begin{aligned}F(\boldsymbol{E})=&\frac{1}{2}\iiint_V\left[\nabla\times\left(\frac{1}{\mu_r}\nabla\times\boldsymbol{E}\right)-k_0^2\varepsilon_r\boldsymbol{E}\right]\cdot\boldsymbol{E}^*\mathrm{d}V+\\&\frac{1}{2}\iint_{S_1}\frac{1}{\mu_r}\boldsymbol{P}^*\cdot(\nabla\times\boldsymbol{E})\mathrm{d}S+\frac{1}{2}\iint_{S_2}\boldsymbol{E}\cdot\boldsymbol{U}^*\mathrm{d}S+\\&\frac{jk_0Z_0}{2}\iiint_V(\boldsymbol{E}^*\cdot\boldsymbol{J}-\boldsymbol{E}\cdot\boldsymbol{J}^*)\mathrm{d}V\end{aligned} \tag{2-220}$$

现在应用第一矢量格林定理和边界条件式(2-215)和式(2-216)，最终可以得到：

$$F(\boldsymbol{E})=\frac{1}{2}\iiint_V\left[\frac{1}{\mu_r}(\nabla\times\boldsymbol{E})\cdot(\nabla\times\boldsymbol{E})^*-k_0^2\varepsilon_r\boldsymbol{E}\cdot\boldsymbol{E}^*\right]\mathrm{d}V+$$

$$\frac{1}{2}\iint_{S_2}[\gamma_e(\hat{\boldsymbol{n}}\times\boldsymbol{E})\cdot(\hat{\boldsymbol{n}}\times\boldsymbol{E}^*)+\boldsymbol{E}\cdot\boldsymbol{U}^*+\boldsymbol{E}^*\cdot\boldsymbol{U}]\mathrm{d}S+$$

$$\frac{jk_0Z_0}{2}\iiint_V(\boldsymbol{E}^*\cdot\boldsymbol{J}-\boldsymbol{E}\cdot\boldsymbol{J}^*)\mathrm{d}V \tag{2-221}$$

2.5.3 广义变分原理

式(2-220)即为满足非齐次边界条件下的无耗介质中电磁场的泛函方程。但是,我们研究的地球物理电磁场是有耗介质,边值问题的有关算符是复数或者复函数,造成了微分算符的非自伴性。需要重新定义一个新的内积,保证在复数或者复函数的条件下,微分算符的自伴性。

将自伴算符限制在实算符范围内的条件直接来自于有关内积的定义式(2-189),如果我们不用式(2-189),而是将内积重新定义为:

$$\langle\Phi,\psi\rangle=\int_\Omega\Phi\psi\mathrm{d}\Omega \tag{2-222}$$

那么,限制条件立即被取消了。因此,内积定义的选择在某些情况下决定了一个算符是否自伴。式(2-189)的内积定义通常称为希尔伯特(Hilbert)空间中的内积;而式(2-222)中的内积定义通常叫做对称积。

因为£在内积的新定义下是自伴的,所以式(2-190)可以写成:

$$\delta F=\langle\delta\Phi,£\,\Phi-f\rangle \tag{2-223}$$

强加驻点条件 $\delta F=0$,可以得到:

$$\langle\delta\Phi,£\,\Phi-f\rangle=0 \tag{2-224}$$

因为 $\delta\Phi$ 的变分是任意的,可以得出结论:Φ 满足式(2-185)。在式(2-222)的定义下,式(2-188)可以写成:

$$F(\Phi)=\frac{1}{2}\langle£\,\Phi,\Phi\rangle-\langle\Phi,f\rangle \tag{2-225}$$

对于包含非齐次边界条件的问题,修正变分原理仍保持正确,因而式(2-225)中给出的泛函可以写成:

$$F(\Phi)=\frac{1}{2}\langle£\,\Phi,\Phi\rangle-\frac{1}{2}\langle£\,\Phi,u\rangle+\frac{1}{2}\langle\Phi,£\,u\rangle-\langle\Phi,f\rangle \tag{2-226}$$

上式就是广义变分原理。式(2-226)可以列出多数电磁学边值问题的变分公式。定义式(2-222)的直接结果是:对于复数问题,用广义变分原理推导出的泛函是复数量;而用标准变分原理推导出来的是实数。显然对于复泛函,谈论极大值、极小值,甚至拐点都是毫无意义的。描述条件 $\delta F=0$ 的最恰当的词可能是"驻定的"或者"驻定性"。

对于矢量问题,相应的新内积定义为:

$$\langle\boldsymbol{a},\boldsymbol{b}\rangle=\iiint_V\boldsymbol{a}\cdot\boldsymbol{b}\mathrm{d}V \tag{2-227}$$

应用这个定义,可以推导出式(2-215)定义的泛函:

$$F(\boldsymbol{E})=\frac{1}{2}\iiint_V\Big[\frac{1}{\mu_r}(\nabla\times\boldsymbol{E})\cdot(\nabla\times\boldsymbol{E})-k_0^2\varepsilon_r\boldsymbol{E}\cdot\boldsymbol{E}\Big]\mathrm{d}V+$$

$$\frac{1}{2}\iint_{S_2}\left[\frac{\gamma_e}{2}(\hat{\boldsymbol{n}}\times\boldsymbol{E})\cdot(\hat{\boldsymbol{n}}\times\boldsymbol{E})+\boldsymbol{E}\cdot\boldsymbol{U}\right]\mathrm{d}S+$$

$$jk_0Z_0\iiint_V\boldsymbol{E}\cdot\boldsymbol{J}\mathrm{d}V \tag{2-228}$$

上式就是有耗介质的电磁场非齐次条件下的变分公式。

由于地球物理可控源音频电磁法的频率最高不超过 10 000 Hz，可认为是低频电磁场，在准静态近似条件下，忽略位移电流，由于介质是线性均匀的，那么介电常数和磁导率近似认为是不变的，把外边界条件用第一类 Dirichlet 边界条件代替，用伪 delta 函数代替源项，那么式(2-228)可以简化为：

$$F[\boldsymbol{E}]=\frac{1}{2}\int_V[(\nabla\times\boldsymbol{E})\cdot(\nabla\times\boldsymbol{E})-k^2\boldsymbol{E}\cdot\boldsymbol{E}]\mathrm{d}V \tag{2-229}$$

其中，k 是准静态近似条件下的波数，$k=\sqrt{\mathrm{i}\omega\mu\sigma}$。

公式(2-229)即为基于电场双旋度方程的三维可控源音频电磁法的变分公式，后面的三维有限元分析及数值模拟都是基于该公式。

2.6　伽辽金有限元法

一般来说，有限元分析目前存在两种主要的方法，基于变分原理的有限元和基于加权余值的 Garlerkin 有限元法。基于变分原理的有限元法需要构建一个泛函关系去推导有限元线性方程组，对于线性自伴算子容易找到其所需要的泛函形式，但并不是所有的方程都有其对应的泛函形式，并且变分法的数学推导比较复杂。基于加权余值的 Garlerkin 有限元法仅仅需要建立一个简单的残差积分公式，对于不存在变分公式的方程它也可以推导其有限元方程，并且可以证明，基于加权余值的 Garlerkin 有限元法和基于变分原理的有限元法最后都能够得到相同的有限元线性方程组，所以近年来应用比较广泛，因此本文选取基于加权余值的 Garlerkin 有限元法作为公式推导的方法。

首先我们了解一下加权余值法，它的优点在于其对于任意复杂的边值问题都能够容易地写出等价于该边值问题的积分表达形式。

对于任意的边值问题(假设为线性)：

$$\boldsymbol{A}(\boldsymbol{u})=0\in\Omega \tag{2-230}$$

$$\boldsymbol{B}(\boldsymbol{u})=0\in\Gamma \tag{2-231}$$

其中，Ω、Γ 分别为模型区域与对应的边界；$\boldsymbol{A}(\boldsymbol{u})=\begin{Bmatrix}\boldsymbol{A}_1(\boldsymbol{u})\\\boldsymbol{A}_2(\boldsymbol{u})\\\vdots\\\boldsymbol{A}_p(\boldsymbol{u})\end{Bmatrix}$，$\boldsymbol{B}(\boldsymbol{u})=\begin{Bmatrix}\boldsymbol{B}_1(\boldsymbol{u})\\\boldsymbol{B}_2(\boldsymbol{u})\\\vdots\\\boldsymbol{B}_m(\boldsymbol{u})\end{Bmatrix}$，$p$、$m$ 分别为微分方程与边界条件的个数。

微分方程组与边界方程组必须分别对于 Ω 和 Γ 上的各个节点均成立，令：

$$\int_\Omega\boldsymbol{v}^{\mathrm{T}}\boldsymbol{A}(\boldsymbol{u})\mathrm{d}\Omega+\int_\Gamma\boldsymbol{v}^{-\mathrm{T}}\boldsymbol{B}(\boldsymbol{u})\mathrm{d}\Gamma=0 \tag{2-232}$$

其中，$\boldsymbol{v}$、$\bar{\boldsymbol{v}}$均为任意的函数，且 $\boldsymbol{v} = \begin{Bmatrix} \boldsymbol{v}_1 \\ \boldsymbol{v}_2 \\ \vdots \\ \boldsymbol{v}_p \end{Bmatrix}, \bar{\boldsymbol{v}} = \begin{Bmatrix} \bar{\boldsymbol{v}}_1 \\ \bar{\boldsymbol{v}}_2 \\ \vdots \\ \bar{\boldsymbol{v}}_m \end{Bmatrix}$。

可以证明如果式(2-195)对于任意的 $\boldsymbol{v}$ 都满足，则式(2-230)和式(2-231)必定在相应域中都得到满足。

如果用展开式

$$\boldsymbol{u} \approx \hat{\boldsymbol{u}} = \sum_{j=1}^{n} \boldsymbol{N}_j \boldsymbol{a}_j = \boldsymbol{N}\boldsymbol{a} \tag{2-233}$$

来近似未知数 u，在一般情况下显然不可能同时满足微分方程及其边界条件，取

$$\boldsymbol{v} = \sum_j \boldsymbol{w}_j \delta \boldsymbol{b}_j \qquad \bar{\boldsymbol{v}} = \sum_j \bar{\boldsymbol{w}}_j \delta \boldsymbol{b}_j \quad (j = 1,2,\cdots,n) \tag{2-234}$$

其中，n 为所考虑未知参数的个数，δb_j 为任意的参数。

则式(2-233)可变为：

$$\delta \boldsymbol{b}_j^{\mathrm{T}} \left(\int_\Omega \boldsymbol{w}_j^{\mathrm{T}} \boldsymbol{A}(\boldsymbol{N}\boldsymbol{a}) \mathrm{d}\Omega + \int_\Gamma \bar{\boldsymbol{w}}_j^{\mathrm{T}} \boldsymbol{B}(\boldsymbol{N}\boldsymbol{a}) \mathrm{d}\Gamma = 0 \quad (j = 1,2,\cdots,n) \tag{2-235}$$

由于 $\delta \boldsymbol{b}_j$ 为任意的参数，则可得

$$\int_\Omega \boldsymbol{w}_j^{\mathrm{T}} \boldsymbol{A}(\boldsymbol{N}\boldsymbol{a}) \mathrm{d}\Omega + \int_\Gamma \bar{\boldsymbol{w}}_j^{\mathrm{T}} \boldsymbol{B}(\boldsymbol{N}\boldsymbol{a}) \mathrm{d}\Gamma = 0 \quad (j = 1,2,\cdots,n) \tag{2-236}$$

注意到 $A(Na)$表示把近似式代入微分方程所得到的余值，其中 $B(Na)$表示边界的余值，那么式(2-236)就是这种余值的加权积分，因此这种方法被称之为加权余值法。当 $\boldsymbol{w}_j = \boldsymbol{N}_j, \bar{\boldsymbol{w}}_j = -\boldsymbol{N}_j$ 时，即用形函数来作为加权函数时的加权余值法，被称为伽辽金法。

2.7　小　结

本章介绍了 CSAMT 中涉及的关于电磁场的一些基本物理概念和参数，分析了均匀大地表面上水平电偶极源的电磁场的分布特点，推导了近区、远区和过渡带条件下，视电阻率的表达式。从地电磁场的边值问题出发，根据麦克斯韦方程组，推导了基于电场的双旋度方程，该方程是可控源三维有限元模拟的根本方程，从电场的双旋度方程出发，可以避免对偶极子源求旋度，使得源的加载只需用一个伪 delta 函数代替，大大简化了源的加载。从麦克斯韦方程组出发，在准静态近似条件下，采用洛伦兹规范，推导了均匀半空间下可控源音频电磁法中空气、地下远区闭合表达式，推导了均匀半空间下关于电场的解析解，以及层状模型的解析解。由于层状解析解涉及贝塞尔函数的积分，必须通过数值积分才能够快速地求出其解析解，因此重点研究了汉克尔变换，给出了它的基本原理，为三维可控源有限元数值模拟奠定基础。

有限元以变分原理为基础，研究有限元就不可避免地要涉及变分问题。对于稳定电流场而言，其变分原理比较简单，很容易推导，但对于谐变电磁场，由于控制方程算子的非

正定性,不存在等价变分问题,必须进行必要的修正。本章先推导了标准变分原理,在此基础上,推导了适合非齐次边界条件的修正变分原理,为了适合地球物理场的有耗电磁介质,引入了广义变分原理。变分原理和加权余量法是推导有限元方程弱解泛函的两种不同方法,常常有异曲同工之效,而加权余量法中的伽辽金法由于其最后得到的有限元系数矩阵具有对称性,受到了众多学者的青睐。因此,在本章最后,对伽辽金有限元法作了一个介绍,通过它可以和变分原理相互验证。

第 3 章　三维电磁场有限元数值计算方法

3.1 引　言

在地球物理电磁场数值模拟中，最终都会形成一个大型稀疏复系数线性方程组，如何快速有效地求解这种方程组，一直是三维电磁场有限元数值计算面临的巨大挑战。由于实际问题所涉及的规模比较大，经常需要求解几万阶直至几十万阶的稀疏线性方程组，如果还采用稠密矩阵技术存储，存储量和计算量都是相当可观的。例如，对一个 n 阶稀疏线性方程组，采用稠密 Gauss 消去法进行求解，其时间复杂性降为 $O(n^3)$，存储需求为 $O(n^2)$，这将对存储能力和计算能力提出十分严峻的挑战。在现有的条件下，对系数全部存储不太现实，也没有必要。针对有限元计算中最后形成的总体刚度系数矩阵的稀疏性特点，进行压缩存储是必需的。由于出发的角度不同，形成了许多种不同的压缩存储方法，其数据结构和存储量都有所不同，本章在总结前人存储方法的基础上，针对电磁场有限元方法中多自由度的特点，在按行压缩的基础上，提出了块按行压缩存储技术，并实现了其算法，编制了程序，最后对其存储量进行了估计并和其他方法作了比较。

在地球物理电磁场问题的有限元数值分析计算中，常常需要求解大型稀疏复系数线性代数方程组。虽然有限元法是一个用途广泛的工具，它可以用来处理各种复杂结构，但是对于一些复杂的电磁问题，有限元方程组的求解问题却往往非常困难。

当然，在现有的计算机硬件设备下，组建机群，发展并行算法是解决计算量大，计算速度慢的一个很有前景的方法。但是笔者认为，对于一般的科研单位或个人，要进行并行计算，组建机群存在着一定的困难，一个是并行算法的复杂性令许多人难以很好的掌握，一个是需要有足够的资金作支撑以组建机群，形成大型的并行机群。在现有计算机条件下，如果能够在个人计算机上实现快速的求解算法，是比较实用且有实际意义的。因此，在这里研究一下线性方程组的求解方法，显得格外重要。

对于同一个线性代数方程组，可以有不同的行之有效的解法。通常把线性代数方程组的解法分为直接法和迭代法两类。直接法包括高斯消去法、列主元高斯消去法、各类分解法等。迭代法有高斯 - 赛德尔迭代法、逐次超松弛迭代法以及共轭梯度法等。

直接法的特征为：对于阶数为 n 的固定方程组，如果不考虑舍入误差，则使用直接法能在预定的运算次数内求得精确解。对于中等规模的方程组及带形或稀疏方程组，由于直接法所具有的准确性和可靠性，常采用此法求解。对于较高阶的方程组，特别是对应于当偏微分方程数值求解呈现大型稀疏方程组时，由于直接法计算代价较高，使得迭代法更有竞争力。

迭代法的特征在于将求解方程组的问题转化为构造一个无限且收敛的序列，其极限就是方程组的解。因而迭代法在有限迭代步内是得不到精确解的，但其优点不仅是程序编制较为简单,而且显著地节省内存。因为有限元法的工程运用常导致高度稀疏的超大规模的代数方程组,所以为寻求更佳的计算效率和经济性,一般选用迭代法求解。

一般来说稠密矩阵适合用直接法求解,稀疏矩阵适合用迭代法求解。但其实并没有严格的限制。如果矩阵的规模比较小的话,那么用任何一种方法都可以精确快速地求出线性方程组的解。在这种情况下,研究矩阵的求解问题并没有太大的实际意义。但是如果矩阵是中等规模甚至是超大型规模的话,那么该线性方程组的求解问题就可能会遇到很大的困难,需要深入的研究。对于一些中型规模的线性矩阵,有时候直接求解也可以很好地给出精确的结果,但是当矩阵的阶数变得更大时,往往迭代法是最佳其至是唯一可以考虑的方法。

迭代法常常采用全稀疏存储方案,零元素不存储,不参与方程组的计算,大大节省了存储空间并提高了计算速度,并且求得的解没有误差积累,是求解大复杂结构电磁问题的最有效的方法之一,得到了广泛的应用。

但是,当所研究的精度要求较高时,就要对所计算的问题进行更为精细的离散,从而导致所求未知数个数的增加,经典迭代方法的收敛速度将随着未知数个数和迭代次数的增加而减小,这势必带来所用机时的猛增。寻找简便且高效的计算方法成为有限元法成功的一个重要条件。

在所有的迭代法中,Krylov 子空间一类的迭代法被认为是求解超大型线性方程组最有效的迭代法。因此,本章介绍一种求解这种大型稀疏方程组的 Krylov 子空间迭代法,该迭代法结合一定的预处理技术,会大大提高求解大型稀疏方程组的效率。

3.2　稀疏矩阵的压缩存储

3.2.1　压缩存储方法介绍

有关大型稀疏矩阵的存储方式,已有许多学者作了大量的研究,目前已有的存储格式就达十多种。20 世纪 70 年代初,出现了以二维定带宽存储和一维变带宽存储方案,当时许多有限元软件都采用了这两种存储方法。但是,由于二维定带宽存储量与半带宽的大小密切相关,它有可能因为局部带宽过大而使整体刚度矩阵的存储量大大增加;一维变带宽存储虽然会比等带宽节省内存空间,但仍存储了许多零元素,而且从某种意义上说,这两种存储方案的存储量取决于单元和节点的编号模式。近十年来,稀疏存储方案逐渐取代了传统的存储方案,该存储模式只需要给刚度矩阵的非零元素分配存储空间,矩阵的运算全部在索引形式下进行,大大节省了所需内存空间,许多大型的有限元软件和一些通用的求解器都采用稀疏存储模式。

在实际的数值模拟中,常常形成一个大型稀疏的矩阵,如图 3-1 所示。在有限元法中,如果是结构化网格,节点的编号有一定规则,最后形成一个带状的矩阵,如图 3-1(a)所示。对这样的矩阵如果采用一维变带宽或二维定带宽存储方式,只需存储带宽内的所有元素,会节省大量的存储空间。但是我们可以看到,即使在带宽内,也存在大量的零元素,而且,如果节点的编号很不规则,会形成一个非带状的矩阵时,如图 3-1(b)所示。显然，前面两种存储方式就会使零元素占用大量内存空间，对于上万个节点的有限元矩阵，尤其是多自由度问题，就显得力不从心。

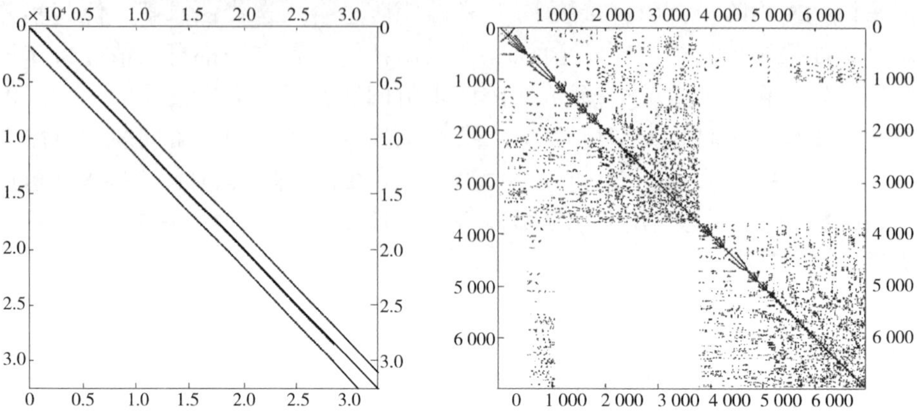

n_z=789 108　　　　n_z=231 754

(a)　　　　(b)

图 3-1　稀疏矩阵非零元素示意

3.2.2　几种传统的压缩存储方法

3.2.2.1　二维定带宽存储方法介绍

如果节点编号合适，按分块组装总体系数矩阵的方法，最后就会形成一个带状的系数矩阵，矩阵中非零值一般聚集在主对角线两边附近，当然在分布带以内既有非零元素也有零元素，但是在带状外仅仅含有零元素，也就是说对总体刚度矩阵有贡献的节点只是互相相关的几个，而且这些节点都分布在带状内，如图 3-2 所示。

$$k = \begin{bmatrix} k_{11} & k_{12} & \cdots & 0 & \cdots & 0 & 0 \\ k_{21} & k_{22} & k_{23} & \cdots & 0 & \cdots & 0 \\ \vdots & \vdots & \vdots & \vdots & \vdots & & \vdots \\ k_{i1} & k_{i2} & k_{i3} & k_{ii} & k_{im} & \cdots & \cdots \\ \vdots & \vdots & \vdots & \vdots & \vdots & & \vdots \\ k_{n1} & k_{n2} & k_{n3} & k_{ni} & k_{nm} & \cdots & k_{nn} \end{bmatrix}$$

图 3-2　总体刚度矩阵

二维定带宽存储的基本思想是应用大型稀疏矩阵所具有的对称带状性质，仅存储带状内主对角线以下或以上的元素（包括主对角线元素）。离主对角线最远的非零元素的位置取决于所有单元顶点编号的最大差值的绝对值 W，$W+1$ 被称为系数矩阵的半带宽，总体系数矩阵被存放在 $ND \times (W+1)$ 的二维数组中。所以，带的宽窄直接影响了所需存储区域的大小，故而在单元编号时，要尽可能使节点编号之差最小。如图 3-3 所示，W 为半带宽，把原来的系数矩阵中带状以下的元素，即图 3-3（a）所示虚线框内的转换为用一个长度为 W 的二维数组来存储，如图 3-3（b）所示。

3.2.2.2　变带宽存储方法

二维定带宽存储消除了最大带宽以外的全部零元素，但是由于最大带宽为存储范围，

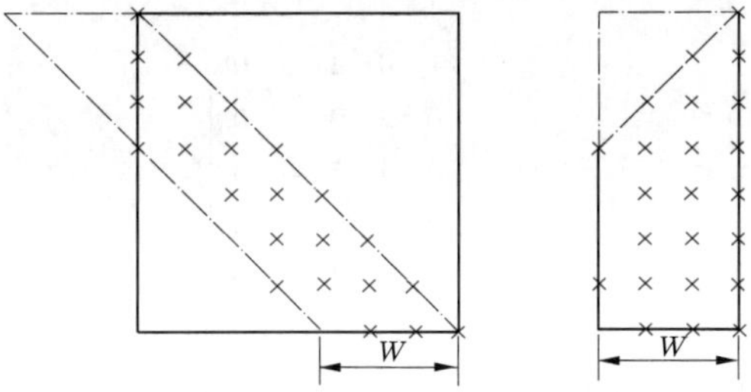

(a)　　　　(b)

图 3-3　定带宽存储示意

因此它不能排除在带宽范围内的零元素。当系数矩阵的带宽变化不大时,采用二维定带宽存储是合适的,求解也是方便的。但是出现局部带宽特别大的情况时,采用二维等带宽存储将由于局部带宽过大而整体系数矩阵的存储量大大增加,此时可以采用一维变带宽存储。

一维变带宽存储的基本存储思想是:首先,定义一个用来存放所有 $\boldsymbol{K}$ 矩阵中非零元素的 GA 一维数组,它的阶数为所有有效元素的个数 NP,然后定义一维数组 ID,用它来描述所有对角线上的元素在 GA 数组中的位置,这样就存储了矩阵中所有有用的非零元素,从而节约大量的计算机内存,另外对角线上的元素在 GA 中的位置由 ID 数组来控制,在计算的时候通过搜索每个元素的位置都可以很快地查询到。

如图 3-4 所示,变带宽存储方法在组装单元刚度矩阵时只存储虚线框内的元素,即第一个非零元素到对角线的元素。

$$
\begin{bmatrix}
a_{11} & a_{12} & 0 & 0 & 0 \\
a_{21} & a_{22} & a_{23} & a_{24} & a_{25} \\
0 & a_{32} & a_{33} & 0 & a_{35} \\
0 & a_{42} & 0 & a_{44} & 0 \\
0 & a_{52} & a_{53} & 0 & a_{55}
\end{bmatrix}
$$

图 3-4　变带宽存储示意

3.2.3　按行压缩存储方法及计算机实现

按行压缩存储方案是近年来流行的一种稀疏存储方案,许多通用的求解大型稀疏方程的软件包都是基于该存储方案的,关于该方法的存储模式已有许多文献陈述。本节从有限元刚度矩阵的组装原理出发,介绍如何把一个有限元刚度矩阵组装成为一个按行压缩存储的一维数组。

按行压缩是把矩阵中的非零元素按行依次存储在一个一维数组中,然后通过两个索引数组以确定该数组中的元素与原矩阵中的元素对应关系。假设有一个稀疏系数矩阵 $\boldsymbol{m}$,如图 3-5 所示,它的非零元素按行依次存储在数组 a 中,我们需要知道数组 a 中的元素是矩阵 $\boldsymbol{m}$ 中具体位置,矩阵 $\boldsymbol{m}$ 中的非零元素的列索引通过整数数组 ja 表示,即 $a(k)$ =

$m(ij)$，那么 $ja(k) = j$。

$$\boldsymbol{m} = \begin{pmatrix} 1 & 0 & 2 & 0 & 0 \\ 0 & 3 & 0 & 0 & 0 \\ 0 & 4 & 5 & 6 & 0 \\ 0 & 0 & 0 & 7 & 0 \\ 0 & 0 & 0 & 8 & 9 \end{pmatrix}$$

图 3-5　稀疏矩阵举例

此外，我们还需要知道它从哪一行开始，距离起始位置有多长，这个通过数组 ia 表示，如果 $m(i,j)$ 是第 i 行第一个非零元素，并且 $a(k) = m(i,j)$，那么 $ia(i) = k$。第 i 行的非零元素个数为 $ia(i+1) - ia(i)$，即第 i 行的非零元素依次存储在 $a(ia(i))$，$a(ia(i)+1)$，…，$a(ia(i+1)-1)$，相应的列索引依次存储在 $ja(ia(i))$，$ja(ia(i)+1)$，…，$ja(ia(i+1)-1)$。稀疏矩阵存储示意如表 3-1 所示。

表 3-1　稀疏矩阵存储示意

序号	1	2	3	4	5	6	7	8	9
ia	1	3	4	7	8	10			
ja	1	3	2	2	3	4	4		
a	1	2	3	4	5	6	7	8	9

我们分析一下有限元刚度矩阵的组装，简单起见，以二维三角形单元剖分为例。图 3-6是一个简单的二维区域网格，单元数为 5，节点数为 6。为了识别单元，我们用一组整数给单元编码，同样为了识别单元顶点处的节点，我们用一组整数给节点编码。由于每个单元与多个节点有关，所以一个节点除有它在整体系统中的位置外，还必须有相应单元中的位置，这种位置我们也可用整数编码，称为局部编码。为了将这三种编码（单元编码、全局节点编码、局部编码）联系起来，我们引入一个 $3 \times M$ 的整型数组 $n(i,e)$，$i = 1,2,3$，而 $e = 1,2,\cdots,M$，M 表示单元总数。在这个例子中，数组 $n(i,e)$ 可写成如表 3-2 所示的形式。

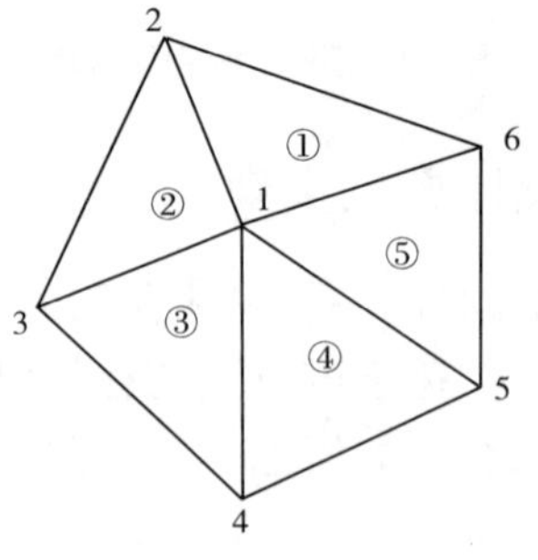

图 3-6　二维网格剖分示意

在这里我们仅讨论有限元分析中全局刚度矩阵的组装，假设单元刚度矩阵已经计算，根据表 3-2 的关系，把单元刚度矩阵添加到相应的全局刚度矩阵上，即把 $\boldsymbol{K}_{i,j}^{e}$ 加到

$\boldsymbol{K}_{n(i,e),n(j,e)}$上，最后形成全局刚度矩阵，上标代表的是单元号，下标代表的是节点号。

刚度矩阵组装示意见图 3-7。

表 3-2　单元编码与全局节点编码的关系

e	$ne(1,e)$	$ne(2,e)$	$ne(3,e)$
1	1	6	2
2	2	3	1
3	3	4	1
4	4	5	1
5	5	6	1

$$\boldsymbol{K}=\begin{pmatrix} K_{11}^{(1)}+K_{11}^{(2)}+K_{11}^{(3)}+K_{11}^{(4)}+K_{11}^{(5)} & K_{12}^{(1)}+K_{12}^{(2)} & K_{13}^{(2)}+K_{13}^{(3)} & K_{14}^{(3)}+K_{14}^{(4)} & K_{15}^{(4)}+K_{15}^{(5)} & K_{16}^{(1)}+K_{16}^{(5)} \\ K_{21}^{(1)}+K_{21}^{(2)} & K_{22}^{(1)}+K_{22}^{(2)} & K_{23}^{(1)}+K_{23}^{(2)} & 0 & 0 & K_{26}^{(1)} \\ K_{31}^{(2)}+K_{31}^{(3)} & K_{32}^{(2)} & K_{33}^{(2)}+K_{33}^{(4)} & K_{34}^{(3)} & 0 & 0 \\ K_{41}^{(3)}+K_{41}^{(4)} & 0 & K_{43}^{(3)} & K_{44}^{(3)}+K_{44}^{(4)} & K_{45}^{(4)} & 0 \\ K_{51}^{(4)}+K_{51}^{(5)} & 0 & 0 & K_{54}^{(4)} & K_{55}^{(4)}+K_{55}^{(5)} & K_{56}^{(5)} \\ K_{61}^{(1)}+K_{61}^{(5)} & K_{62}^{(1)} & 0 & 0 & K_{65}^{(5)} & K_{66}^{(1)}+K_{66}^{(5)} \end{pmatrix}$$

图 3-7　刚度矩阵组装示意

我们对组装的全局刚度矩阵进行分析，对于每 i 行它的所有非零元素是与包含节点 i 的所有单元有关，而且系数矩阵的第 i 行行号等于 i，列号是与节点 i 相关的节点的全局编号。

通过以上分析可知，要实现按行压缩存储方案，必须采取以下步骤：

(1) 寻找包含第 $i(i=1,2,\cdots,m)$ 个节点的所有单元。

(2) 找出与节点 i 相关的所有节点，然后对其进行排序，相同的节点只出现一次。

(3) 确定节点的稀疏关系。

(4) 把所有单元刚度矩阵组装加到全局刚度矩阵中。

3.2.4　块按行压缩存储方法及计算机实现

电磁领域节点型有限元中，经常会遇到三个以上的多自由度问题，有关该类问题稀疏矩阵的压缩存储在有限元分析中也是一个关键的步骤。在有限元偏微分方程的离散过程中，每个节点上形成一个多自由度组成的 $dof\times dof$ 块状矩阵，处理它的最好的方法是利用它的分块性，把每一分块矩阵看做一个元素，然后按行压缩组装该矩阵。该方法的一个主要限制是必须把每一块内所有的元素看做非零元素，即使它是零也必须存储。

该方法的具体实施方案，我们首先确定每一块的维数是 dof，有 $nnzr$ 个非零块矩阵，有 n 个节点，像按行压缩存储一样，需要三个数组，一个二维实（复）数组 $A(1:nnzr,1:nblk,1:nblk)$，一个列索引数组 $ja(1:nnzr)$，该数组存储原始矩阵中非零块的列索引，一个行指针数组 $ia(1:n)$，该数组指向 a，ja 中每一块行的第一个非零块元素。如图 3-8 所示，有一个 6×6 的稀疏矩阵，该矩阵又是由九个 2×2 块小矩阵组成，其中有四个零小矩阵块，没有必要存储它，把该矩阵转换成矩阵 **B**（见图 3-9），其中每一个元素对应矩阵中的一块，然后根据按行压缩原理，把矩阵压缩成如表 3-3 所示的形式。

1	2	0	0	3	4
5	6	0	0	7	8
0	0	9	10	11	12
0	0	13	14	15	16
17	18	0	0	0	0
19	20	0	0	0	0

图 3-8　矩阵 ***A***

$\boldsymbol{X}_1$	0	$\boldsymbol{X}_2$
0	$\boldsymbol{X}_3$	$\boldsymbol{X}_4$
$\boldsymbol{X}_5$	0	0

图 3-9　矩阵 ***B***

表 3-3　块行压缩存储

序号	1	2	3	4	5
ia	1	3	5	6	
ja	1	3	2	3	1
a	1	3	9	11	17
	5	7	13	15	22
	2	4	10	12	18
	6	8	14	16	23

3.2.5　几种压缩方法存储量的比较

为了更直观地看到压缩存储对于节省内存空间的优越性，下面作了两个表格（见表 3-4、表 3-5）对规则的四边形网格划分和六面体划分形成的系数矩阵的存储量作了比较。

表 3-4　二维不同存储方法的存储量比较

网格	节点数	全部存储（MB）	一维变带宽（MB）	占用比例（%）	按行压缩（MB）	占用比例（%）
10×10	100	0.610	0.14	22.95	0.085	13.94
50×50	2 500	381.47	15.71	13.94	2.13	0.56
100×100	10 000	6 103	123.9	2.03	8.54	0.14
500×500	2.5×10^5	3.8×10^6	15 257	0.40	213.62	0.01

从表 3-4 和表 3-5 中可以看到：①随着网格节点数的增多，压缩比例越来越大，也就是说，刚度系数矩阵越大，越利于压缩存储，所以在进行大型的有限元计算时，必须进行压

缩存储，才能够有效地利用存储空间；②可以得到这样一个规律，按行压缩的存储量随着网格点的增加，其压缩比例非常大，远远优于一维变带宽存储，这是因为按行压缩只存储非零元素，如果方程组的系数不断增大，但是每一行的非零元素是变化不大的，所以它的压缩量最大，充分利用了有限元系数矩阵的稀疏性；③不管是一维变带宽存储还是按行压缩，三维的节点数特别大，压缩量也特别大，所以对于三维有限元来说，按行压缩是一种非常好的压缩存储方法。

表 3-5　三维不同存储方法的存储量比较

网格	节点数	全部存储（MB）	一维变带宽（MB）	占用比例（%）	按行压缩（MB）	占用比例（%）
10×10×10	1 000	61.03	12.39	20.3	2.50	4.09
50×50×50	125 000	953 344	38 164	4.0	312	0.03
100×100×100	1.0×10^{6}	6.1×10^{7}	1.2×10^{6}	2.0	2 498	0.004

3.3　矩阵的预处理技术

3.3.1　预处理技术介绍

预处理技术是在线性方程组的求解以前对该方程组进行某种变换，改变线性方程组的特性，从而使得该线性方程组更易于求解。将预处理技术与现有的迭代法相结合求解线性方程组，比直接用迭代法求解方程组往往收敛速度更快，甚至可以节省几十倍的计算时间。因此，预处理技术是快速迭代求解线性方程的重要方法。

不同的预处理技术的效果不同，会很大地影响迭代法的收敛性能。对于某些线性方程组性能很好的预处理技术，作用于其他线性方程组时，效果有可能会比较差。因此，寻找通用的或者适用于电磁散射问题的高性能的预处理技术，就成为我们重点要解决的问题。虽然有些方法主张采用提高运算精度，减小舍入误差，来减轻病态影响，但是这将需要很大的计算量和计算机的存储量，而且也并不能改变系数矩阵的固有特性，更不能有效减少迭代次数，真正提高收敛速度。

由于共轭梯度法收敛速度与线性方程系数矩阵的条件数有关，对于大规模的病态矩阵，标准的共轭梯度法收敛性往往很差，从而大大地限制了共轭梯度法的应用范围。直到预处理技术的出现，才使得共轭梯度法的应用得到推广。

预处理共轭梯度法是十多年前提出的一种迭代法。当线性方程组 $\boldsymbol{Ax}=\boldsymbol{b}$ 的系数矩阵的条件数很大时，用标准的共轭梯度法求解往往收敛非常慢。但若对矩阵方程的两边同时乘上一个矩阵，对方程进行适当的变换，使它变为与它等价的另一方程。如果 $\boldsymbol{M}$ 与 $\boldsymbol{A}$ 比较近似的话，那么后者线性方程组的系数矩阵的条件数就有可能大为降低。因为共轭梯度算法的收敛性依赖于系数矩阵的条件数，此时用共轭梯度法来解决后一个方程组，收敛速度可能会改善很多。许多关于电磁场有限元方程论文数值模拟结果都表明预处理共轭梯度法具有很多的优越性，迭代次数也比分裂法大大减少。预处理矩阵可以为某一与 $\boldsymbol{A}$ 有关的矩阵，也可以是一矩阵多项式，甚至是一隐式的矩阵，即矩阵的具体形式并不能确切地知道，只能由一算法给出来，如多重网格预处理就是这样，并不是所有的预处理矩阵的选择对迭代算法的收敛性有很大的改善。

一种被大家公认而且常用的做法就是对系数矩阵进行预处理，通过改变矩阵的一些关键元素值，来降低矩阵的条件数，从而根本上解决其病态特性，使方程组能够求解计算。此外，预处理方法的另一个好处就是，对不病态的矩阵，可以有效提高其收敛速度。所以，在近些年，构造出高效可靠的预处理矩阵已成为这个领域备受人们关注的一个热点问题，也先后出现了不少的预处理理论和方法，但是至今还没有得到十分令人满意的结论和方法。其主要原因是：在不同的计算领域，所产生方程组的系数矩阵的特性不同，无法使用一种通用的方法或理论进行预处理，而只能根据各自矩阵的特性采用适当的预处理方法，于是就出现了很多的预处理方法和改进的方法。这也是此方法备受关注的原因。

这里所说的预处理技术，并不只是用于 PCG 方法中的预处理技术，在许多迭代法中都要使用的常用预处理技术。由于预处理矩阵的构造方式有很多，所以就形成了多种预处理方法。

3.3.2　矩阵的条件数

在解方程组 $\boldsymbol{Ax}=\boldsymbol{b}$ 时，我们总是假定系数矩阵 $\boldsymbol{A}$ 和常数项 $\boldsymbol{b}$ 是准确的，而在实际问题中，系数矩阵 $\boldsymbol{A}$ 和常数项 $\boldsymbol{b}$ 往往是从前面的近似计算所得的，元素的误差是不可避免的。这些误差会对方程组 $\boldsymbol{Ax}=\boldsymbol{b}$ 的解 $\boldsymbol{x}$ 产生多大的影响，矩阵的条件数将给出一种粗略的衡量尺度。若矩阵 $\boldsymbol{A}$ 或常数项 $\boldsymbol{b}$ 的微小变化，引起方程组 $\boldsymbol{Ax}=\boldsymbol{b}$ 解的巨大变化，则称此方程组为病态方程组，矩阵 $\boldsymbol{A}$ 为病态矩阵(相对于方程组而言)。否则方程组为良态方程组，$\boldsymbol{A}$ 为良态矩阵。矩阵的病态性质是矩阵本身的特性，下面对方程组 $\boldsymbol{Ax}=\boldsymbol{b}$ 就系数矩阵和右端项分别有扰动的两种情形进行讨论。

设 $\boldsymbol{b}$ 有扰动 $\boldsymbol{\delta b}$，相应地 $\boldsymbol{x}$ 的扰动记为 $\boldsymbol{\delta x}$

那么

$$\boldsymbol{A}(\boldsymbol{x}+\boldsymbol{\delta x})=\boldsymbol{b}+\boldsymbol{\delta b}$$

由于

$$\boldsymbol{Ax}=\boldsymbol{b}\Rightarrow\boldsymbol{A\delta x}=\boldsymbol{\delta b}\Rightarrow\boldsymbol{\delta x}=\boldsymbol{A}^{-1}\boldsymbol{\delta b}$$

两边取范数

$$\|\boldsymbol{\delta x}\|=\|\boldsymbol{A}^{-1}\boldsymbol{\delta b}\|\leqslant\|\boldsymbol{A}^{-1}\|\ \|\boldsymbol{\delta b}\|$$

又因为

$$\|\boldsymbol{x}\|\geqslant\frac{\|\boldsymbol{Ax}\|}{\|\boldsymbol{A}\|}=\frac{\|\boldsymbol{b}\|}{\|\boldsymbol{A}\|}\Rightarrow\frac{\|\boldsymbol{\delta x}\|}{\|\boldsymbol{x}\|}\leqslant\frac{\|\boldsymbol{A}^{-1}\|\ \|\boldsymbol{\delta b}\|}{\dfrac{\|\boldsymbol{b}\|}{\|\boldsymbol{A}\|}}=\frac{\|\boldsymbol{A}\|\ \|\boldsymbol{A}^{-1}\|\ \|\boldsymbol{\delta b}\|}{\|\boldsymbol{b}\|}$$

上式表明，当右端项有扰动时，解的相对误差不超过右端项的相对误差的 $\|\boldsymbol{A}\|\ \|\boldsymbol{A}^{-1}\|$。

如果右端项无扰动，系数矩阵 $\boldsymbol{A}$ 有扰动 $\boldsymbol{\delta A}$，相应的解 $\boldsymbol{x}$ 的扰动仍记为 $\boldsymbol{\delta x}$，则

$$(\boldsymbol{A}+\boldsymbol{\delta A})(\boldsymbol{x}+\boldsymbol{\delta x})=\boldsymbol{b}\Rightarrow\boldsymbol{A\delta x}+\boldsymbol{\delta A}(\boldsymbol{x}+\boldsymbol{\delta x})=0$$

$$\Rightarrow \|\boldsymbol{\delta x}\| = \|\boldsymbol{A}^{-1}\boldsymbol{\delta A}(\boldsymbol{x}+\boldsymbol{\delta x})\| \leqslant \|\boldsymbol{A}^{-1}\| \|\boldsymbol{\delta A}\|(\|\boldsymbol{x}\| + \|\boldsymbol{\delta x}\|)$$

如果 $\boldsymbol{\delta A}$ 充分小,使得 $\|\boldsymbol{A}^{-1}\| \|\boldsymbol{\delta A}\| < 1$,则由上式得:

$$\frac{\|\boldsymbol{\delta x}\|}{\|\boldsymbol{x}\|} \leqslant \frac{\|\boldsymbol{A}^{-1}\| \|\boldsymbol{\delta A}\|}{1-\|\boldsymbol{A}^{-1}\| \|\boldsymbol{\delta A}\|} = \frac{\|\boldsymbol{A}\| \|\boldsymbol{A}^{-1}\| \dfrac{\|\boldsymbol{\delta A}\|}{\|\boldsymbol{A}\|}}{1-\|\boldsymbol{A}\| \|\boldsymbol{A}^{-1}\| \dfrac{\|\boldsymbol{\delta A}\|}{\|\boldsymbol{A}\|}}$$

上式表明,当系数矩阵有扰动时,解的扰动仍与 $\|\boldsymbol{A}\| \|\boldsymbol{A}^{-1}\|$ 有关,一般地,$\|\boldsymbol{A}\| \|\boldsymbol{A}^{-1}\|$ 越大,解的扰动越大。

综上分析可知,$\|\boldsymbol{A}\| \|\boldsymbol{A}^{-1}\|$ 实际上刻划了解对原始数据变化的灵敏程度,即刻划了方程组的“病态”程度。

设 A 为非奇异阵,称 $\mathrm{cond}(\boldsymbol{A})_v = \|\boldsymbol{A}^{-1}\|_v \|\boldsymbol{A}\|_v (v=1,2 \text{ 或} \infty)$ 为矩阵 $\boldsymbol{A}$ 的条件数。常用的条件数有:

(1) $\mathrm{cond}(\boldsymbol{A})_\infty = \|\boldsymbol{A}^{-1}\|_\infty \|\boldsymbol{A}\|_\infty$;

(2) A 的谱条件数 $\mathrm{cond}(\boldsymbol{A})_2 = \|\boldsymbol{A}^{-1}\|_2 \|\boldsymbol{A}\|_2 = \sqrt{\dfrac{\lambda_{\max}(\boldsymbol{A}^{\mathrm{T}}\boldsymbol{A})}{\lambda_{\min}(\boldsymbol{A}^{\mathrm{T}}\boldsymbol{A})}}$,当 $\boldsymbol{A}$ 为对称矩阵时,$\mathrm{cond}(\boldsymbol{A})_2 = \dfrac{|\lambda_1|}{|\lambda_n|}$,其中 λ_1 和 λ_n 为 $\boldsymbol{A}$ 的绝对值最大和绝对值最小的特征值。

条件数的主要性质如下:

(1) 对任何非奇异矩阵 $\boldsymbol{A}$,都有 $\mathrm{cond}(\boldsymbol{A})_v \geqslant 1$;

(2) 设 $\boldsymbol{A}$ 为非奇异矩阵且 $c \neq 0$(常数),则 $\mathrm{cond}(c\boldsymbol{A})_v = \mathrm{cond}(\boldsymbol{A})_v$;

(3) 如果 $\boldsymbol{A}$ 为正交矩阵,则 $\mathrm{cond}(\boldsymbol{A})_2 = 1$;

(4) 如果 $\boldsymbol{A}$ 为非奇异矩阵,$\boldsymbol{R}$ 为正交矩阵,则 $\mathrm{cond}(\boldsymbol{RA})_2 = \mathrm{cond}(\boldsymbol{AR})_2 = \mathrm{cond}(\boldsymbol{A})_2$。

计算条件数需要求矩阵的逆,因而比较困难。根据数值经验,在下列情况下,方程组常是“病态”的。

(1) 在用主元素法时出现小主元时。

(2) 如果 $\boldsymbol{A}$ 的最大特征值和最小特征值之比(按绝对值)是大的,则 $\boldsymbol{A}$ 是“病态”的。

(3) 系数矩阵中有行(或列)近似线性相关,或系数行列式的值近似为零。

但这不是绝对的,如果当 $\boldsymbol{A} = \varepsilon \boldsymbol{I}$,$\varepsilon$ 为很小的数时,有 $\det(\boldsymbol{A}) = \varepsilon^n \approx 0$,但 $\mathrm{cond}(\boldsymbol{A}) = \mathrm{cond}(\boldsymbol{I}) = 1$,方程组状态是“良好”的。

(4) 系数矩阵 $\boldsymbol{A}$ 元素间数量级相差很大,并且无一定规则,$\boldsymbol{A}$ 可能“病态”。

3.3.3　完全 $\boldsymbol{LDL}^{\mathrm{T}}$ 分解

由于我们的有限元方程组的系数矩阵是对称的,为了更加有效地求解这种对称的复系数方程组,我们采用不完全 $\boldsymbol{LDL}^{\mathrm{T}}$ 预处理方法。那么,首先要介绍一下完全的 $\boldsymbol{LDL}^{\mathrm{T}}$ 分解的算法。对于实系数方程来说,完全 Cholesky($\boldsymbol{LL}^{\mathrm{T}}$)分解需要开方运算,那么就要求根号下面的值必须是非负数,而且开方运算量也比较大,所以常常采用 $\boldsymbol{LDL}^{\mathrm{T}}$ 分解。为了节省计算量,并且能够求解对称非正定方程组,本文采用 $\boldsymbol{LDL}^{\mathrm{T}}$ 分解法,并把它运用到电磁复系数方程的求解中。

对于一个非奇异矩阵 $\boldsymbol{A}$，一定有一个 $\boldsymbol{LU}$ 分解，对于一个非奇异对称矩阵，一定有 $\boldsymbol{A}=\boldsymbol{LDL}^{\mathrm{T}}$，即：

$$\begin{bmatrix} a_{11} & a_{12} & a_{13} & \cdots & a_{1n} \\ a_{21} & a_{22} & a_{23} & \cdots & a_{2n} \\ \vdots & \vdots & \vdots & & \vdots \\ a_{n1} & a_{n2} & a_{n3} & \cdots & a_{nn} \end{bmatrix} =$$

$$\begin{bmatrix} 1 & & & & \\ l_{21} & 1 & & & \\ l_{31} & l_{32} & 1 & & \\ \vdots & \vdots & \vdots & \ddots & \\ l_{n1} & l_{n2} & l_{n3} & \cdots & 1 \end{bmatrix} \begin{bmatrix} d_{11} & & & & \\ & d_{22} & & & \\ & & d_{33} & & \\ & & & \ddots & \\ & & & & d_{nn} \end{bmatrix} \begin{bmatrix} 1 & l_{21} & l_{31} & \cdots & l_{n1} \\ & 1 & l_{32} & \cdots & l_{n2} \\ & & 1 & \cdots & l_{n3} \\ & & & \ddots & \vdots \\ & & & & 1 \end{bmatrix} \tag{3-1}$$

下面，我们把具体的算法简要地陈述如下：

$$d_{11} = a_{11} \tag{3-2}$$

$$d_{ii} = a_{ii} - \sum_{k=it}^{i-1} l_{ik}^{2} d_{kk} \quad i > 1 \tag{3-3}$$

$$l_{ij} = \frac{1}{d_{ij}} - \left(a_{ij} - \sum_{k=it}^{j-1} l_{ik} d_{kk} l_{jk}\right) \quad i > 1 \tag{3-4}$$

其中

$$it = \begin{cases} i - iwb + 1 & \text{当 } i > iwb \text{ 时} \\ 1 & \text{当 } i \leqslant iwb \text{ 时} \end{cases}$$

$$it = \begin{cases} n + i - iwb & \text{当 } i + iwb - 1 \leqslant n \text{ 时} \\ n & \text{当 } i + iwb - 1 > n \text{ 时} \end{cases}$$

如果矩阵是带状的，半带宽位 iwb。对于 $i-j \geqslant iwb$，$a_{ij}=a_{ji}=0$，那么该矩阵可存在一个 $iwb \times n$ 的数组中。那么对 $\boldsymbol{LDL}^{\mathrm{T}}$ 分解适当标号后仍然可以用。

3.3.4 不完全 $\boldsymbol{LDL}^{\mathrm{T}}$ 预处理

有限元方程组的系数矩阵是一个大型稀疏的系数矩阵，为了节省存储量，进行大型的计算，我们采用了按行压缩存储模式，仅存储系数矩阵中的非零元素，并利用两个索引数组建立起压缩模式和原来的系数矩阵位置的稀疏关系。这样，在使用迭代法求解时，仅对非零元素操作，零元素不参与计算，因为其对方程的结果没有影响。在使用迭代法求解的时候，必须结合一定的预处理才能够快速地得到方程组的解。但是在 $\boldsymbol{LDL}^{\mathrm{T}}$ 预处理过程中，产生的 $\boldsymbol{L}$ 矩阵是一个稠密矩阵，原来的系数矩阵的稀疏性被破坏，这与我们压缩存储的思想是违背的。所以，在此必须采用不完全 $\boldsymbol{LDL}^{\mathrm{T}}$ 分解法，达到存储量和改善系数矩阵性态之间的一个平衡。

首先，记 p 为指标集，$p=\{(i,j)\mid a_{ij}\neq 0\}$，$a_{ij}$ 为原矩阵中的元素，当 $(i,j)\notin p$，$l_{ij}=0$。

也就是说,分解后的 $\boldsymbol{L}$ 矩阵和原来的系数矩阵的下三角部分保持相同的稀疏性,这样做的好处是数据结构简单,不增加存储量,我们称该分解为 $\boldsymbol{LDL}^{\mathrm{T}}$。经过 $\boldsymbol{LDL}^{\mathrm{T}}$ 预处理后的原矩阵性态要好很多,分解的近似程度越高,迭代次数越少。

3.4　Krylov 子空间方法

3.4.1　Krylov 子空间简介

在所有的迭代法中,Krylov 子空间迭代法被认为是求解超大型线性方程组最有效的迭代方法。假设 Krylov 子空间迭代第 m 步产生的近似解为 x_m,则 x_m 是由在子空间

$$K = x_0 + K_m(A, r_0) \tag{3-5}$$

之中由某种算法寻找产生的,在这里 $r_0 = b - Ax_0$,为相关的余量。我们称

$$K_m(A, r_0) = \mathrm{span}\{r_0, Ar_0, A^2 r_0, \cdots, A^{m-1} r_0\} \tag{3-6}$$

为 n 维 Krylov 子空间。

如果 A 的阶数为 n,则 Krylov 子空间迭代算法理论上可以在 n 步内精确地求出线性方程组的解。然而,由于很多大规模的线性矩阵往往为病态矩阵,而 Krylov 子空间迭代法的收敛又与矩阵的条件数密切相关,因此实际上在 n 步以内通常得不出问题的解,而需要更多的迭代步数。为此,根据 x_m 的搜索方向,可以生成不同的 Krylov 算法,如共轭梯度迭代法,双共轭梯度法,GMRES(General Minimal Residuals)迭代法,QMR(Quasi-Minimal Residual Method)等。其中,由于 GMRES 迭代法可以适用于非对称及非正定线性方程组的求解,且当系数矩阵的条件数较小时收敛速度很快,从而得到了广泛的应用。但是在系数矩阵的条件数很差时,GMRES 迭代法的收敛性则往往表现很差,而且运用 GMRES 迭代法还需要额外的存储搜索空间。因此,对于很多的工程问题的求解,GMRES 迭代法往往不是最好的选择。另一种常用的 Krylov 子空间迭代法——共轭梯度法,由于该方法有稳定的收敛性,所需内存较少,而且经过预处理后迭代的收敛速度改善较好,因此在求解超大型的线性方程组时,往往是比较理想的选择,因此受到了广泛的欢迎。

3.4.2　共轭梯度法的推导

共轭梯度法最早是由数学家 Hestenes 和几何学家 Stiefel 在 20 世纪 50 年代初为求解实线性方程组:

$$\boldsymbol{Ax} = \boldsymbol{b} \qquad \boldsymbol{x} \in \mathbf{R}^n \tag{3-7}$$

而提出来的。他们合作的著名文章被认为是共轭梯度法的奠定性工作。在他们的文中详细地讨论了求解线性方程组的共轭梯度法的性质以及和其他方法的关系。

在 $\boldsymbol{A}$ 为对称正定时,Hestenes 和 Stiefel 的共轭梯度法归结于求解下列的二次函数的最优化问题:

$$\min \frac{1}{2}(x\boldsymbol{A}x - \boldsymbol{b}x) \qquad x \in \mathbf{R} \tag{3-8}$$

基于此，Hestenes 和 Stiefel 的方法也可视为求二次函数的极小值的共轭梯度法。1964 年，Fletcher 和 Reeves 将此法推广到非线性优化，得到了求一般函数极小值的共轭梯度法。由于共轭梯度法一般只适应于正定方程的求解，而有限元模拟技术最后得出的为复数的对称阵，所以必须通过简单的变换，将一个非正定的线性方程组变为一个正定的线性系统，而不改变原来问题的解。

在式(3-7)两边各乘以 $\boldsymbol{A}$ 的共轭转置 $\boldsymbol{A}^{\mathrm{H}}$：

$$\boldsymbol{A}^{a}\boldsymbol{A}\boldsymbol{x} = \boldsymbol{A}^{a}\boldsymbol{b} \tag{3-9}$$

然后对上面的线性方程组进行迭代求解。在下面的推导中，为了方便我们用一个符号 $\boldsymbol{B}$ 表示 $\boldsymbol{A}^{a}\boldsymbol{A}$，而 $\boldsymbol{A}^{a}\boldsymbol{b}$ 用 $\boldsymbol{h}$ 表示，那么式(3-9)可写为：

$$\boldsymbol{B}\boldsymbol{x} = \boldsymbol{h} \tag{3-10}$$

这样，$\boldsymbol{B}$ 是自伴正定的。因此，我们可采用标准变分原理去构造一个泛函，它的最小值的解为：

$$F(\boldsymbol{x}) = \frac{1}{2}\langle \boldsymbol{B}\boldsymbol{x},\boldsymbol{x}\rangle - \frac{1}{2}\langle \boldsymbol{h},\boldsymbol{x}\rangle - \frac{1}{2}\langle \boldsymbol{h},\boldsymbol{x}\rangle \tag{3-11}$$

可以验证上面的最小值等价于由 $\langle r,r\rangle$ 定义的二次式最小值，其中 $\boldsymbol{r}=\boldsymbol{b}-\boldsymbol{A}\boldsymbol{x}$。因为

$$\begin{aligned}\langle r,r\rangle &= \langle \boldsymbol{A}\boldsymbol{x},\boldsymbol{A}\boldsymbol{x}\rangle - \langle \boldsymbol{b},\boldsymbol{A}\boldsymbol{x}\rangle - \langle \boldsymbol{A}\boldsymbol{x},\boldsymbol{b}\rangle + \langle \boldsymbol{b},\boldsymbol{b}\rangle \\ &= \langle \boldsymbol{A}^{a}\boldsymbol{A}\boldsymbol{x},\boldsymbol{A}\boldsymbol{x}\rangle - \langle \boldsymbol{A}^{a}\boldsymbol{b},\boldsymbol{x}\rangle - \langle \boldsymbol{x},\boldsymbol{A}^{a}\boldsymbol{b}\rangle + \langle \boldsymbol{b},\boldsymbol{b}\rangle\end{aligned} \tag{3-12}$$

因此式(3-11)是式(3-7)的解，且这种解使得 $\langle r,r\rangle$ 为零，那么，它是精确解。在建立了泛函 F 之后，我们现在把试探向量展开为：

$$\begin{aligned}\boldsymbol{x} &= \boldsymbol{x}_1 + \boldsymbol{\alpha}_1\boldsymbol{p}_1 + \boldsymbol{\alpha}_2\boldsymbol{p}_2 + \boldsymbol{\alpha}_3\boldsymbol{p}_3 + \cdots + \boldsymbol{\alpha}_n\boldsymbol{p}_n \\ &= \boldsymbol{x}_1 + \sum_{k=1}^{n}\boldsymbol{\alpha}_k\boldsymbol{p}_k\end{aligned} \tag{3-13}$$

其中，$\boldsymbol{x}_1$ 为一个初始猜测的向量；$\boldsymbol{p}_k$ 为未知的方向或搜索向量，$\boldsymbol{\alpha}_k$ 为未知系数。

注意：这里，$\boldsymbol{p}_k$ 表示第 k 次迭代的一个向量，而不是向量 $\boldsymbol{p}$ 的第 k 个元素。

将式(3-13)代入式(3-11)，得到作为 $\boldsymbol{\alpha}_k$ 二次式的泛函，为了求其最小值，我们令它对 $\boldsymbol{\alpha}_s$ 实部和虚部的偏导数为零

$$\frac{\partial f}{\partial \alpha_s^r} = \frac{\partial f}{\partial \alpha_s^i} = 0 \qquad s = 1,2,3,\cdots,n \tag{3-14}$$

其中，$\partial\alpha_s^r$ 和 $\partial\alpha_s^i$ 分别表示 $\partial\alpha_s$ 的实部和虚部。

这样得到 $2n$ 个线性方程，它可合并成下式给出的 n 个方程：

$$\sum_{k=1}^{n}\langle \boldsymbol{B}\boldsymbol{p}_k,\boldsymbol{p}_k\rangle\alpha_k = \langle \boldsymbol{h},\boldsymbol{p}_s\rangle - \langle \boldsymbol{B}\boldsymbol{x}_1,\boldsymbol{p}_s\rangle \qquad s = 1,2,3,\cdots,n \tag{3-15}$$

现在，为了求解线性方程组式(3-7)，我们需要求解另一方程组式(3-15)，这样，我们什么也没有得到。这当然不是真的，因为我们在式(3-15)中可自由确定 $\boldsymbol{p}_k$。如果我们选择 $\boldsymbol{p}_k$ 使其满足以下条件：

$$\langle \boldsymbol{B}\boldsymbol{p}_k,\boldsymbol{p}_s\rangle = 0 \qquad 对于\quad s \neq k \tag{3-16}$$

那么，α_k 可从式(3-15)获得，即：

$$\alpha_k = \frac{\langle \boldsymbol{h} - \boldsymbol{B}\boldsymbol{x}_1, \boldsymbol{p}_k \rangle}{\langle \boldsymbol{B}\boldsymbol{p}_k, \boldsymbol{p}_k \rangle} \tag{3-17}$$

满足式(3-16)的向量叫做 $\boldsymbol{B}$ 正交或 $\boldsymbol{B}$ 共轭向量。

那么我们仍需确定 $\boldsymbol{p}_k$。在做这个工作之前,让我们做几个观察。第一,从式(3-13)中,有:

$$\boldsymbol{x}_{k+1} = \boldsymbol{x}_k + \alpha_k \boldsymbol{p}_k \tag{3-18}$$

对 $\boldsymbol{x}_{k+1}$,我们可定义一个剩余向量为:

$$\boldsymbol{r}_{k+1} = \boldsymbol{h} - \boldsymbol{B}\boldsymbol{x}_{k+1} \tag{3-19}$$

将式(3-18)代入式(3-19),得到:

$$\boldsymbol{r}_{k+1} = \boldsymbol{h} - \boldsymbol{B}\boldsymbol{x}_k - \alpha_k \boldsymbol{B}\boldsymbol{p}_k = \boldsymbol{r}_k - \alpha_k \boldsymbol{B}\boldsymbol{p}_k \tag{3-20}$$

通过引入 $\boldsymbol{r}_k$,可把 $\langle \boldsymbol{h}, \boldsymbol{p}_k \rangle$ 写为:

$$\langle \boldsymbol{h}, \boldsymbol{p}_k \rangle = \langle \boldsymbol{r}_k + \boldsymbol{B}\boldsymbol{x}_k, \boldsymbol{p}_k \rangle = \langle \boldsymbol{r}_k, \boldsymbol{p}_k \rangle + \langle \boldsymbol{B}\boldsymbol{x}_1 + \sum_{s=1}^{k-1} \alpha_s \boldsymbol{B}\boldsymbol{p}_s, \boldsymbol{p}_k \rangle \tag{3-21}$$

根据式(3-16),式(3-21)变为:

$$\langle \boldsymbol{h}, \boldsymbol{p}_k \rangle = \langle \boldsymbol{r}_k + \boldsymbol{B}\boldsymbol{x}_1, \boldsymbol{p}_k \rangle = \langle \boldsymbol{r}_k, \boldsymbol{p}_k \rangle + \langle \boldsymbol{B}\boldsymbol{x}_1, \boldsymbol{p}_k \rangle \tag{3-22}$$

因此,式(3-17)可写为:

$$\alpha_k = \frac{\langle \boldsymbol{r}_k, \boldsymbol{p}_k \rangle}{\langle \boldsymbol{B}\boldsymbol{p}_k, \boldsymbol{p}_k \rangle} \tag{3-23}$$

得到:

$$\begin{aligned} F(\boldsymbol{x}_{k+1}) &= F(\boldsymbol{x}_k) + \frac{1}{2}\alpha_k \alpha_k^* \langle \boldsymbol{B}\boldsymbol{p}_k, \boldsymbol{p}_k \rangle - \frac{1}{2}\alpha_k^* \langle \boldsymbol{r}_k, \boldsymbol{p}_k \rangle - \frac{1}{2}\alpha_k \langle \boldsymbol{p}_k, \boldsymbol{r}_k \rangle \\ &= F(\boldsymbol{x}_k) - \frac{1}{2} \frac{|\langle \boldsymbol{r}_k, \boldsymbol{p}_k \rangle|^2}{\langle \boldsymbol{B}\boldsymbol{p}_k, \boldsymbol{p}_k \rangle} \end{aligned} \tag{3-24}$$

式(3-24)表明每次迭代都使泛函减小,结果,解在每次迭代后都得到改进,这是共轭梯度法的重要特性。

现在,然我们考虑 $\boldsymbol{B}$ 正交向量 $\boldsymbol{p}_k$ 的产生。根据 Gram-Schmidt 正交过程,对给定的一组线性无关向量 $\boldsymbol{u}_1, \boldsymbol{u}_2, \boldsymbol{u}_3, \cdots, \boldsymbol{u}_n$,我们可以产生一组 $\boldsymbol{B}$ 正交向量为:

$$\boldsymbol{p}_{k+1} = \boldsymbol{u}_{k+1} - \sum_{s=1}^{k} \lambda_{ks} \boldsymbol{p}_s \tag{3-25}$$

其中

$$\lambda_{ks} = \frac{\langle \boldsymbol{B}\boldsymbol{u}_{k+1}, \boldsymbol{p}_s \rangle}{\langle \boldsymbol{B}\boldsymbol{p}, \boldsymbol{p}_s \rangle}$$

然而,为了产生 $\boldsymbol{p}_{k+1}$,该过程包括 k 个矩阵－向量乘积,为了减少计算负担,我们把 $\boldsymbol{u}_{k+1}$ 选为:

对于 $s < k$

$$\langle \boldsymbol{B}\boldsymbol{u}_{k+1}, \boldsymbol{p}_s \rangle = 0 \tag{3-26}$$

因此,问题简化为寻找一组满足式(3-26)的正交向量 $\boldsymbol{u}_k$。幸运的是,我们可以证明,剩余向量 $\boldsymbol{r}_k$ 具有作为这种向量所需要的全部特性。为了证明这一点,我们首先注意到:

$$\langle \boldsymbol{r}_k,\boldsymbol{p}_s\rangle = \langle \boldsymbol{h}-\boldsymbol{B}\boldsymbol{x}_1-\sum_{l=1}^{k-1}\alpha_l\boldsymbol{B}\boldsymbol{p}_l,\boldsymbol{p}_s\rangle \tag{3-27}$$

如果 $s<k$,那么根据式(3-17),有:

$$\langle \boldsymbol{r}_k,\boldsymbol{p}_s\rangle = \langle \boldsymbol{h}-\boldsymbol{B}\boldsymbol{x}_1,\boldsymbol{p}_s\rangle - \alpha_s\langle \boldsymbol{B}\boldsymbol{p}_s,\boldsymbol{p}_s\rangle = 0 \tag{3-28}$$

另外,因为 $\boldsymbol{u}_{k+1}=\boldsymbol{r}_{k+1}$,由式(3-25)得到:

$$\langle \boldsymbol{p}_{k+1},\boldsymbol{r}_l\rangle = \langle \boldsymbol{r}_{k+1},\boldsymbol{r}_l\rangle - \sum_{s=1}^{k}\lambda_{ks}\langle \boldsymbol{p}_s,\boldsymbol{r}_l\rangle \tag{3-29}$$

如果 $l>k+1$,那么,根据式(3-28)有 $\langle \boldsymbol{p}_{k+1},\boldsymbol{r}_l\rangle=0$ 和 $\langle \boldsymbol{p}_s,\boldsymbol{r}_l\rangle=0$,结果得到:

$$\langle \boldsymbol{p}_{k+1},\boldsymbol{r}_l\rangle = 0 \tag{3-30}$$

上式也隐含地表示:因为 $\langle \boldsymbol{r}_{k+1},\boldsymbol{r}_l\rangle=\langle \boldsymbol{r}_l,\boldsymbol{r}_{k+1}\rangle^*$,即使 $l<k+1$,也有 $\langle \boldsymbol{r}_{k+1},\boldsymbol{r}_l\rangle=0$。因此,$\boldsymbol{r}_k$ 确实是一组正交向量。因为,对于 $s<k$,有

$$\langle \boldsymbol{r}_{s+1},\boldsymbol{r}_{k+1}\rangle = \langle \boldsymbol{r}_s,\boldsymbol{r}_{k+1}\rangle - \alpha_s\langle \boldsymbol{B}\boldsymbol{p}_s,\boldsymbol{r}_{k+1}\rangle = 0 \tag{3-31}$$

所以,我们有 $\langle \boldsymbol{B}\boldsymbol{p}_k,\boldsymbol{r}_{k+1}\rangle=0$。因此,对于 $s<k$,有 $\langle \boldsymbol{B}\boldsymbol{r}_{k+1},\boldsymbol{p}_k\rangle=0$。因而 $\boldsymbol{r}_{k+1}$ 确实满足条件式(3-26)。所以,方程式(3-25)可写为:

$$\boldsymbol{p}_{k+1} = \boldsymbol{r}_{k+1} - \lambda_{kk}\boldsymbol{p}_k \tag{3-32}$$

其中

$$\lambda_{kk} = \frac{\langle \boldsymbol{B}\boldsymbol{r}_{k+1},\boldsymbol{p}_k\rangle}{\langle \boldsymbol{B}\boldsymbol{p}_k,\boldsymbol{p}_k\rangle} \tag{3-33}$$

因为

$$\langle \boldsymbol{r}_k,\boldsymbol{p}_k\rangle = \langle \boldsymbol{r}_k,\boldsymbol{r}_k\rangle - \lambda^*_{k-1,k-1}\langle \boldsymbol{r}_k,\boldsymbol{p}_{k-1}\rangle = \langle \boldsymbol{r}_k,\boldsymbol{r}_k\rangle \tag{3-34}$$

根据式(3-28),式(3-23)中的 α_k 可写为:

$$\alpha_k = \frac{\langle \boldsymbol{r}_k,\boldsymbol{r}_k\rangle}{\langle \boldsymbol{B}\boldsymbol{p}_k,\boldsymbol{p}_k\rangle} \tag{3-35}$$

显然,它是一个实数。另外,既然

$$\begin{aligned}\langle \boldsymbol{B}\boldsymbol{r}_{k+1},\boldsymbol{p}_k\rangle &= \langle \boldsymbol{r}_{k+1},\boldsymbol{B}\boldsymbol{p}_k\rangle = \frac{1}{\alpha_k}\langle \boldsymbol{r}_{k+1},\boldsymbol{r}_k - r_{k+1}\rangle \\ &= -\frac{1}{\alpha_k}\langle \boldsymbol{r}_{k+1},\boldsymbol{r}_{k+1}\rangle\end{aligned} \tag{3-36}$$

那么

$$\lambda_{kk} = -\frac{1}{\alpha_k}\frac{\langle \boldsymbol{r}_{k+1},\boldsymbol{r}_{k+1}\rangle}{\langle \boldsymbol{r}_k,\boldsymbol{r}_k\rangle} \tag{3-37}$$

所以,λ_{kk} 显然也是一个实数,结果式(3-34)可写为:

$$\boldsymbol{p}_{k+1} = \boldsymbol{r}_{k+1} + \frac{\langle \boldsymbol{r}_{k+1},\boldsymbol{r}_{k+1}\rangle}{\langle \boldsymbol{r}_k,\boldsymbol{r}_k\rangle}\boldsymbol{p}_k \tag{3-38}$$

上式是产生 $\boldsymbol{B}$ 正交向量 $\boldsymbol{p}_{k+1}$ 的递推关系式。

3.4.3 共轭梯度算法

根据上面共轭梯度算法的推导,我们可以得到如下算法。

给定一个初始猜想的 x_0，我们有

$$\boldsymbol{r}_1 = \boldsymbol{b}_i - \boldsymbol{A}\boldsymbol{x}_1, \boldsymbol{p}_1 = \boldsymbol{r}_1 \tag{3-39}$$

对 $i=0,1,2,\cdots$ 作如下计算：

$$\alpha_i = \frac{\langle \boldsymbol{r}_i, \boldsymbol{r}_i \rangle}{\langle \boldsymbol{p}_i, \boldsymbol{A}\boldsymbol{p}_i \rangle} \tag{3-40}$$

$$\boldsymbol{x}_{i+1} = \boldsymbol{x}_i + \alpha_i \boldsymbol{p}_i \tag{3-41}$$

$$\boldsymbol{r}_{i+1} = \boldsymbol{r}_i - \alpha_i \boldsymbol{A}\boldsymbol{p}_i \tag{3-42}$$

$$\beta_i = \frac{\langle \boldsymbol{r}_{i+1}, \boldsymbol{r}_{i+1} \rangle}{\langle \boldsymbol{r}_i, \boldsymbol{r}_i \rangle} \tag{3-43}$$

$$\boldsymbol{p}_{i+1} = \boldsymbol{r}_{i+1} + \beta_i \boldsymbol{p}_i \tag{3-44}$$

当满足下列条件时迭代终止：

$$\frac{\| \boldsymbol{r}_{k+1} \|}{\| \boldsymbol{b} \|} < \varepsilon$$

结合预处理方法，经过简单的推导，我们直接得出关于 $\boldsymbol{LDL}^{\mathrm{T}}$ 预处理共轭梯度法的算法，如下：

给定一个初始猜想的 $\boldsymbol{x}_0$，我们有

$$\boldsymbol{r}_1 = \boldsymbol{b}_i - \boldsymbol{A}\boldsymbol{x}_1, \boldsymbol{p}_1 = (\boldsymbol{LDL}^{\mathrm{T}})\boldsymbol{r}_1 \tag{3-45}$$

对 $i=0,1,2,\cdots$ 作如下计算：

$$\alpha_i = \frac{\langle \boldsymbol{r}_i, (\boldsymbol{LDL}^{\mathrm{T}})^{-1}\boldsymbol{r}_i \rangle}{\langle \boldsymbol{p}_i, \boldsymbol{A}\boldsymbol{p}_i \rangle} \tag{3-46}$$

$$\boldsymbol{x}_{i+1} = \boldsymbol{x}_i + \alpha_i \boldsymbol{p}_i \tag{3-47}$$

$$\boldsymbol{r}_{i+1} = \boldsymbol{r}_i - \alpha_i \boldsymbol{A}\boldsymbol{p}_i \tag{3-48}$$

$$\beta_i = \frac{\langle \boldsymbol{r}_{i+1}, (\boldsymbol{LDL}^{\mathrm{T}})^{-1} r_{i+1} \rangle}{\langle r_i, (\boldsymbol{LDL}^{\mathrm{T}})^{-1}\boldsymbol{r}_i \rangle} \tag{3-49}$$

$$\boldsymbol{p}_{i+1} = (\boldsymbol{LDL}^{\mathrm{T}})^{-1}\boldsymbol{r}_{i+1} + \beta_i \boldsymbol{p}_i \tag{3-50}$$

当满足下列条件时迭代终止：

$$\frac{\| \boldsymbol{r}_{k+1} \|}{\| \boldsymbol{b} \|} < \varepsilon$$

3.4.4 快速求取 $(\boldsymbol{LDL}^{\mathrm{T}})^{-1}\boldsymbol{r}$

在上面的算法中，我们可以看到，在几个公式中存在 $(\boldsymbol{LDL}^{\mathrm{T}})^{-1}$ 与任一向量的乘积，也就是大量的计算都花在这上面，如何快速高效地求解 $(\boldsymbol{LDL}^{\mathrm{T}})^{-1}\boldsymbol{r}$ 是预处理共轭梯度法速度的关键。

首先，我们设

$$(\boldsymbol{LDL}^{\mathrm{T}})^{-1}\boldsymbol{r} = z \tag{3-51}$$

那么

$$\boldsymbol{r} = \boldsymbol{LDL}^{\mathrm{T}} z \tag{3-52}$$

我们令

$$r = Ly \tag{3-53}$$

而

$$y = DL^{\mathrm{T}}z \tag{3-54}$$

可以看到,我们把$(LDL^{\mathrm{T}})^{-1}r$转换为求解两个线性方程组,由于L是一个下三角阵,且仅存非零元素,因而上面的顺代和回代仅涉及少量的非零元素的乘积和加法,求解非常快速。

3.4.5 复双共轭梯度算法

双共轭梯度法是 Lanczos 于 1950 年在求不对称矩阵的特征值时提出的,这种方法比 ***CG*** 多应用了一个搜索方向向量和一个误差向量,相同点是方程组的条件数没有变化,1976 年 Fletcher 推导出不正定矩阵系统的 ***CBCG*** 公式,从而使 ***CBCG*** 在理论上进一步得到完善,1980 年 Jacobs 将 ***CBCG*** 应用于解复线性方程组,拓宽了 ***CBCG*** 的应用领域,Faber等在研究 ***CG*** 存在的充分必要条件时,认为 ***CG*** 是 ***CBCG*** 的一种特殊情况,当系数矩阵A为实对称正定矩阵时,***CBCG*** 就成为了 ***CG***,当A是 Hermitian 矩阵时,复 ***CBCG*** 就成为了基本 ***CG*** 的复数形式。

LDL^{T}预处理复双共轭梯度法(***CBCG***)的迭代格式为:

假设原始方程

$$My = d \tag{3-55}$$

对上式做一些预处理,得到:

$$D^{-1}L^{-1}LDL^{\mathrm{T}}(L^{\mathrm{T}})^{-1}L^{\mathrm{T}}y = D^{-1}L^{-1}d \tag{3-56}$$

那么,令

$$Ax = b \tag{3-57}$$

其中,$A = D^{-1}L^{-1}LDL^{\mathrm{T}}(L^{\mathrm{T}})^{-1}$,$x = L^{\mathrm{T}}y$,$b = D^{-1}L^{-1}d$。

通过上面的预处理后,然后采用复双共轭梯度的算法,求解x。

(1)任取x_0,计算$r_0 = b - Ax_0$,取$\hat{r}_0 = r_0^*$,取$\hat{p}_0 = \hat{r}_0$;

(2)对$i = 0,1,2,\cdots$作如下计算:

$$\alpha_i = \frac{\langle \hat{r}_i, r_i \rangle}{\langle \hat{p}_i, Ap_i \rangle} = \frac{\langle \hat{r}_i, p_i \rangle}{\langle \hat{p}_i, Ap_i \rangle} = \frac{\langle \hat{p}_i, r_i \rangle}{\langle \hat{p}_i, Ap_i \rangle} \tag{3-58}$$

$$x_{i+1} = x_i + \alpha_i p_i \tag{3-59}$$

$$r_{i+1} = r_i - \alpha_i Ap_i,\ \hat{r}_{i+1} = r_i - \alpha_i^* A^{\mathrm{H}}\hat{p}_i \tag{3-60}$$

$$\beta_i = \frac{\langle \hat{r}_{i+1}, r_{i+1} \rangle}{\langle \hat{r}_i, r_i \rangle} = -\frac{\langle \hat{r}_{i+1}, Ap_i \rangle}{\langle \hat{p}_i, Ap_i \rangle} = -\frac{\langle A^{\mathrm{H}}\hat{p}_i, \hat{r}_{i+1} \rangle}{\langle \hat{p}_i, Ap_i \rangle} \tag{3-61}$$

$$p_{i+1} = r_{i+1} - \beta_i p_i,\ \hat{p}_{i+1} = \hat{r}_{i+1} + \beta_i^* \hat{p}_i \tag{3-62}$$

当满足下列条件时迭代终止:

$$\frac{\| r_{k+1} \|}{\| b \|} < \varepsilon$$

在双共轭梯度法求解完毕后，必须记得还要通过 $\boldsymbol{x}=\boldsymbol{L}^{\mathrm{T}}\boldsymbol{y}$，再回代求出原方程的解 $\boldsymbol{y}$。

收敛性和存在的问题：由 $\boldsymbol{p}_0$、$\hat{\boldsymbol{p}}_0$ 开始迭代为第一次迭代，并由此产生近似解 $\boldsymbol{x}_1$。我们称第 k 次迭代还在正常进行，这包括了条件 $\langle\hat{\boldsymbol{r}}_i,\boldsymbol{r}_i\rangle\neq 0$ 在内。因为若 $\langle\hat{\boldsymbol{r}}_i,\boldsymbol{r}_i\rangle=0$，则 $\alpha_k=0$，随之有 $\boldsymbol{x}_{i+1}=\boldsymbol{x}_k$，$\boldsymbol{r}_{i+1}=\boldsymbol{r}_k$，计算将不再继续下去。

3.4.6　稳定双共轭梯度法

Bicgstab 算法的主要思想是基于双边 Lanczos 算法，是基于残差正交子空间迭代方法。对于 n 阶线性方程组 $\boldsymbol{A}\boldsymbol{x}=\boldsymbol{b}$，假设初始近似解为 $\boldsymbol{x}_0$，第 k 次近似解为 $\boldsymbol{x}_k$，相应地第 k 次的残差为 $\boldsymbol{r}_A=\boldsymbol{b}-\boldsymbol{A}\boldsymbol{x}_k$。$\boldsymbol{r}_0$ 是与 $\tilde{\boldsymbol{r}}_0$ 不正交的非零向量。K_k、$\tilde{K}_k$ 是分别与 $\boldsymbol{r}_0$、$\tilde{\boldsymbol{r}}_0$ 有关的 $\boldsymbol{k}$ 阶 Krylov 子空间，并且 $\boldsymbol{K}_k=\mathrm{span}\{r_0,Ar_0,\cdots,A^{k-1}r_0\}$，$\tilde{\boldsymbol{K}}_k=\mathrm{span}\{\tilde{r}_0,A^{\mathrm{T}}\tilde{r}_0,\cdots,A^{k-1\mathrm{T}}\tilde{r}_0\}$。单边 Lanczos 算法在残差子空间 $\boldsymbol{K}_k$ 中通过特定的规则迭代，使得残差趋于零，从而得到方程的解，而且这种迭代是有限次的。Bicgstab 算法法则在 Krylov 子空间选取序列 $\boldsymbol{p}_k$，通过选择合适的参数 α_k、β_k 使得按式(3-63)产生序列的 $\boldsymbol{x}_k$ 和 $\boldsymbol{r}_k$ 满足 $\boldsymbol{x}_k\in\boldsymbol{x}_0+\boldsymbol{K}_k$ 且 $\boldsymbol{r}_k\perp\tilde{\boldsymbol{K}}_k$，同时计算的残差 $\boldsymbol{r}_k$ 总是取最小范数。

$$\boldsymbol{r}_{k+1}=\boldsymbol{r}_k-\alpha_k\boldsymbol{A}\boldsymbol{p}_k\quad \boldsymbol{x}_{k+1}=\boldsymbol{r}_k-\alpha_k\boldsymbol{p}_k\quad \boldsymbol{p}_{k+1}=\boldsymbol{r}_{k+1}-\beta_k\boldsymbol{p}_k \tag{3-63}$$

这种基于 Krylov 残差子空间的迭代方法收敛速度快，精度高，而且稳定性好。Bicgstab 算法常常和预处理技术结合求解大型的线性方程组，一般流程如下：

(1) 给定系数矩阵 $\boldsymbol{A}$，向量 $\boldsymbol{b}$，初始值 $\boldsymbol{x}_0$，最大迭代次数 $k_{\max}$，最大容许误差 $\boldsymbol{\varepsilon}_k$ 以及预处理矩阵 $\boldsymbol{M}$，计算 $\boldsymbol{r}_0=\boldsymbol{b}-\boldsymbol{A}\boldsymbol{x}_0$，并令 $k=1$，$\tilde{\boldsymbol{r}}_0=\boldsymbol{r}_0$。

(2) 如果 $k\leqslant k_{\max}$ 且 $\varepsilon>\varepsilon_{\max}$，执行(3)，否则中止，输出 $\boldsymbol{x}_A$。

(3) $\boldsymbol{p}_{k-1}=\tilde{\boldsymbol{r}}^{\mathrm{T}}\boldsymbol{r}_{k-1}$，如果 $\boldsymbol{p}_{k-1}=0$ 或者 $\boldsymbol{\omega}_{k-1}=0$，算法中止，输出失败信息，否则执行(4)。

(4) 如果 $k=1$，则 $\boldsymbol{p}_1=\boldsymbol{r}_0$，否则计算 $\beta_{k-1}=\boldsymbol{p}_{k-1}\alpha_{k-1}/\boldsymbol{p}_{k-2}\boldsymbol{\omega}_{k-1}$，$\boldsymbol{p}_k=\boldsymbol{r}_{k-1}+\beta_{k-1}(\boldsymbol{p}_{k-1}-\omega_{k-1}\boldsymbol{V}_{k-1})$。

(5) 求解方程 $\boldsymbol{M}\tilde{\boldsymbol{p}}_{k-1}=\boldsymbol{p}$，计算 $\boldsymbol{V}_k=\boldsymbol{A}\tilde{\boldsymbol{p}}$，$\alpha_k=\boldsymbol{p}_{k-1}/\tilde{\boldsymbol{r}}^{\mathrm{T}}\boldsymbol{V}_k$，$\boldsymbol{s}_k=\boldsymbol{r}_{k-1}-\alpha_k\boldsymbol{V}_k$。

(6) $\varepsilon=\|\boldsymbol{s}_k\|$，如果 $\varepsilon>\varepsilon_{\max}$，$\boldsymbol{x}_k=\boldsymbol{x}_{k-1}+\boldsymbol{r}_k\tilde{\boldsymbol{p}}$。

(7) 求解 $\boldsymbol{M}\tilde{\boldsymbol{s}}=\boldsymbol{s}$，$\boldsymbol{t}=\boldsymbol{A}\tilde{\boldsymbol{s}}$，$\boldsymbol{r}_k=\boldsymbol{s}-\boldsymbol{\omega}_k\boldsymbol{t}$，$\varepsilon=\|r_k\|$，令 $k=k+1$，执行(2)。

3.5　数值算例

为了说明 Krylov 子空间法求解大型稀疏电磁复系数方程组的高效性，我们给出了两个数值算例，下面分别就 $\boldsymbol{ILDL^{\mathrm{T}}CG}$ 和 $\boldsymbol{ILDL^{\mathrm{T}}CBCG}$ 两种方法的收敛速度以及效率给予证明。

由图 3-10 ~ 图 3-13 可以看出，Krylov 子空间法中的共轭梯度法收敛速度非常快，但是在收敛过程中，余量会上下波动，最终收敛到准确解。从表 3-6 中可以看出，***ILUBICGSTAB***法和其他两种方法相比，计算时间和迭代次数要稍长些，因为 ***ILU*** 分解适合于非对称方程组的求解，算法要复杂，计算量也大些。$\boldsymbol{ILDL^{\mathrm{T}}CBCG}$ 适合于对称方程组

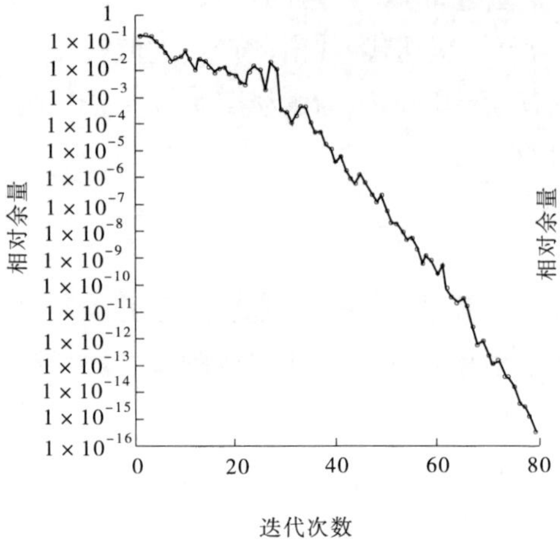

图 3-10　7 490 个自由度的 ***ILDL*^T*CG*** 收敛率

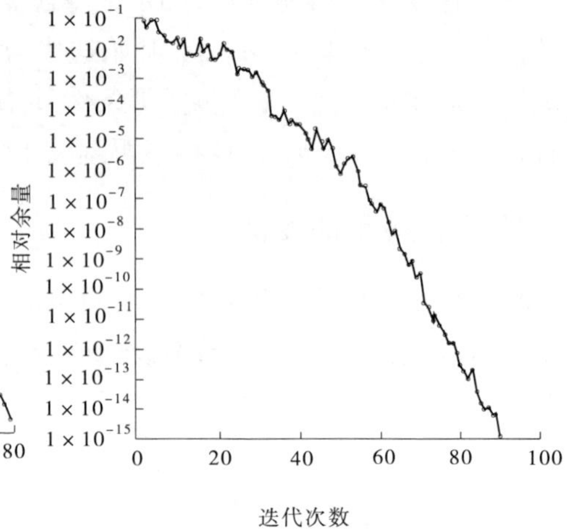

图 3-11　12 827 个自由度的 ***ILDL*^T*CG*** 收敛率

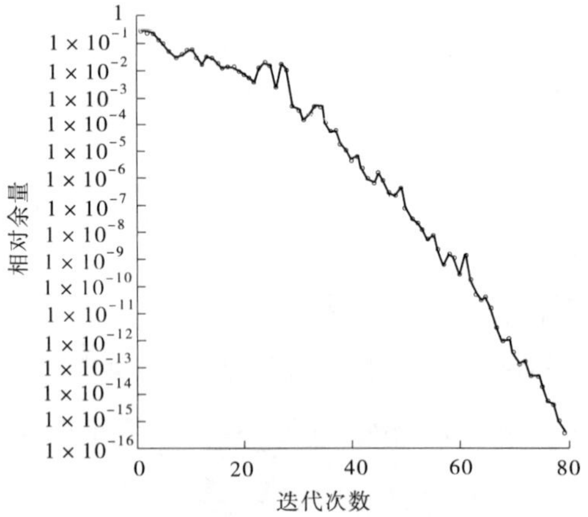

图 3-12　7 490 个自由度的 ***ILDL*^T*CBCG*** 收敛率

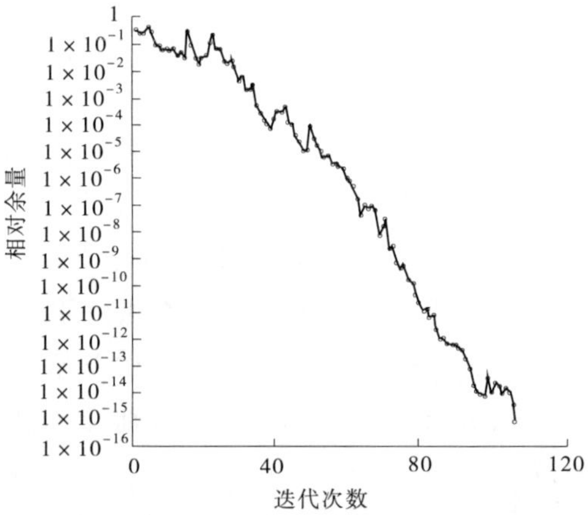

图 3-13　12 827 个自由度的 ***ILDL*^T*CBCG*** 收敛率

的求解,计算量要小很多,存储量和计算量要小很多,而 ***ILDL*^T*CG*** 方法计算量更少,速度更快。因此,本文选择 ***ILDL*^T*CG*** 方法求解大型稀疏复系数电磁方程组。

表 3-6　计算时间比较

方法	自由度数	求解时间（s）	迭代次数	相对余量
ILDL*^T*CG	7 490	0. 546 8	79	2.16×10^{-16}
ILDL*^T*CG	12 827	0. 937 5	90	1.15×10^{-15}
ILDL*^T*CBCG	7 490	0. 625 0	79	3.41×10^{-16}
ILDL*^T*CBCG	12 827	1. 421 8	106	7.28×10^{-16}
ILUBICGSTAB	7 490	4. 210 3	131	5.43×10^{-16}
ILUBICGSTAB	12 827	7. 602 0	155	2.78×10^{-16}

3.6 小 结

大型稀疏复系数矩阵的压缩存储以及方程组的求解一直以来是三维电磁场有限元模拟的一个瓶颈,它是三维电磁数值模拟走向实用化的关键之一,本章就这两个方面做了深入的研究,并取得了较好的效果。

本章首先研究了大型稀疏矩阵的压缩存储,针对三维电磁场多自由度情况,引入分块按行压缩存储模式,并把它转换为常用的按行压缩存储模式,以利于迭代法的求解。其次,引入预处理技术,并且仔细研究了 $\boldsymbol{ILDL}^{\mathrm{T}}$ 分解方法,通过 $\boldsymbol{ILDL}^{\mathrm{T}}$ 预处理,大大降低了系数矩阵的条件数,改善了矩阵的形态,使迭代次数大大降低。最后,笔者把 Krylov 子空间迭代法和预处理技术相结合,用来求解电磁场有限元形成的大型复系数方程组,并通过数值算例,证明了该方法的高效性。

第 4 章 基于南水北调西线工程岩性特征的 CSAMT 有限元数值模拟

严格地讲，地球物理中的一切电磁勘探问题，都应在三维空间内进行分析和讨论，数值模拟也应该在三维空间中进行。由于地层的结构在许多情况下可看成是无限大的水平均匀分层媒质，因此一维情况下的电磁场计算在这种近似情况下取得了很好的效果。对于可控源音频电磁法勘探来讲，当把一维情况下得出的结论应用到二维、三维时，则出现了各种各样的问题，所以本章先对线源情况下的二维问题进行了理论研究和数值计算，作为向三维可控源数值模拟的一个过渡，在此基础上，重点对三维可控源有限元数值模拟进行了研究，并根据南水北调西线工程岩性的地球物理特征，设置了不同的三维模型，并对其进行了有限元数值计算，真正从三维空间模拟场的规律，探索地质体异常。

4.1 二维线源的数值模拟

4.1.1 控制微分方程及边界条件

对于水平电偶极子电磁勘探来讲，场是三维的；当地电模型为二维时，场仍是三维的，这就是二维模型三维场即二维半问题。此时需在平行于构造方向作傅里叶变换，将二维模型三维场变换为二维模型二维场，进而求解。然后通过傅里叶逆变换将求解结果变成二维模型三维场响应。如果将水平电偶极沿地层走向延伸到无限远，电偶极源变成了线源，那么对于二维地电模型来说场也就是二维的了，见图 4-1。此问题的求解区域包括空中与地下两部分，其中设大地为分区均匀、线性、各向同性、时不变的导电媒质，取谐变因子为 $e^{-i\omega t}$，则含源情况下谐变电磁场变为：

$$\nabla \times \boldsymbol{E} = i\omega\mu \boldsymbol{H} \tag{4-1}$$

$$\nabla \times \boldsymbol{H} = (\sigma - i\omega\varepsilon)\boldsymbol{E} + \boldsymbol{J}_s \tag{4-2}$$

$$\nabla \cdot \boldsymbol{D} = \rho_v \tag{4-3}$$

$$\nabla \cdot \boldsymbol{B} = 0 \tag{4-4}$$

媒质的特征方程

$$\boldsymbol{D} = \varepsilon \boldsymbol{E} \tag{4-5}$$

$$\boldsymbol{B} = \mu \boldsymbol{H} \tag{4-6}$$

$$\boldsymbol{J} = \sigma \boldsymbol{E} \tag{4-7}$$

媒质分界面条件

$$\begin{aligned} H_{1t} &= H_{2t} \quad B_{1n} = B_{2n} \\ E_{1t} &= E_{2t} \quad D_{1n} = D_{2n} \end{aligned} \tag{4-8}$$

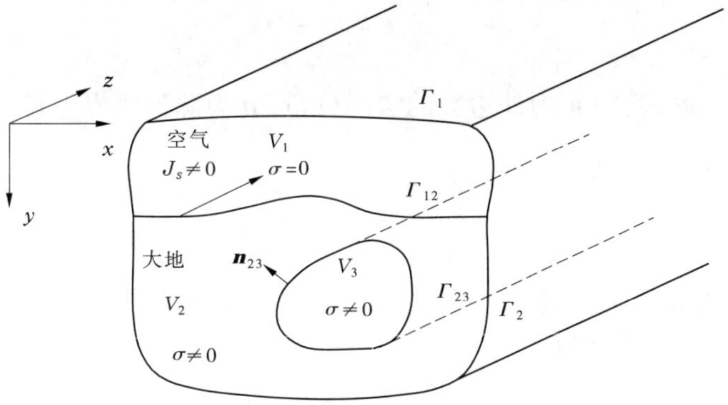

图 4-1　线源二维模型示意

假定电性结构是二维的,取走向为 z 轴,那么$\frac{\partial}{\partial z}=0$,即走向方向的电场和磁场分量是保持不变的。将式(4-2)展开得到:

$$\left.\begin{aligned}&\frac{\partial H_x}{\partial x}-\frac{\partial H_y}{\partial y}=(\sigma-\mathrm{i}\omega\varepsilon)E_z+J_{sx}\\&\frac{\partial E_z}{\partial y}=\mathrm{i}\omega\mu H_x\\&-\frac{\partial E_z}{\partial x}=\mathrm{i}\omega\mu H_y\end{aligned}\right\}\tag{4-9}$$

把式(4-9)第二个和第三个式子代到第一个式子中,整理后得到:

$$\frac{\partial}{\partial x}\left(\frac{1}{i\omega\mu}\frac{\partial E_z}{\partial x}\right)+\frac{\partial}{\partial y}\left(\frac{1}{i\omega\mu}\frac{\partial E_z}{\partial y}\right)+(\sigma-\mathrm{i}\omega\varepsilon)E_z=-J_{sx}\tag{4-10}$$

上式可写为:

$$\nabla\cdot(\tau\nabla u)+\lambda u=0\tag{4-11}$$

其中,$\nabla=\frac{\partial}{\partial x}\mathrm{e}_x+\frac{\partial}{\partial y}\mathrm{e}_y$,$u=E_z$,$\tau=\frac{1}{\mathrm{i}\omega\mu}$,$\lambda=\sigma-\mathrm{i}\omega\varepsilon$。

在进行有限元计算时,我们需要把无穷区域截断为有界区域,这样,就必须考虑截断边界条件,即外边界条件。一般认为,外边界距离异常体足够远,以致异常体的场在边界已衰减为零。在图 4-1 中,V_3 是异常体,Γ_1 和 Γ_2 分别是空气区域的外边界和地下半空间区域的外边界,在空气外边界上,电磁波的传播方程为:

$$u=u_0\mathrm{e}^{-k_0r}\tag{4-12}$$

$$k_0=\sqrt{\omega^2\varepsilon_0\mu_0}$$

式中:k_0 为空气中的波数;ω 为圆频率;ε_0 和 μ_0 分别为空气中的介电常数和磁导率;r 为源到边界上任一点的距离。

对式(4-12)求导有:

$$\frac{\partial u}{\partial r}=-k_0u_0\mathrm{e}^{-k_0r}\tag{4-13}$$

式(4-12)分别乘以 k_0 并与式(4-13)相加,得到:

$$\frac{\partial u}{\partial r}+k_0 u=0 \tag{4-14}$$

由于 $\frac{\partial u}{\partial n}=\cos\theta$，其中 n 为外边界的法向分量，θ 为源到边界上任一点的矢径与外边界法线方向的夹角，代入式(4-14)，有：

$$\frac{\partial u}{\partial n}+k_0\cos\theta u=0 \tag{4-15}$$

在地层中的边界 Γ_2 上，电磁波的传播也同样满足传播方程，也可以推导出类似于式(4-15)的边界条件，可写为：

$$\frac{\partial u}{\partial n}+k\cos\theta u=0 \tag{4-16}$$

$$k=\sqrt{\omega^2\varepsilon\mu-\mathrm{i}\omega\mu\sigma}$$

式中：k 为地层中的波数；ε 和 μ 分别为地层中的介电常数和磁导率。

在介质的分界面上，电场的切向分量连续，即：

$$u_1=u_2 \tag{4-17}$$

磁场的切向分量连续，即：

$$H_t=H_x\cos\alpha+H_z\sin\alpha=\frac{1}{i\omega\mu}\left(\frac{\partial E_y}{\partial z}\cos\alpha-\frac{\partial E_y}{\partial x}\sin\alpha\right)=\frac{1}{\mathrm{i}\omega\mu}\frac{\partial E_x}{\partial n} \tag{4-18}$$

其中，α 为内边界的切向分量与 x 轴的夹角，所以有：

$$\tau_1\frac{\partial u_1}{\partial n}=\tau_2\frac{\partial u_2}{\partial n} \tag{4-19}$$

最后，把二维电磁场的边值问题总结如下：

$$\begin{cases}\nabla\cdot(\tau\nabla u)+\lambda u=g & \in V\\ \frac{\partial u}{\partial n}+k_0\cos\theta u=0 & \in \Gamma_1\\ \frac{\partial u}{\partial n}+k\cos\theta u=0 & \in \Gamma_2\\ u_1=u_2 & \in \Gamma_{12}\text{ 和 }\Gamma_{23}\\ \tau_1\frac{\partial u_1}{\partial n}=\tau_2\frac{\partial u_2}{\partial n} & \in \Gamma_{12}\text{ 和 }\Gamma_{23}\end{cases} \tag{4-20}$$

4.1.2 等价变分问题

有限元以变分原理为基础，研究有限元就不可避免地要涉及变分问题。实际上，变分法并不是单纯的数学问题，其在科学研究中的重要地位表现：很多自然科学分支的一些根本性的规律可以用变分原理来表述。研究区域示意见图 4-2。

构造泛函

$$I(u)=\int_V\left[\frac{1}{2}\tau(\nabla u)^2-\frac{1}{2}\lambda u^2+gu\right]\mathrm{d}V \tag{4-21}$$

经过推导整理后，其变分形式为：

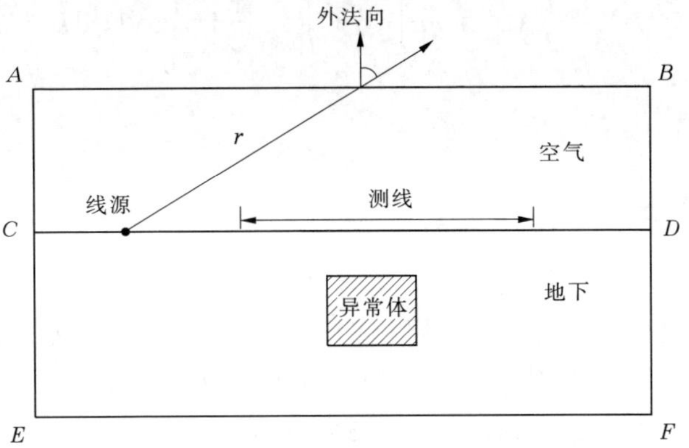

图 4-2　研究区域示意

$$\delta I(u) = \int_V \tau \nabla u \cdot \nabla \delta u \mathrm{d}V - \int_V (\lambda u - g)\delta u \mathrm{d}V \tag{4-22}$$

应用恒等式

$$\nabla \cdot (A\varphi) = \nabla \cdot A\varphi + A \cdot \nabla \varphi \tag{4-23}$$

那么得到：

$$\delta I(u) = \int_V \nabla \cdot (\tau \nabla u \delta u)\mathrm{d}V - \int_V [\nabla \cdot (\tau \nabla u) + \lambda u - g]\delta u \mathrm{d}V \tag{4-24}$$

根据式(4-20)第一式，式(4-24)第二项为零，再根据散度定理，得：

$$\int_V \nabla \cdot (A\varphi)\mathrm{d}V = \oint_\Gamma A_n \varphi \mathrm{d}\Gamma \tag{4-25}$$

那么式(4-24)变为：

$$\delta I(u) = \int_{\Gamma_1 + \Gamma} \tau_1 \frac{\partial u_1}{\partial n_1}\delta u_1 \mathrm{d}\Gamma + \int_{\Gamma_1} \tau_2 \frac{\partial u_2}{\partial n_2}\delta u_1 \mathrm{d}\Gamma \tag{4-26}$$

式中：Γ 为区域外边界；Γ_1 为区域内边界。

由于内边界中法向方向相反，根据式(4-20)第五式，在内边界上边界条件相互抵消，属于自然边界条件，我们不予考虑，这也是有限元方法的一个显著优点。所以，式(4-26)可以写为：

$$\delta I(u) = \int_\Gamma \tau_1 \frac{\partial u_1}{\partial n_1}\delta u_1 \mathrm{d}\Gamma \tag{4-27}$$

将外边界条件代入，那么有：

$$\begin{aligned} \delta I(u) &= \int_{ABDC} -\tau k_0 \cos\theta u \delta u \mathrm{d}\Gamma + \int_{CDFE} -\tau k \cos\theta u \delta u \mathrm{d}\Gamma \\ &= \delta \int_{ABDC} \frac{1}{2}\tau k_0 \cos\theta u^2 \mathrm{d}\Gamma + \delta \int_{CDFE} \frac{1}{2}\tau k \cos\theta u^2 \mathrm{d}\Gamma = 0 \end{aligned} \tag{4-28}$$

变为

$$\delta\left[I(u) + \int_{ABDC} \frac{1}{2}\tau k_0 \cos\theta u^2 \mathrm{d}\Gamma + \delta \int_{CDFE} \frac{1}{2}\tau k \cos\theta u^2 \mathrm{d}\Gamma \right] = 0 \tag{4-29}$$

所以，边值问题与下列变分问题等价：

$$\begin{cases} F(u) = \delta\left\{\left[\frac{1}{2}\tau(\nabla u)^2 - \frac{1}{2}\lambda u^2 + gu\right]\mathrm{d}V + \int_{ABDC}\frac{1}{2}\tau k_0\cos\theta u^2\mathrm{d}\Gamma + \delta\int_{CDFE}\frac{1}{2}\tau k\cos\theta u^2\mathrm{d}\Gamma\right\} \\ \delta F(u) = 0 \end{cases} \tag{4-30}$$

4.1.3　有限元分析

由于二次单元比双线性单元的精度要高,加之二维有限元数值模拟的计算量并不是很大,所以本文采用双二次插值,矩形网格剖分。矩形单元双二次插值是在每个单元上取八个点:四个顶点和四条边的中点，八个节点的编号及其坐标如图 4-3 所示,图 4-3(a)为母单元,图 4-3(b)为子单元，两者的坐标关系为:

$$x = x_0 + \frac{a}{2}\xi,\quad y = y_0 + \frac{b}{2}\eta \tag{4-31}$$

其中,x_0、y_0 为子单元的中点，a、b 为子单元的边长,两个单元的微分关系为:

$$\mathrm{d}x = \frac{a}{2}\mathrm{d}\xi,\quad \mathrm{d}y = \frac{b}{2}\mathrm{d}\eta,\quad \mathrm{d}x\mathrm{d}y = \frac{ab}{4}\mathrm{d}\xi\mathrm{d}\eta \tag{4-32}$$

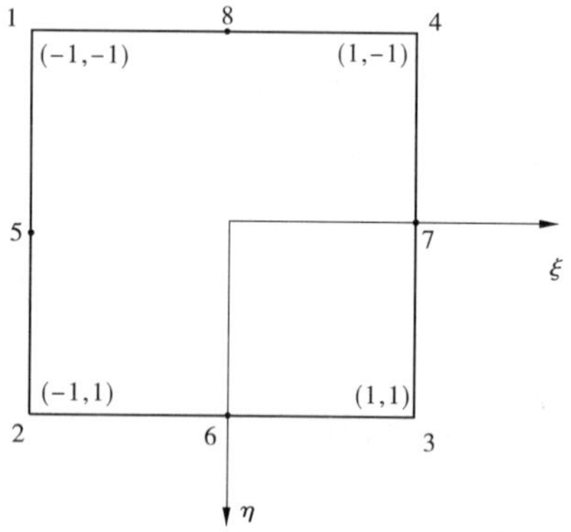

(a)母单元

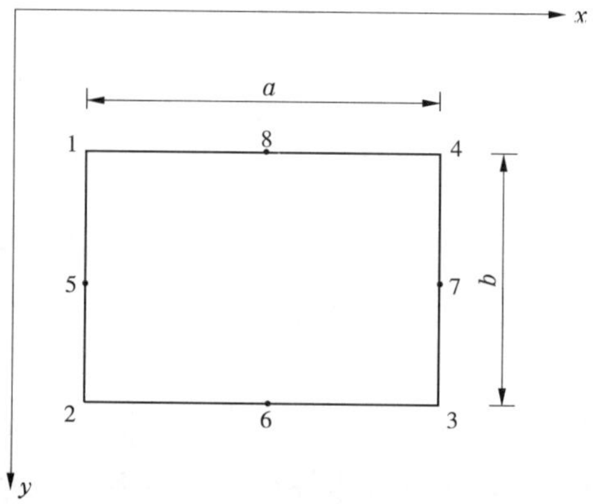

(b)子单元

图 4-3　单元剖分示意

构造双二次插值的形函数为:

$$N_1 = \frac{1}{4}(1-\xi)(1-\eta)(-\xi-\eta-1)$$

$$N_2 = \frac{1}{4}(1-\xi)(1+\eta)(-\xi+\eta-1)$$

$$N_3 = \frac{1}{4}(1+\xi)(1+\eta)(\xi+\eta-1)$$

$$N_4 = \frac{1}{4}(1+\xi)(1-\eta)(\xi-\eta-1)$$

$$N_5 = \frac{1}{2}(1-\eta^2)(1-\xi)$$

$$N_6 = \frac{1}{2}(1-\xi^2)(1+\eta)$$

$$N_7 = \frac{1}{2}(1 - \eta^2)(1 + \xi)$$

$$N_8 = \frac{1}{2}(1 - \xi^2)(1 - \eta) \tag{4-33}$$

式(4-30)的第一个式子第一项积分为：

$$\int_e \frac{1}{2}\tau(\nabla u)^2 \mathrm{d}\Omega = \frac{1}{2}\boldsymbol{u}_e^{\mathrm{T}}(k_{ij})\boldsymbol{u}_e = \frac{1}{2}\boldsymbol{u}_e^{\mathrm{T}}\boldsymbol{K}_{1e}\boldsymbol{u}_e \tag{4-34}$$

其中，$\boldsymbol{K}_{1e} = (k_{ij})$，$k_{ij} = k_{ji}$。

$$k_{ij} = \int_e \tau\left[\left(\frac{\mathrm{d}N_i}{\mathrm{d}\xi}\frac{\mathrm{d}\xi}{\mathrm{d}x}\right)\left(\frac{\mathrm{d}N_j}{\mathrm{d}\xi}\frac{\mathrm{d}\xi}{\mathrm{d}x}\right) + \left(\frac{\mathrm{d}N_i}{\mathrm{d}\eta}\frac{\mathrm{d}\eta}{\mathrm{d}y}\right)\left(\frac{\mathrm{d}N_j}{\mathrm{d}\eta}\frac{\mathrm{d}\eta}{\mathrm{d}y}\right)\right]\frac{ab}{4}\mathrm{d}\xi\mathrm{d}\eta \tag{4-35}$$

于是有：

$$\boldsymbol{K}_{1e} = \frac{\tau}{90}\frac{b}{a}\begin{bmatrix} 52 & 17 & 23 & 28 & 6 & -40 & -6 & -80 \\ 17 & 52 & 28 & 23 & 6 & -80 & -6 & -40 \\ 23 & 28 & 52 & 17 & -6 & -80 & -6 & -40 \\ 28 & 23 & 17 & 52 & -6 & -40 & 6 & -80 \\ 6 & 6 & -6 & -6 & 48 & 0 & -48 & 0 \\ -40 & -80 & -80 & -40 & 0 & 160 & 0 & 80 \\ -6 & -6 & 6 & 6 & -48 & 0 & 48 & 0 \\ -80 & -40 & -40 & -80 & 0 & 80 & 0 & 160 \end{bmatrix} +$$

$$\frac{\tau}{90}\frac{a}{b}\begin{bmatrix} 52 & 28 & 23 & 17 & -80 & -6 & -40 & 6 \\ 28 & 52 & 17 & 23 & -80 & 6 & -40 & -6 \\ 23 & 17 & 52 & 28 & -40 & 6 & -80 & -6 \\ 17 & 23 & 28 & 52 & -40 & -6 & -80 & 6 \\ -80 & -80 & -40 & -40 & 160 & 0 & 80 & 0 \\ -6 & 6 & 6 & -6 & 0 & 48 & 0 & -48 \\ -40 & -40 & -80 & -80 & 80 & 0 & 160 & 0 \\ 6 & -6 & -6 & 6 & 0 & -48 & 0 & 48 \end{bmatrix} \tag{4-36}$$

式(4-30)第二项积分为：

$$\int_e \frac{1}{2}\lambda u^2 \mathrm{d}\Omega = \frac{1}{2}\boldsymbol{u}_e^{\mathrm{T}}(k_{ij})\boldsymbol{u}_e = \frac{1}{2}\boldsymbol{u}_e^{\mathrm{T}}\boldsymbol{K}_{2e}\boldsymbol{u}_e \tag{4-37}$$

其中 $\boldsymbol{K}_{2e} = (k_{ij})$，$k_{ij} = k_{ji}$。

$$k_{ij} = \int_e \lambda N_i N_j \frac{ab}{4}\mathrm{d}\xi\mathrm{d}\eta \tag{4-38}$$

于是有：

$$\boldsymbol{K}_{2e} = \frac{\lambda ab}{180}\begin{bmatrix} 6 & 2 & 3 & 2 & -6 & -8 & -8 & -6 \\ 2 & 6 & 2 & 3 & -6 & -6 & -8 & -8 \\ 3 & 2 & 6 & 2 & -8 & -6 & -6 & -8 \\ 2 & 3 & 2 & 6 & -8 & -8 & -6 & -6 \\ -6 & -6 & -8 & -8 & 32 & 20 & 16 & 20 \\ -8 & -6 & -6 & -8 & 20 & 32 & 20 & 16 \\ -8 & -8 & -6 & -6 & 16 & 20 & 32 & 20 \\ -6 & -8 & -8 & -6 & 20 & 16 & 20 & 32 \end{bmatrix} \tag{4-39}$$

式(4-30)的第三项是一个原项的加载,由于是二维线源问题,加载的方法是直接在某个网格点上赋予电流值即可,另外一种办法就是使用伪 delta 函数,在下一节对二维线源的加载给予具体的说明。对于外边界条件,我们采用无穷远边界条件,即把网格划分的非常大,也就是认为场在外边界已经衰减到非常小,接近于零,对结果的影响不大,可以忽略。

将 K_{1e}、K_{2e} 扩展成全体节点组成的矩阵,由全部单元相加得:

$$\begin{aligned} F(u) &= \sum F_e(u) = \sum \frac{1}{2}\boldsymbol{u}_e^{\mathrm{T}}(\boldsymbol{K}_{1e} - \boldsymbol{K}_{2e})\boldsymbol{u}_e \\ &= \frac{1}{2}\boldsymbol{u}^{\mathrm{T}}\sum(\overline{\boldsymbol{K}}_{1e} - \overline{\boldsymbol{K}}_{2e})\boldsymbol{u} = \sum \frac{1}{2}\boldsymbol{u}^{\mathrm{T}}\overline{\boldsymbol{K}}_e\boldsymbol{u} \\ &= \frac{1}{2}\boldsymbol{u}^{\mathrm{T}}\boldsymbol{K}_e\boldsymbol{u} \end{aligned} \tag{4-40}$$

式中:$\boldsymbol{K} = \sum(\overline{\boldsymbol{K}}_{1e} - \overline{\boldsymbol{K}}_{2e})$ 为总体系数矩阵;$\overline{\boldsymbol{K}}_e$ 为 $\boldsymbol{K}_e$ 的扩展矩阵。

对式(4-30)求变分并令其等于零,得线性方程组:

$$\boldsymbol{K}\boldsymbol{u} = 0 \tag{4-41}$$

将上边界值代入,解线性方程组即得各节点的 $\boldsymbol{u}$,它代表各节点电场 E_x 。

4.1.4 线源的加载

由于单点源会造成方程组的奇异性,为了减少方程组的奇异性,我们采用伪 delta 函数代替单点源。

伪 delta 函数的表达式为:

$$\delta_s(x - x_0) = \frac{1}{2\tau}\begin{cases} 0 & x - x_0 < -2\tau \\ [(x - x_0 + 2\tau)/\tau]^2/2 & -2\tau < x - x_0 \leqslant -\tau \\ -[(x - x_0 + 2\tau)/\tau]^2/2 + 2(x - x_0 + 2\tau)/\tau - 1 & -\tau < x - x_0 \leqslant \tau \\ [(x - x_0 + 2\tau)/\tau]^2/2 - 4(x - x_0 + 2\tau)/\tau + 8 & \tau < x - x_0 \leqslant 2\tau \\ 0 & 2\tau < x - x_0 \end{cases} \tag{4-42}$$

τ 的大小决定幅值的大小和加载节点的多少,下面给出一个数值算例,如图 4-4 所示。在该例子中,有 13 个等距节点,节点间距是 5 m,τ 分别取 5 m、10 m、15 m 后,点源用伪 delta 函数取代后得到的数值分布。

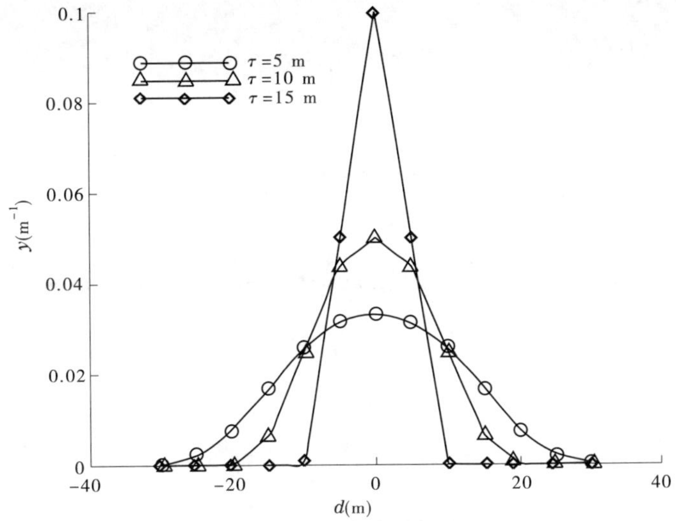

图 4-4　伪 delta 函数曲线分布

4.1.5　视电阻率及相位的计算

当计算出电场值后,还必须计算视电阻率,那么必须利用数值方法求出场值沿垂向的偏导数 $\frac{\partial u}{\partial y}$,它相当于 $\frac{\partial E_x}{\partial y}$,代入下式:

$$H_y = \frac{1}{\mathrm{i}\omega\mu}\frac{\partial E_x}{\partial y} \tag{4-43}$$

然后根据以下公式计算视电阻率:

$$\rho_s = \frac{1}{\mathrm{i}\omega\mu}\frac{E_x}{H_y} \tag{4-44}$$

$$\varphi_s = \arctan\frac{Im[\rho_s]}{Re[\rho_s]} \tag{4-45}$$

其中,电场的偏导数通过下式计算:

$$\left.\frac{\partial E_x}{\partial y}\right|_{z=0} = \frac{1}{6l}(-11E_{x1} + 18E_{x2} - 9E_{x3} + 2E_{x4}) \tag{4-46}$$

式中:E_{x1} 为地表节点;E_{x2}、E_{x3}、E_{x4} 分别为地面下前三层的等距网格节点;l 为两个节点的垂直距离。

4.1.6　均匀半空间模型的数值解

我们计算了一个均匀半空间下的有限元模型,垂直收发距为 5 000 m,均匀大地的背景电阻率是 100 Ω · m,计算结果如图 4-5 所示,并把有限元解和解析解进行了对比,在高频段有限元解和解析解吻合得非常好,随着频率 f 的降低,误差增大,特别是在过渡区以及近区,误差稍大。主要原因是在远区网格比较密,属于近似平面波场,误差较小,而到了低频段，属于近区范围，出现了近区效应，而在近区网格剖分也比较稀疏，因而误差要大些。

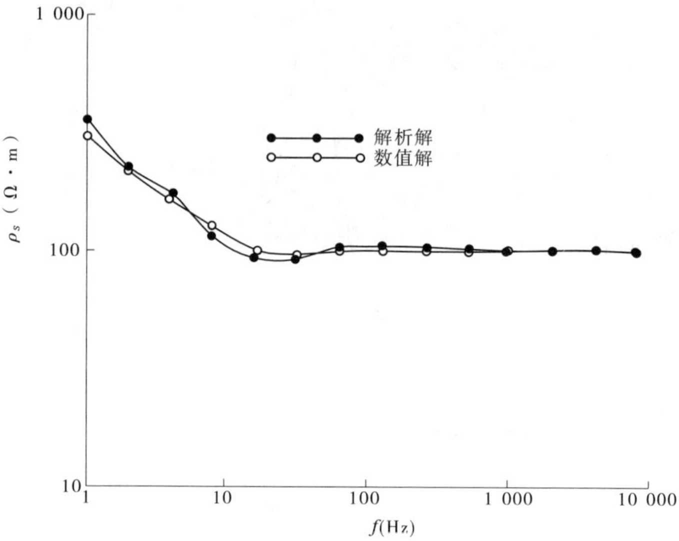

图 4-5　均匀半空间解析解与数值解对比

4.2　基于电场双旋度方程的三维可控源边值问题

4.2.1　控制微分方程

设大地为分区均匀、线性、各向同性、非色散介质的导电媒质，假设角频率为 ω，时间因子为 $e^{-i\omega t}$，那么在准静态近似下，忽略位移电流 $\frac{\partial \boldsymbol{D}}{\partial t}$，含电偶极子源情况下频域麦克斯韦方程组如下：

$$\nabla \times \boldsymbol{E} = i\omega\mu\boldsymbol{H} \tag{4-47}$$

$$\nabla \times \boldsymbol{H} = \sigma\boldsymbol{E} + \boldsymbol{J}_s \tag{4-48}$$

将式(4-47)两边取旋度后，再把式(4-48)代入式(4-47)可导出电场所满足的微分方程为：

$$\nabla \times \nabla \times \boldsymbol{E} - k^2\boldsymbol{E} - i\omega\mu\boldsymbol{J}_s = 0 \tag{4-49}$$

其中，$k^2 = i\omega\mu\sigma$，方程(4-49)即为三维可控源音频电磁法中电场所满足的双旋度方程。该方程虽然和大地电磁的控制微分方程只差一个源项，但就因为这个源的加载使得可控源电磁法的理论和有限元正演比大地电磁复杂许多。

图 4-6 是三维可控源音频电磁法模型示意，地面放置一个电偶极子源，它产生的电磁波按传播路径可分为天波、地面波和地层波。

4.2.2　边界条件

三维可控源音频电磁法数值模拟中外边界条件的加载远比大地电磁要复杂很多，因

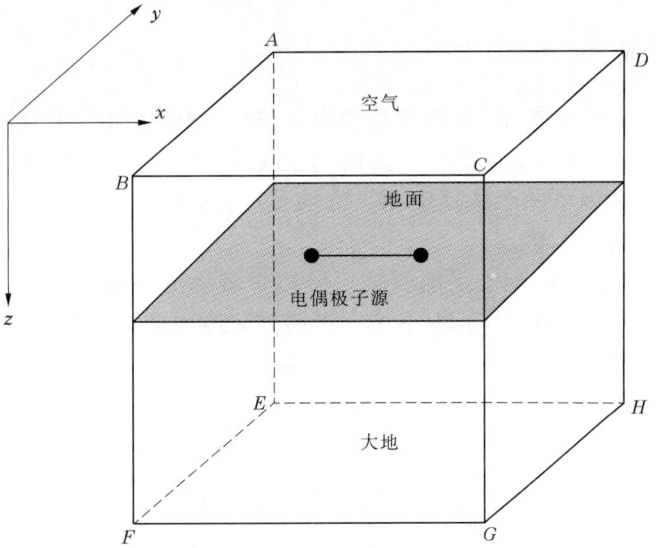

图 4-6　三维可控源音频电磁法模型示意

为电偶极子源的加载使研究区域分为近区和远区，在近区和远区地下介质对电磁波的影响规律是不同的，因此由近区场和远区场计算视电阻率可以得出不同的结论。

在有限元数值模拟中，我们常常把外边界取得足够大，以模拟无穷远边界，使外边界上的电磁场衰减为零，但是由于受计算机内存的限制，又不能把边界取得足够大，这就需要对外边界的电磁场加以限定，以确保解的正则性和唯一性。

一般来讲，我们感兴趣的是异常体，或者说是目标体，为了模拟目标体在地表产生的电磁异常规律，必须取比目标体范围大得多的区域，我们称之为边界区域，以满足有限元计算条件。由于外边界距离异常体非常远，我们可以认为异常体对外边界的影响非常微小，可以忽略。那么在外边界上的电磁场即认为是由电偶极子源在均匀半空间中产生的一次场。在前面我们推导了均匀半空间下电场远区表达式，由初等函数和特殊函数组成，在此把它转换为区域的外边界条件。

空中远区边界条件表达式如下：

$$E_{f1x} \approx \frac{IdL}{2\pi\sigma_2}\frac{1}{R^3}\left[\frac{3}{R^2}(x^2 - z^2) + \mathrm{i}k_2 z - 2\right] \tag{4-50}$$

$$E_{f1y} \approx \frac{IdL}{2\pi\sigma_2}\left(\frac{3xy}{R^5}\right) \tag{4-51}$$

$$E_{f1z} \approx (\mathrm{i} - 1)\frac{IdL}{2\pi}\sqrt{\frac{\omega\mu}{2\sigma_2}}\frac{x}{R^3} \tag{4-52}$$

地下远区边界条件表达式如下：

$$E_{f2x} \approx \frac{IdL}{2\pi\sigma_2}\mathrm{e}^{k_2 z}\frac{1}{r^3}\left(\frac{3x^2}{r^2} - 2\right) \tag{4-53}$$

$$E_{f2y} \approx \frac{IdL}{2\pi\sigma_2}\mathrm{e}^{k_2 z}\left(\frac{3xy}{R^5}\right) \tag{4-54}$$

$$E_{f2z} \approx 0 \tag{4-55}$$

4.2.3 源的加载

在三维有限元数值模拟中，可控源音频电磁法中源的施加不像天然场源的大地电磁测深法，可在空中某平面将电场的一个方向的分量取为常量，其余分量取为零，它的求解区域必须包括空中和地下两个区域中相当大的范围，对源的处理是可控源音频电磁法有限元计算中的一个特殊困难。

Yuji Mitsuhata 在 2000 年借用地震数值模拟中震源的加载方法，使用伪 delta 函数的方法模拟了 2.5 伪可控源电磁场，本书把它扩展到三维电偶极子源的模拟中。

伪 delta 函数的表达式如下：

$$\delta_s(x-x_0) = \frac{1}{2\tau}\begin{cases} 0 & x-x_0 < -2\tau \\ [(x-x_0+2\tau)/\tau]^2/2 & -2\tau < x-x_0 \leqslant -\tau \\ -[(x-x_0+2\tau)/\tau]^2/2 + 2(x-x_0+2\tau)/\tau - 1 & -\tau < x-x_0 \leqslant \tau \\ [(x-x_0+2\tau)/\tau]^2/2 - 4(x-x_0+2\tau)/\tau + 8 & \tau < x-x_0 \leqslant 2\tau \\ 0 & 2\tau < x-x_0 \end{cases} \tag{4-56}$$

三维情况下的电偶极子源可表示为：

$$J_s = I_0 \cdot dl \cdot \delta_s(r-r_0) \tag{4-57}$$

其中

$$\delta_s(r-r_0) = \delta_s(x-x_0) \cdot \delta_s(y-y_0) \cdot \delta_s(z-z_0) \tag{4-58}$$

这样通过一个小的区域代替一个点源，消除了源的奇异性，提高了方程组的稳定性。

在程序的实现中，必须对电偶极子的两个端点分别利用伪 delta 函数，以使单点的源分布在周围有限的小区域内，使原来一个网格点的数值分布在更多的节点上，以消除方程组的奇异性，根据经验，一般 τ 大于两个网格比较合适。

4.2.4 视电阻率和相位的计算

从有限元数值模拟中计算出的是网格节点上的电场值，但这不是地球物理电磁法数值模拟最终需要的结果，我们还必须计算出地表各节点的视电阻率和视相位，这个就需要数值求导，常用的有两种方法。

把电场表示为形函数与网格节点上电场的表达式，对电场求导即对形函数求导，对某个节点的电场求导，首先求出包含该节点的所有相关单元，对每个相关单元计算出该节点的电场导数，然后对所有单元求平均，具体算法如下。

视电阻率的表达式如下：

$$\rho_s = \frac{1}{\omega\mu} \cdot \left|\frac{E_x}{H_y}\right|^2 \tag{4-59}$$

电场 E_x 是有限元计算得到的，磁场的计算如下：

$$H_y = \frac{1}{i\omega\mu}\left(\frac{\partial E_x}{\partial z} - \frac{\partial E_z}{\partial x}\right) \tag{4-60}$$

E_x 和 E_z 的计算如下：

根据双线性插值函数，有

$$\begin{cases} x = x_0 + \dfrac{a}{2}\xi \\ y = y_0 + \dfrac{b}{2}\eta \\ z = z_0 + \dfrac{c}{2}\zeta \end{cases} \tag{4-61}$$

其中：x_0, y_0, z_0 为子单元的中心坐标；a, b, c 为子单元的三个边长；微分关系为：

$$dx = \frac{a}{2}d\xi \quad dy = \frac{b}{2}d\eta \quad dz = \frac{c}{2}d\zeta \tag{4-62}$$

形函数为：

$$N_i = \frac{1}{8}(1+\xi_i\xi)(1+\eta_i\eta)(1+\zeta_i\zeta) \tag{4-63}$$

则有：

$$E_x^e = \sum_{i=1}^{n} N_i E_{xi}^e \tag{4-64}$$

那么电场的导数如下：

$$\begin{aligned} \frac{\partial E_x^e}{\partial z} &= \frac{\partial}{\partial z}\left(\sum_{i=1}^{n} N_i E_{xi}^e\right) = \sum_{i=1}^{n} \frac{\partial N_i}{\partial z} E_{xi}^e \\ &= \sum_{i=1}^{n} \frac{\partial N_i}{\partial \zeta}\frac{\partial \zeta}{\partial z} E_{xi}^e = \sum_{i=1}^{n} \frac{\partial}{\partial \zeta}\left[\frac{1}{8}(1+\xi_i\xi)(1+\eta_i\eta)(1+\zeta_i\zeta)\right]\frac{\partial \xi}{\partial z} E_{xi}^e \\ &= \sum_{i=1}^{n} \frac{1}{8}\zeta_i(1+\xi_i\xi)(1+\eta_i\eta)\frac{2}{c} E_{xi}^e \\ &= \frac{1}{4c}\sum_{i=1}^{n} \zeta_i(1+\xi_i\xi)(1+\eta_i\eta) E_{xi}^e \\ &= \frac{1}{4c}\left[\zeta_1(1+\xi_1\xi)(1+\eta_1\eta)E_{x1}^e + \zeta_2(1+\xi_2\xi)(1+\eta_2\eta)E_{x_z}^e + \cdots + \zeta_n(1+\xi_n\xi)(1+\eta_n\eta)E_{xn}^e\right] \end{aligned} \tag{4-65}$$

如果一个节点有 n 个相关单元，那么该节点的导数为这 n 个相关单元的导数的平均值，即：

$$\frac{\partial E_j}{\partial x} = \frac{\sum_{e=1}^{n} \dfrac{\partial E_{ze}^e}{\partial x}}{n} \tag{4-66}$$

同理可求

$$\begin{aligned} \frac{\partial E_z^e}{\partial x} &= \frac{\partial}{\partial x}\left(\sum_{i=1}^{n} N_i E_{zi}^e\right) = \sum_{i=l}^{n} \frac{\partial N_i}{\partial x} E_{zi}^e \\ &= \sum_{i=1}^{n} \frac{\partial N_i}{\partial \xi}\frac{\partial \xi}{\partial x} E_{zi}^e = \sum_{i=1}^{n} \frac{\partial}{\partial \xi}\left[\frac{1}{8}(1+\xi_i\xi)(1+\eta_i\eta)(1+\zeta_i\zeta)\right]\frac{\partial \xi}{\partial x} E_{zi}^e \end{aligned}$$

$$= \sum_{i=1}^{n} \frac{1}{8}\xi_i(1+\eta_i\eta)(1+\zeta_i\zeta)\frac{2}{a}E_{zi}^e$$

$$= \frac{1}{4a}\sum_{i=1}^{n}\xi_i(1+\eta_i\eta)(1+\zeta_i\zeta)E_{zi}^e$$

$$= \frac{1}{4a}[\xi_1(1+\eta_1\eta)(1+\zeta_1\zeta)E_{z1}^e + \xi_2(1+\eta_2\eta)(1+\zeta_2\zeta)E_{z2}^e + \cdots + \xi_n(1+\eta_n\eta)(1+\zeta_n\zeta)E_{zn}^e] \tag{4-67}$$

$$\frac{\partial E_j}{\partial z} = \frac{\sum_{e=1}^{n}\frac{\partial E_{xe}^e}{\partial z}}{n} \tag{4-68}$$

另外一种求解视电阻率的方法是采用等距插值的方法，具体计算公式如下：

$$\left.\frac{\partial E_x}{\partial z}\right|_{z=0} = \frac{1}{6l}(-11E_{x1} + 18E_{x2} - 9E_{x3} + 2E_{x4}) \tag{4-69}$$

式中：E_{x1} 为地表节点；E_{x2}，E_{x3}，E_{x4} 分别为地面下前三层的等距网格节点；l 是沿垂直方向两个节点的距离。

$$\left.\frac{\partial E_z}{\partial x}\right|_{z=0} = \frac{1}{2l}(E_{z3} - E_{z1}) \tag{4-70}$$

式中：E_{z1} 和 E_{z3} 为水平方向与所求节点等距的两个节点；l 是水平方向相邻两个节点的水平距离。

求出视电阻率后，根据下式求出视相位：

$$\varphi_s = \arctan\frac{Im[\rho_s]}{Re[\rho_s]} \tag{4-71}$$

4.2.5　电场变分公式

对方程式(4-47)及其边界条件构成的边值问题，采用第2章中所推导的有源电磁法广义变分原理所建立的变分公式(2-229)，为方便起见，现重新写为式(4-72)：

$$F[\boldsymbol{E}] = \frac{1}{2}\int_V[(\nabla\times\boldsymbol{E})\cdot(\nabla\times\boldsymbol{E}) - k^2\boldsymbol{E}\cdot\boldsymbol{E}]\mathrm{d}V \tag{4-72}$$

方程式(4-72)是在均匀媒质中导出的，在分区均匀媒质中使用时，需要将公式中的媒质参数换成不同的值。在后面的有限元分析和数值计算中，都是基于电场的双旋度方程的变分公式(4-72)。

4.2.6　散度条件

从理论上讲，应用有限元方法求解双旋度方程时存在伪解问题，即非物理解的出现。伪解问题在涡流场和波导等高频电磁场中讨论的非常多，并且采取了各种消除伪解的方法，常用的方法是在电磁场方程中增加一个权系数，以确保电场的散度为零，即所谓的散度条件。

在有限元法的数值模拟中，离散化时只要求插值函数或展开函数连续，而对其导数未作任何要求，这样获得的有限元解有时是错误的。进一步研究表明这种解不满足散度条件:对于电场来说,不满足 $\nabla\cdot(\varepsilon\boldsymbol{E})=0$ 。通过检查泛函及其对应的欧拉方程,研究发现:由变分方程推导电场的欧拉方程时,必须要求电场 $\boldsymbol{E}$ 两次可微,也就是说我们计算得到的电场解中掺杂了非物理解(即伪解)。

有几种方法可以用于伪解的消除。第一种方法是应用具有连续导数的插值函数,而这种插值函数在有限元法中难以实现。由于这种原因,该方法至今仍未获得广泛的应用。第二种方法就是先求电场再求磁场,更具体地说,如果对求磁场感兴趣,我们可用有限元法先解出电场,然后计算磁场,可以保证磁场是无散的。第三种方法,如果对电场感兴趣,可以先求出磁场,再求解电场,用这种方法,即使磁场中掺杂了伪解,但是计算出的电场将不会包括伪解。不幸的是,因为导数运算,这样计算出的电场或磁场比直接用有限元法求解的结果精度低。伪解问题在三维高频电磁法有限元模拟中讨论的比较多,对于地球物理中的低频电磁场数值模拟来说,由于不考虑位移电流且对精度要求不是特别高,经过笔者测试,伪解问题不是很明显,但是为了使计算更加完备,我们也对式(4-49)加了散度条件,即在原来的方程中增加一罚项,介质和空气中分别加入散度条件,介质中的散度条件为 $\nabla\cdot\sigma\boldsymbol{E}=0$,空气中的散度条件为 $\nabla\cdot\boldsymbol{E}=0$ 。

4.3　三维有限元分析

4.3.1　网格剖分

图 4-7 是三维可控源数值模拟所采用的网格剖分示意,我们把整个研究区域分为两部分:一部分是目标区域,另一部分是网格边界区域。目标区域是我们感兴趣的区域,测线和源都在目标区域,采用均匀网格剖分;网格边界区域是为了提高数值模拟精度,向外延伸的区域,这部分网格采用逐渐向外扩大的方法,以减少边界的影响。

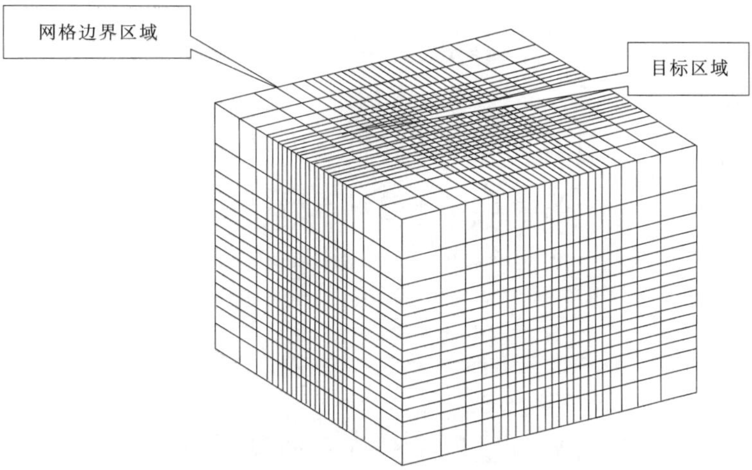

图 4-7　网格剖分示意

采用六面体单元剖分整个区域,每个单元的八个角为节点,八个顶点的编号及坐标如图 4-8(a)所示的母单元,图 4-8(b)为子单元,两者的坐标关系为:

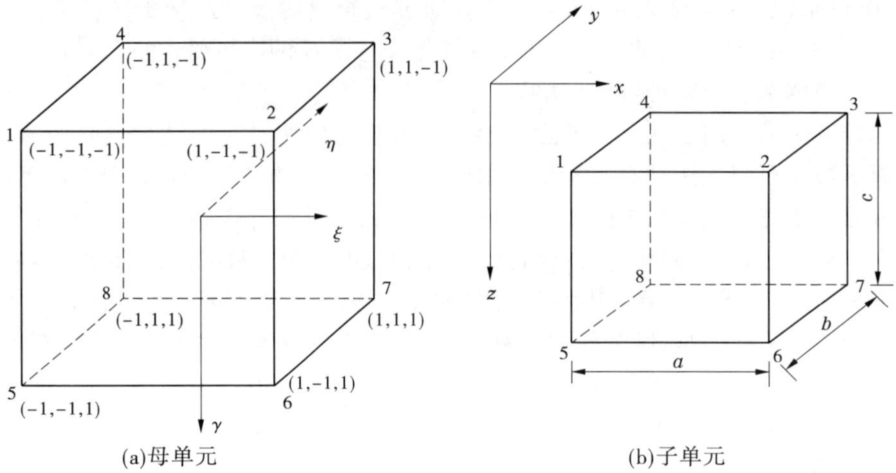

图 4-8　六面体剖分单元

$$\begin{cases} x = x_0 + \dfrac{a}{2}\xi \\ y = y_0 + \dfrac{b}{2}\eta \\ z = z_0 + \dfrac{c}{2}\gamma \end{cases} \tag{4-73}$$

式中：x_0、y_0、z_0 为子单元的中点；a、b 、c 为子单元的三个边长。

两个单元的微分关系为：

$$\mathrm{d}x = \frac{a}{2}\mathrm{d}\xi$$

$$\mathrm{d}y = \frac{b}{2}\mathrm{d}\eta$$

$$\mathrm{d}z = \frac{c}{2}\mathrm{d}\gamma$$

$$\mathrm{d}x\mathrm{d}y\mathrm{d}z = \frac{abc}{8}\mathrm{d}\xi\mathrm{d}\eta\mathrm{d}\gamma \tag{4-74}$$

构造形函数：

$$\begin{cases} N_1^e = \dfrac{1}{8}(1-\xi)(1-\eta)(1-\zeta) \\ N_2^e = \dfrac{1}{8}(1+\xi)(1-\eta)(1-\zeta) \\ N_3^e = \dfrac{1}{8}(1+\xi)(1+\eta)(1-\zeta) \\ N_4^e = \dfrac{1}{8}(1-\xi)(1+\eta)(1-\zeta) \\ N_5^e = \dfrac{1}{8}(1-\xi)(1-\eta)(1+\zeta) \\ N_6^e = \dfrac{1}{8}(1+\xi)(1-\eta)(1+\zeta) \\ N_7^e = \dfrac{1}{8}(1+\xi)(1+\eta)(1+\zeta) \\ N_8^e = \dfrac{1}{8}(1-\xi)(1+\eta)(1+\zeta) \end{cases} \tag{4-75}$$

式(4-75)可统一表示为:

$$N_i^e = \frac{1}{8}(1 + \xi_i\xi)(1 + \eta_i\eta)(1 + \gamma_i\gamma) \tag{4-76}$$

式中:ξ_i、η_i、γ_i 为节点 i 在母单元中的坐标。

4.3.2 单元分析

通过形函数,在单元 e 中的场分量可以用单元各顶点的函数值来表示为:

$$\begin{cases} E_x^e = \sum_{j=1}^{8} N_j^e E_{xj}^e \\ E_y^e = \sum_{j=1}^{8} N_j^e E_{yj}^e \\ E_z^e = \sum_{j=1}^{8} N_j^e E_{zj}^e \end{cases} \tag{4-77}$$

如果将区域剖分为 n 个单元,离散化后式(4-72)变为:

$$\begin{aligned} F[\boldsymbol{E}] &= \sum_{e=1}^{n} F_e[\boldsymbol{E}^e] \\ &= \sum_{e=1}^{n} \int_{V_e} \frac{1}{2}[(\nabla \times \boldsymbol{E}^e) \times (\nabla \times \boldsymbol{E}^e) - k^2 \boldsymbol{E}^e \cdot \boldsymbol{E}^e] \mathrm{d}V \end{aligned} \tag{4-78}$$

将式(4-76)展开后得到:

$$\begin{aligned} F[\boldsymbol{E}] = \sum_{e=1}^{n} \int_e \frac{1}{2} \Big\{ \Big(\frac{\partial E_z^e}{\partial y} - \frac{\partial E_y^e}{\partial z} \Big)^2 + \Big(\frac{\partial E_x^e}{\partial z} - \frac{\partial E_z^e}{\partial x} \Big)^2 + \Big(\frac{\partial E_y^e}{\partial x} - \frac{\partial E_x^e}{\partial y} \Big)^2 - \\ k^2[(E_x^e)^2 + (E_y^e)^2 + (E_z^e)^2] \Big\} \mathrm{d}x\mathrm{d}y\mathrm{d}z \end{aligned} \tag{4-79}$$

对式(4-77)求一阶变分的驻点等价于下列方程组:

$$\frac{\partial F(E_x)}{\partial E_{xi}} = \sum_{e=1}^{n} \frac{\partial F_e}{\partial E_{xi}} = 0 \tag{4-80}$$

$$\frac{\partial F(E_y)}{\partial E_{yi}} = \sum_{e=1}^{n} \frac{\partial F_e}{\partial E_{yi}} = 0 \tag{4-81}$$

$$\frac{\partial F(E_z)}{\partial E_{xz}} = \sum_{e=1}^{n} \frac{\partial F_e}{\partial E_{zi}} = 0 \tag{4-82}$$

式中:$i = 1,2,\cdots,N_d$;N_d 为总节点数。

对任一单元的节点 i 有:

$$\begin{aligned} \frac{\partial F_e}{\partial E_{xi}} &= \int_e \Big\{ \Big(\frac{\partial E_x^e}{\partial z} - \frac{\partial E_z^e}{\partial x} \Big) \Big[\frac{\partial}{\partial E_{xi}} \Big(\frac{\partial E_x^e}{\partial z} \Big) \Big] + \Big(\frac{\partial E_y^e}{\partial x} - \frac{\partial E_x^e}{\partial y} \Big) \Big[\frac{\partial}{\partial E_{xi}} \Big(-\frac{\partial E_x^e}{\partial y} \Big) \Big] - \\ &\quad k^2 E_x^e \frac{\partial}{\partial E_{xi}}(E_x^e) \Big\} \mathrm{d}x\mathrm{d}y\mathrm{d}z \\ &= \int_e \Big\{ \Big(\frac{\partial}{\partial z} \sum_{j=1}^{8} N_j^e E_{xj}^e - \frac{\partial}{\partial x} \sum_{j=1}^{8} N_j^e E_{zj}^e \Big) \Big[\frac{\partial}{\partial E_{xi}} \Big(\frac{\partial}{\partial z} \sum_{j=1}^{8} N_j^e E_{xj}^e \Big) \Big] - \end{aligned}$$

$$\left(\frac{\partial}{\partial x}\sum_{j=1}^{8}N_j^eE_{yj}^e-\frac{\partial}{\partial y}\sum_{j=1}^{8}N_j^eE_{xj}^e\right)\left[\frac{\partial}{\partial E_{xi}}\left(\frac{\partial}{\partial y}\sum_{j=1}^{8}N_j^eE_{xj}^e\right)\right]-$$

$$k^2\sum_{j=1}^{8}N_j^eE_{xj}^e\frac{\partial}{\partial E_{xi}}\left(\sum_{j=1}^{8}N_j^eE_{xj}^e\right)\Big\}\mathrm{d}x\mathrm{d}y\mathrm{d}z$$

$$=\iint_e\Big\{\left(\sum_{j=1}^{8}\frac{\partial N_j^e}{\partial z}E_{xj}^e-\sum_{j=1}^{8}\frac{\partial N_j^e}{\partial x}E_{zj}^e\right)\left[\frac{\partial}{\partial E_{xi}}\left(\sum_{j=1}^{8}\frac{\partial N_j^e}{\partial z}E_{xj}^e\right)\right]-$$

$$\left(\sum_{j=1}^{8}\frac{\partial N_j^e}{\partial x}E_{yj}^e-\sum_{j=1}^{8}\frac{\partial N_j^e}{\partial y}E_{xj}^e\right)\left[\frac{\partial}{\partial E_{xi}}\left(\sum_{j=1}^{8}\frac{\partial N_j^e}{\partial y}E_{xj}^e\right)\right]-$$

$$k^2\sum_{j=1}^{8}N_j^eE_{xj}^e\frac{\partial}{\partial E_{xi}}\left(\sum_{j=1}^{8}N_j^eE_{xj}^e\right)\Big\}\mathrm{d}x\mathrm{d}y\mathrm{d}z$$

$$=\sum_{j=1}^{8}\iint_e\left[\left(\frac{\partial N_j^e}{\partial z}E_{xj}^e-\frac{\partial N_j^e}{\partial x}E_{zj}^e\right)\frac{\partial N_i^e}{\partial z}-\left(\frac{\partial N_j^e}{\partial x}E_{yj}^e-\frac{\partial N_j^e}{\partial y}E_{xj}^e\right)\frac{\partial N_i^e}{\partial y}-k^2N_j^eN_i^eE_{xj}^e\right]\mathrm{d}x\mathrm{d}y\mathrm{d}z$$

$$=\sum_{j=1}^{8}\iint_e\left[\left(\frac{\partial N_i^e}{\partial y}\frac{\partial N_j^e}{\partial y}+\frac{\partial N_i^e}{\partial z}\frac{\partial N_j^e}{\partial z}-k^2N_i^eN_j^e\right)E_{xj}^e-\frac{\partial N_i^e}{\partial y}\frac{\partial N_j^e}{\partial x}E_{yj}^e-\right.$$

$$\left.\frac{\partial N_i^e}{\partial z}\frac{\partial N_j^e}{\partial x}E_{zj}^e\right]\mathrm{d}x\mathrm{d}y\mathrm{d}z=0$$

(4-83)

同理,可以得出:

$$\frac{\partial F_e}{\partial E_{yi}}=\sum_{j=1}^{8}\iint_e\left[-\frac{\partial N_i^e}{\partial x}\frac{\partial N_j^e}{\partial y}E_{xj}^e+\left(\frac{\partial N_i^e}{\partial x}\frac{\partial N_j^e}{\partial x}+\frac{\partial N_i^e}{\partial z}\frac{\partial N_j^e}{\partial z}-k^2N_i^eN_j^e\right)E_{yj}^e-\right.$$

$$\left.\frac{\partial N_i^e}{\partial z}\frac{\partial N_j^e}{\partial y}E_{zj}^e\right]\mathrm{d}x\mathrm{d}y\mathrm{d}z=0 \tag{4-84}$$

$$\frac{\partial F_e}{\partial E_{zi}}=\sum_{j=1}^{8}\iint_e\left[-\frac{\partial N_i^e}{\partial x}\frac{\partial N_j^e}{\partial z}E_{xj}^e-\frac{\partial N_i^e}{\partial y}\frac{\partial N_j^e}{\partial z}E_{yj}^e+\right.$$

$$\left.\left(\frac{\partial N_i^e}{\partial x}\frac{\partial N_j^e}{\partial x}+\frac{\partial N_i^e}{\partial y}\frac{\partial N_j^e}{\partial y}-k^2N_i^eN_j^e\right)E_{zj}^e\right]\mathrm{d}x\mathrm{d}y\mathrm{d}z=0 \tag{4-85}$$

因此,任一单元的刚度矩阵可写为:

$$[\boldsymbol{K}]_e=(\boldsymbol{K}_{ij})_e \tag{4-86}$$

其中,$(\boldsymbol{K}_{ij})_e$ 为三阶方阵。

$$\boldsymbol{K}_{1e}=(\boldsymbol{K}_{ij})_e=\iint_e\begin{bmatrix}\frac{\partial N_i^e}{\partial y}\frac{\partial N_j^e}{\partial y}+\frac{\partial N_i^e}{\partial z}\frac{\partial N_j^e}{\partial z} & -\frac{\partial N_i^e}{\partial y}\frac{\partial N_j^e}{\partial x} & -\frac{\partial N_i^e}{\partial z}\frac{\partial N_j^e}{\partial x}\\ -\frac{\partial N_i^e}{\partial x}\frac{\partial N_j^e}{\partial y} & \frac{\partial N_i^e}{\partial x}\frac{\partial N_j^e}{\partial x}+\frac{\partial N_i^e}{\partial z}\frac{\partial N_j^e}{\partial z} & -\frac{\partial N_i^e}{\partial z}\frac{\partial N_j^e}{\partial y}\\ -\frac{\partial N_i^e}{\partial x}\frac{\partial N_j^e}{\partial z} & -\frac{\partial N_i^e}{\partial y}\frac{\partial N_j^e}{\partial z} & \frac{\partial N_i^e}{\partial x}\frac{\partial N_j^e}{\partial x}+\frac{\partial N_i^e}{\partial y}\frac{\partial N_j^e}{\partial y}\end{bmatrix}\mathrm{d}x\mathrm{d}y\mathrm{d}z-$$

$$k^2\int_e\begin{bmatrix} N_i^eN_j^e & 0 & 0 \\ 0 & N_i^eN_j^e & 0 \\ 0 & 0 & N_i^eN_j^e \end{bmatrix}\mathrm{d}x\mathrm{d}y\mathrm{d}z \tag{4-87}$$

上面的单元矩阵是没有加散度条件时的单元系数矩阵，下面我们推导一下加散度条件下的单元系数矩阵。

由广义变分原理建立泛函：

$$F[\boldsymbol{E}] = \int_V \frac{1}{2}(\nabla\cdot\boldsymbol{E})^2\mathrm{d}V = \sum_{e=1}^{n}\frac{1}{2}\int_e\left(\frac{\partial E_x^e}{\partial x}+\frac{\partial E_y^e}{\partial y}+\frac{\partial E_z^e}{\partial z}\right)^2\mathrm{d}x\mathrm{d}y\mathrm{d}z \tag{4-88}$$

对式(4-88)求一阶变分的驻点：

$$\begin{aligned}\frac{\partial F_e}{\partial E_{xi}^e} &= \left(\frac{\partial E_x^e}{\partial x}+\frac{\partial E_y^e}{\partial y}+\frac{\partial E_z^e}{\partial z}\right)\left[\frac{\partial}{\partial E_{xi}^e}\left(\frac{\partial E_x^e}{\partial x}\right)\right] \\ &= \sum_{j=1}^{8}\int_e\left(\frac{\partial N_j^e}{\partial x}E_{xj}^e+\frac{\partial N_j^e}{\partial y}E_{yj}^e+\frac{\partial N_j^e}{\partial z}E_{zj}^e\right)\frac{\partial N_i^e}{\partial x}\mathrm{d}x\mathrm{d}y\mathrm{d}z \\ &= \sum_{j=1}^{8}\int_e\left(\frac{\partial N_i^e}{\partial x}\frac{\partial N_j^e}{\partial x}E_{xj}^e+\frac{\partial N_i^e}{\partial x}\frac{\partial N_j^e}{\partial y}E_{yj}^e+\frac{\partial N_i^e}{\partial x}\frac{\partial N_j^e}{\partial z}E_{zj}^e\right)\mathrm{d}x\mathrm{d}y\mathrm{d}z = 0\end{aligned} \tag{4-89}$$

同理可得：

$$\frac{\partial F_e}{\partial E_{yi}^e} = \sum_{j=1}^{8}\int_e\left(\frac{\partial N_i^e}{\partial y}\frac{\partial N_j^e}{\partial x}E_x^e+\frac{\partial N_i^e}{\partial y}\frac{\partial N_j^e}{\partial y}E_y^e+\frac{\partial N_i^e}{\partial y}\frac{\partial N_j^e}{\partial z}E_z^e\right)\mathrm{d}x\mathrm{d}y\mathrm{d}z = 0 \tag{4-90}$$

$$\frac{\partial F_e}{\partial E_{zi}^e} = \sum_{j=1}^{8}\int_e\left(\frac{\partial N_i^e}{\partial z}\frac{\partial N_j^e}{\partial x}E_x^e+\frac{\partial N_i^e}{\partial z}\frac{\partial N_j^e}{\partial y}E_y^e+\frac{\partial N_i^e}{\partial z}\frac{\partial N_j^e}{\partial z}E_z^e\right)\mathrm{d}x\mathrm{d}y\mathrm{d}z = 0 \tag{4-91}$$

所以有：

$$\boldsymbol{K}_{2e} = (\boldsymbol{K}_{ij})_e = \int_e\begin{bmatrix} \frac{\partial N_i^e}{\partial x}\frac{\partial N_j^e}{\partial x} & \frac{\partial N_i^e}{\partial x}\frac{\partial N_j^e}{\partial y} & \frac{\partial N_i^e}{\partial x}\frac{\partial N_j^e}{\partial z} \\ \frac{\partial N_i^e}{\partial y}\frac{\partial N_j^e}{\partial x} & \frac{\partial N_i^e}{\partial y}\frac{\partial N_j^e}{\partial y} & \frac{\partial N_i^e}{\partial y}\frac{\partial N_j^e}{\partial z} \\ \frac{\partial N_i^e}{\partial z}\frac{\partial N_j^e}{\partial x} & \frac{\partial N_i^e}{\partial z}\frac{\partial N_j^e}{\partial y} & \frac{\partial N_i^e}{\partial z}\frac{\partial N_j^e}{\partial z} \end{bmatrix}\mathrm{d}x\mathrm{d}y\mathrm{d}z \tag{4-92}$$

把 $\boldsymbol{K}_{1e}$ 和 $\boldsymbol{K}_{2e}$ 相加得到总体刚度矩阵：

$$\boldsymbol{K}_e = (\boldsymbol{K}_{ij})_e = \int_e\begin{bmatrix} \Lambda & 0 & 0 \\ 0 & \Lambda & 0 \\ 0 & 0 & \Lambda \end{bmatrix}\mathrm{d}x\mathrm{d}y\mathrm{d}z - k^2\int_e\begin{bmatrix} N_i^eN_j^e & 0 & 0 \\ 0 & N_i^eN_j^e & 0 \\ 0 & 0 & N_i^eN_j^e \end{bmatrix}\mathrm{d}x\mathrm{d}y\mathrm{d}z \tag{4-93}$$

其中，$\Lambda = \frac{\partial N_i^e}{\partial x}\frac{\partial N_j^e}{\partial x}+\frac{\partial N_i^e}{\partial y}\frac{\partial N_j^e}{\partial y}+\frac{\partial N_i^e}{\partial z}\frac{\partial N_j^e}{\partial z}$。

式(4-93)可以通过解析的方法求出，也可以通过数值的方法求出。

将单元系数矩阵扩展成整体系数矩阵，就有如下方程组：

$$[\boldsymbol{K}][\boldsymbol{E}] = 0 \tag{4-94}$$

代入边界条件,解方程组即可得到每个节点的电场值。

4.3.3　数值积分

在等参单元的积分中,经常会遇到下列类型的积分:

$$\begin{cases} \int_{-1}^{1} F(\xi) \\ \int_{-1}^{1}\int_{-1}^{1} F(\xi) \\ \int_{-1}^{1}\int_{-1}^{1}\int_{-1}^{1} F(\xi) \end{cases} \tag{4-95}$$

这些积分中的被积函数,一般是比较复杂的,尤其是三维高阶插值函数,用解析解计算这类积分是非常复杂的,甚至是不可能的。这类积分的基本思想是:构造一个多项式 $\Psi(\xi)$,使在 $\xi_i(i = 1,2,\cdots,n)$ 上有 $\Psi(\xi_i) = F(\xi_i)$,然后用近似函数 $\Psi(\xi)$ 的积分来近似原来的被积函数的积分,ξ_i 称为积分点或取样点。积分点 ξ_i 的数目和位置决定了 $\Psi(\xi)$ 近似 $F(\xi)$ 的程度,因而也就决定了数值积分的精度。

通常用数值积分计算这类积分,最常用的方法是高斯数值积分。积分点的位置由下列方法确定:首先定义 n 次多项式 $P(\xi)$

$$P(\xi) = (\xi - \xi_1)(\xi - \xi_2)\cdots(\xi - \xi_n) = \prod_{j=1}^{n}(\xi - \xi_j) \tag{4-96}$$

由下列条件确定 n 个积分点的位置:

$$\int_a^b \xi^i P(\xi)\,\mathrm{d}\xi = 0 \quad (i = 0,1,\cdots,n-1) \tag{4-97}$$

由式(4-96)和式(4-97)可见,$P(\xi)$ 有以下性质:

(1)在积分点上 $P(\xi_i) = 0$。

(2)多项式 $P(\xi)$ 与 $\xi^0,\xi^1,\xi^2,\cdots,\xi^{n-1}$ 在 (a,b) 内正交。由此可见,n 个积分点的位置 ξ_i 是在求积域 (a,b) 内与 $\xi^0,\xi^1,\xi^2,\cdots,\xi^{n-1}$ 正交的 n 次多项式 $P(\xi)$ 构成方程 $\int_a^b \xi^i P(\xi)\,\mathrm{d}\xi = 0$ 的解。

被积函数 $F(\xi)$ 可由 $2n-1$ 次多项式 $\Psi(\xi)$ 来近似:

$$\Psi(\xi) = \sum_{i=1}^{n} l_i^{(n-1)}(\xi)F(\xi_i) + \sum_{i=0}^{n-1}\beta_i\xi^i P(\xi) \tag{4-98}$$

用 $\int_a^b \Psi(\xi)\,\mathrm{d}\xi$ 近似 $\int_a^b F(\xi)\,\mathrm{d}\xi$,并考虑到式(4-97),则:

$$\begin{aligned} \int_a^b F(\xi)\,\mathrm{d}\xi &= \sum_{i=1}^{n} l_i^{(n-1)}(\xi)F(\xi_i)\,\mathrm{d}\xi + \sum_{i=0}^{n-1}\beta_i\int_a^b \xi^i P(\xi)\,\mathrm{d}\xi + R \\ &= \sum_{i=1}^{n} H_i F(\xi_i)\,\mathrm{d}\xi + R \end{aligned} \tag{4-99}$$

其中

$$H_i = \int_a^b l_i^{(n-1)}(\xi)\mathrm{d}\xi \tag{4-100}$$

在高斯积分中 $\Psi(\xi)$ 不是 n 次多项式，而是包含 $F(\xi_i)(i = 1,2,\cdots,n)$ 和 $\beta_i(i = 0,1,2,\cdots,n-1)$ 共 $2n$ 个系数的 $2n-1$ 次多项式。积分点 $\xi_i(i = 1,2,\cdots,n)$ 不是等间距分布，而是由式(4-97)所示的 n 个条件决定的。

正因为 $\Psi(\xi)$ 是 $2n-1$ 次多项式，因此 n 个积分点的高斯积分可达 $2n-1$ 阶的精度。这就是说如果 $F(\xi)$ 是 $2n-1$ 次多项式，积分结果将是精确的。为了便于计算积分点的位置 ξ_i 和权系数 H_i，我们把式(4-97)和式(4-100)的积分限规格化，可令 $a = -1, b = 1$。

对于三维数值积分，一般用下式求解：

$$\int_{-1}^{1}\int_{-1}^{1}\int_{-1}^{1} F(\xi,\eta,\zeta)\mathrm{d}\xi\mathrm{d}\eta\mathrm{d}\zeta \approx \sum_{i=1}^{n}\sum_{j=1}^{n}\sum_{k=1}^{n} H_iH_jH_kF(\xi_i,\eta_j,\zeta_k) \tag{4-101}$$

对于三维单元系数矩阵的计算，分别用解析和数值的方法进行计算，并相互检验，结果非常一致，证明了数值积分的正确性。但是用解析的方法计算过程非常麻烦，工作量是数值积分的许多倍，且很容易出错，用数值计算的方法不但计算速度快，而且不容易出错，对于三维高阶插值函数，用数值计算的方法是非常有效的。

4.3.4　程序的正确性检验及精度分析

我们用均匀大地模型检验程序的正确性，只有程序被检验是正确的，并且误差在要求范围内，我们才能够用它进行更加复杂的地电模型的正演计算。

设计的网格为 $N_x = 20, N_y = 27, N_z = 27$，网格节点数是 14 580，自由度数为 43 740。电偶极源坐标为 $pa(-250,0,0)$ 和 $pb(250,0,0)$，偶极子长度为 500 m，频率取 2 048 Hz，均匀背景场的电阻率取为 100 Ω · m，在测区内网格为均匀网格，网格间距是 100 m，然后逐渐向两边扩展。

下面是六面体网格划分的节点坐标：

X = −10 000、−5 000、−1 000、−700、−550、−450、−350、−250、−150、−50、50、150、250、350、450、550、700、1 000、5 000、10 000。

Y = −40 000、−20 000、−10 000、−5 000、−2 000、−1 000、−500、−200、−100、0、100、200、300、500、700、1 000、1 200、1 400、1 600、1 700、1 800、2 000、2 500、5 000、10 000、20 000、40 000。

Z = −40 000、−20 000、−10 000、−5 000、−3 000、−2 000、−1 000、−700、−500、−300、−200、−100、0、100、200、300、400、600、800、1 000、1 300、1 500、2 000、5 000、10 000、20 000、30 000。

卡尼亚视电阻率的最小相对误差为 0.326 80%，最大相对误差为 6.076 40%，平均相对误差为 2.723 0%，相位的最小相对误差为 0.815 87%，最大相对误差为 2.911 87%，平均相对误差为 2.093 7%。从表 4-1 中的数据可以看出，视电阻率的相对误差从测线中间向两边依次增大，且基本呈对称分布，这是由网格的分布从中间向两边逐渐加大且呈对称分布的缘故，最后得到的平均相对误差小于3%，基本满足计算要求。

表 4-1　误差分析

点号	卡尼亚视电阻率（Ω·m）	卡尼亚视电阻率的相对误差（%）	相位（rad）	相位的相对误差（%）
-450	106.076 0	6.076 40	-44.134 9	1.922 49
-350	104.196 0	4.195 70	-45.367 2	0.816 09
-250	102.293 0	2.293 00	-45.948 3	2.107 33
-150	100.327 0	0.326 80	-46.218 7	2.708 13
-50	99.282 3	0.717 66	-46.309 7	2.910 47
50	99.285 7	0.714 34	-46.310 3	2.911 87
150	100.332 0	0.331 80	-46.219 7	2.710 40
250	102.298 0	2.297 90	-45.948 7	2.108 16
350	104.202 0	4.201 70	-45.367 1	0.815 87
450	106.075 0	6.075 10	-44.133 1	1.926 56

图 4-9(a)是用有限元方法计算的均匀半空间模型视电阻率数值解和解析解的比较，可以看出在高频范围内视电阻率数值解和解析解吻合得非常好，在低频波段模拟的视电阻率值稍微比解析解低一些，但我们主要是在远区测量，完全可以满足计算需求。图 4-9(b)是层状模型的解析解和数值解的对比，该模型分为两层，第一层厚 400 m，电阻率是 10 Ω·m，第二层电阻率是 100 Ω·m，收发距 1 700 m，偶极子长度 500 m，在高频段有限元视电阻率响应和解析解几乎重合，在过渡区和低频段时，误差增大，这个与近区场有关，也与网格的划分有关，近区场频率低，网格划分得比较大，误差相应大些。但从整体上可以看出，有限元解和解析解吻合得比较好。

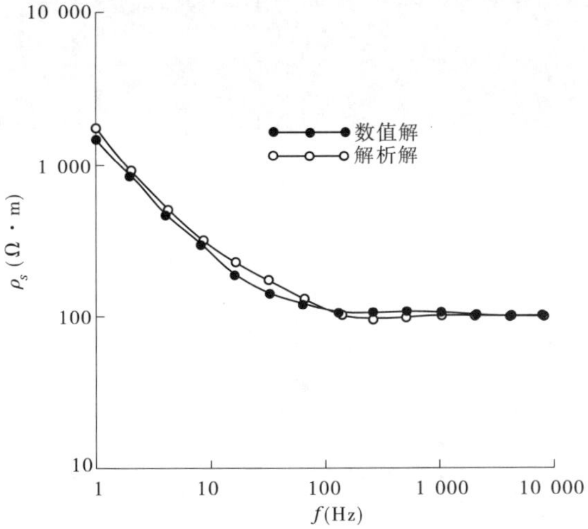

(a)均匀半空间模型曲线

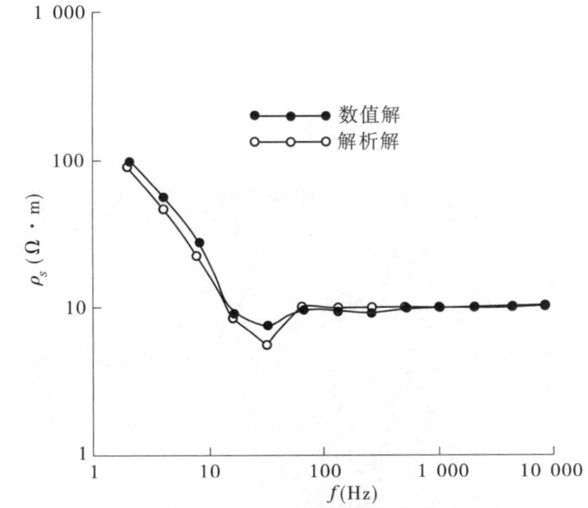

(b)层状模型曲线

图 4-9　卡尼亚视电阻率的解析解与数值解对比

4.4　基于南水北调西线工程岩性特征的三维数值模拟结果

4.4.1　单个低阻体

在测区设计一个低阻体，该低阻体沿 x 方向长 200 m，沿 y 方向长 200 m，沿 z 方向长 200 m，距地面分别为 100 m、300 m、500 m、800 m。低阻异常体的电阻率为 10 Ω · m、50 Ω · m、100 Ω · m，背景电阻率为 2 000 Ω · m，进行数值模拟。模型结构见图 4-10。

测线沿 x 方向，主测线距电偶源 5 100 m，其接收点 x 坐标如下：

－750、－650、－550、－450、－350、－250、－150、－50、50、150、250、350、450、550、650、750。

所采用的频率为 256、512、1 024、2 048、4 096、8 192。

图 4-11 ~ 图 4-14 是埋深 $d = 100$ m，异常电阻率 $\rho_{异常} = 10\ \Omega\cdot m$，背景电阻率 $\rho_1 = 2\ 000\ \Omega\cdot m$的计算结果。

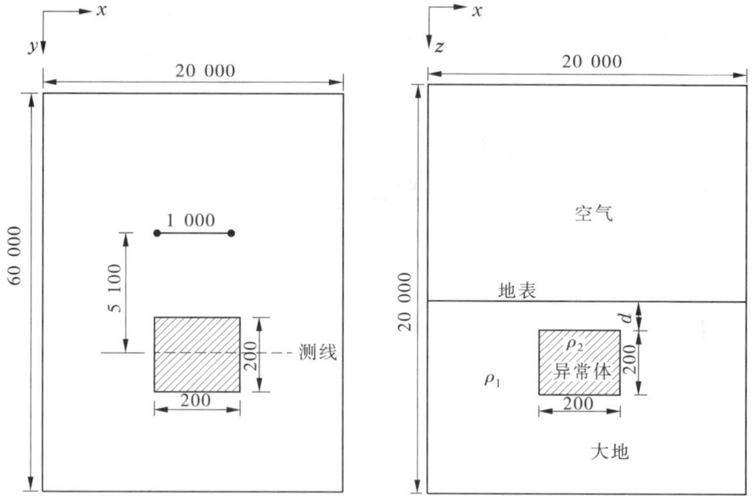

(a)平面图　　(b)剖面图

图 4-10　模型结构　(单位:m)

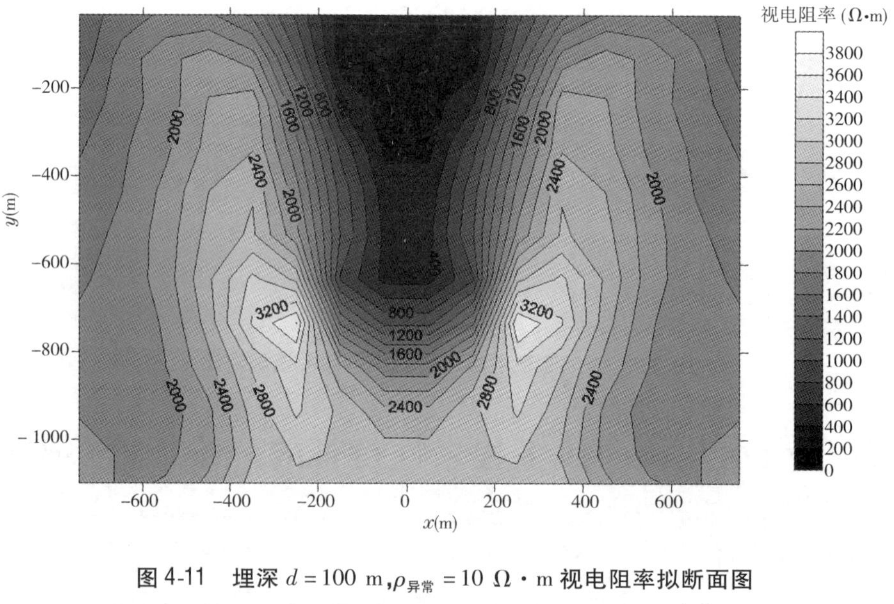

图 4-11　埋深 $d = 100$ m，$\rho_{异常} = 10\ \Omega\cdot m$ 视电阻率拟断面图

图 4-11 为埋深 $d = 100$ m，异常电阻率 $\rho_{异常} = 10\ \Omega\cdot m$，背景电阻率 $\rho_1 = 2\ 000\ \Omega\cdot m$ 时计算的视电阻率拟断面图。x 轴为测点坐标，y 轴为视深度。从拟断面图可以看出，低阻异常的响应反映比较明显，视电阻率响应宽度和异常体宽度基本相同，而视深度也基本符合异常体的埋深，在异常体边界，等值线分布密，说明异常体和围岩之间发生了电阻率突变，由此可以确定低阻异常体边界位置。此外，在低阻体两旁稍低于低阻体位置处各有两个小的高阻异常，该异常属于假异常，由边界效应引起。

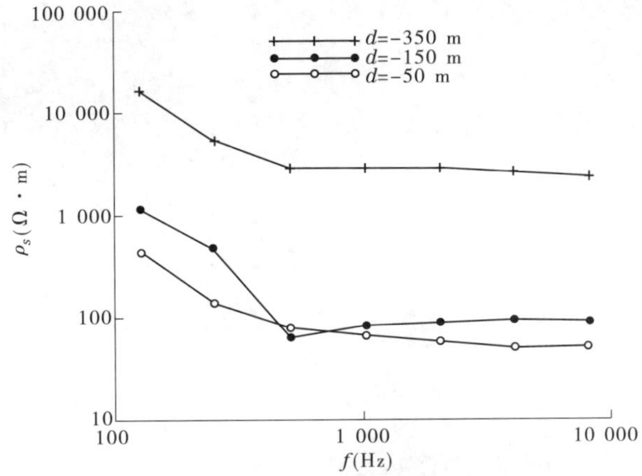

图 4-12　不同测点测深曲线对比

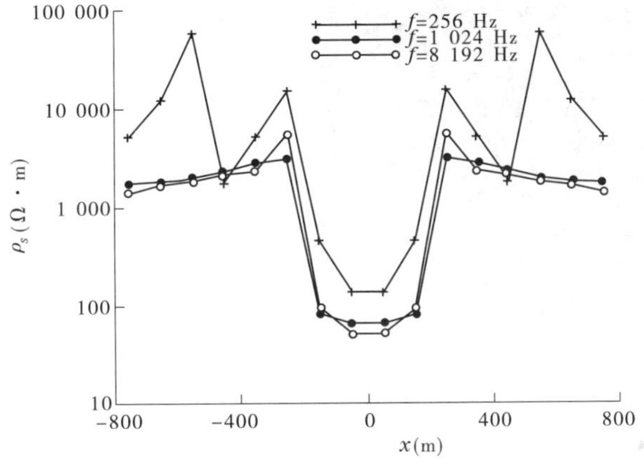

图 4-13　不同频点剖面曲线对比

从图 4-12 中可以看出，点 −150 m 和 −50 m 处的测深曲线明显偏低，这是因为低阻异常体恰巧在该位置附近。在低频段趋向于背景值，在中间频段和高频段，是异常体的反映。在点 −300 m 处，已经远离异常体，没有低阻异常的反映。从图 4-13 可以看出，低频曲线异常幅值小些，高频曲线异常幅值大些，这是因为异常体埋深比较浅，主要反映在高频段，在旁边有两个小的突起，这与拟断面图表现一致，随着测点远离异常体，异常体的影响减弱，视电阻率值逐渐接近于背景电阻率。

为了直观地看到异常体对主测线和旁测线不同的影响以及不同收发距对结果的影响，依次做了六个切片，如图 4-14 所示，每个切片是一个断面，切片一到切片六的收发距分别为 4 500 m、4 800 m、5 000 m、5 100 m、5 200 m、5 500 m，第四个切片是主测线拟断面。可以看出，主测线上方对异常体的反映比旁边两条测线要灵敏，幅值明显高于旁测线。

图 4-15 ~ 图 4-17 是埋深 $d=300$ m，异常电阻率 $\rho_{异常}=10\ \Omega\cdot m$、$50\ \Omega\cdot m$、$100\ \Omega\cdot m$，背景电阻率 $\rho_1=2\ 000\ \Omega\cdot m$ 时的计算结果。从拟断面图可以看出，在埋深 $d=300$ m 时，对不同低阻异常的响应反映都比较明显，但是低阻异常的值越高，视深度与异常体的埋深相比越偏深。异常体边界等值线分布密，说明异常体和围岩之间发生了电阻率突变，由此可以确定低阻异常体边界位置。

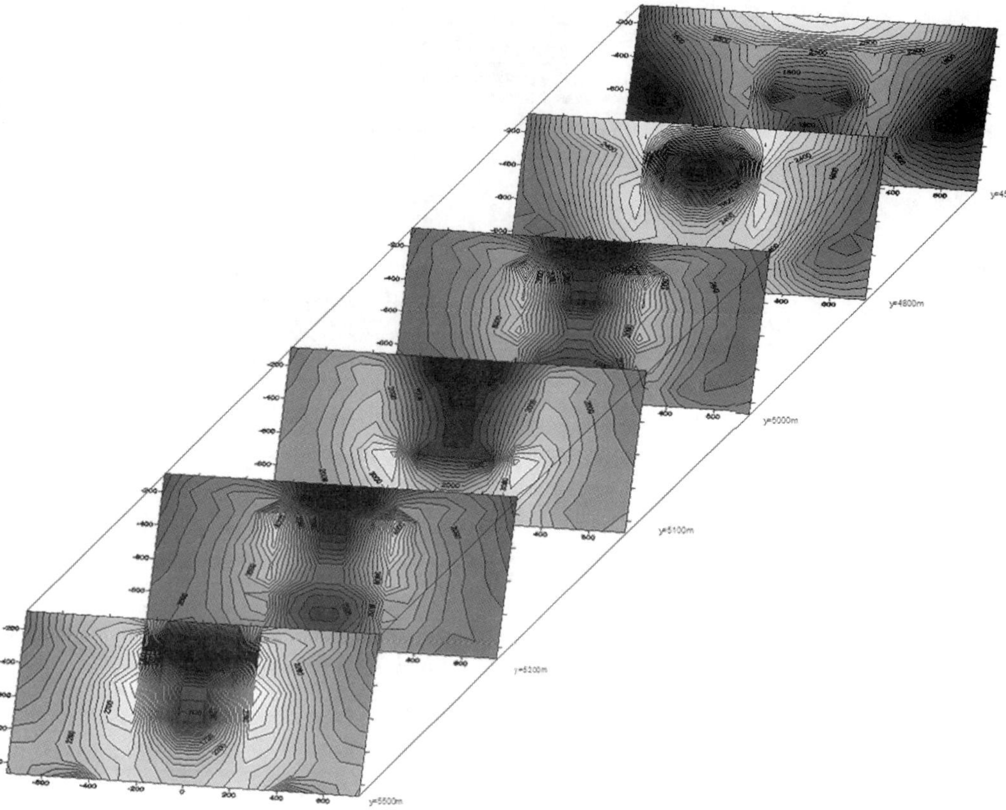

图 4-14　不同断面切片图

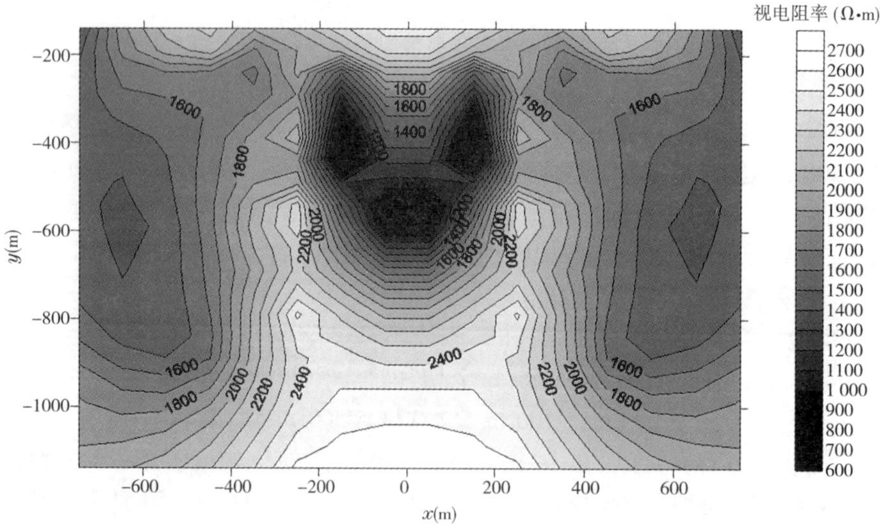

图 4-15　埋深 $d = 300$ m，$\rho_{异常} = 10\ \Omega \cdot m$ 视电阻率拟断面图

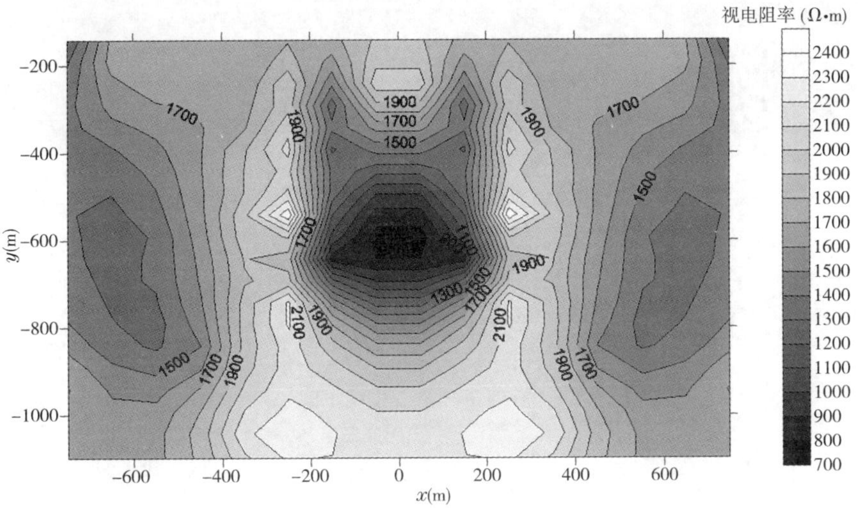

图4-16　埋深 $d=300$ m,$\rho_{异常}=50\ \Omega\cdot m$ 视电阻率拟断面图

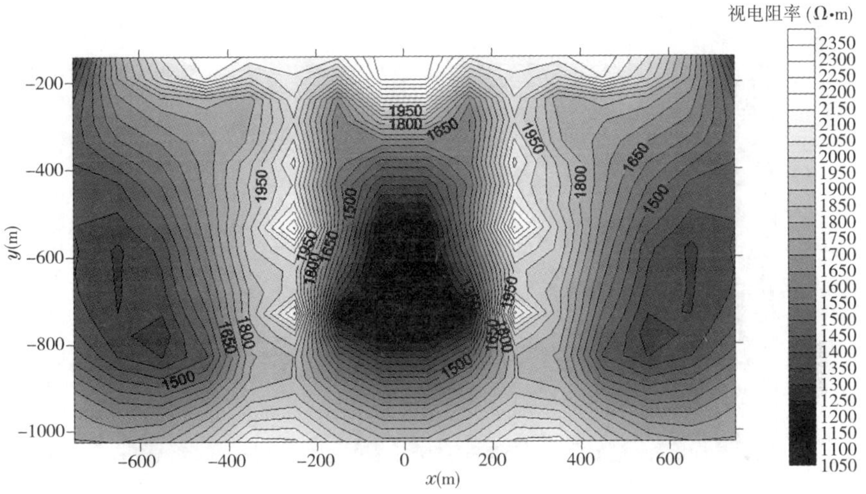

图4-17　埋深 $d=300$ m,$\rho_{异常}=100\ \Omega\cdot m$ 视电阻率拟断面

图4-18～图4-20是埋深 $d=500$ m,异常电阻率 $\rho_{异常}=10\ \Omega\cdot m$、$50\ \Omega\cdot m$、$100\ \Omega\cdot m$,背景电阻率 $\rho_1=2\ 000\ \Omega\cdot m$ 时的计算结果。从拟断面图可以看出,在埋深 $d=500$ m时,对不同低阻异常的响应反映较明显,仍可以确定低阻异常体边界位置,但是在低阻体两旁存在明显的由边界效应引起的对称假异常。

图4-21～图4-23是埋深 $d=800$ m,异常电阻率 $\rho_{异常}=10\ \Omega\cdot m$、$50\ \Omega\cdot m$、$100\ \Omega\cdot m$,背景电阻率 $\rho_1=2\ 000\ \Omega\cdot m$ 时的计算结果。从拟断面图可以看出,在埋深 $d=800$ m时,对不同低阻异常的响应反映不明显,低阻异常值越高,异常体边界越模糊,并在低阻体两旁存在明显的由边界效应引起的对称假异常。

4.4.2　单个高阻体

在测区设计一个高阻体,该高阻体沿 x 方向长200 m,沿 y 方向长200 m,沿 z 方向长

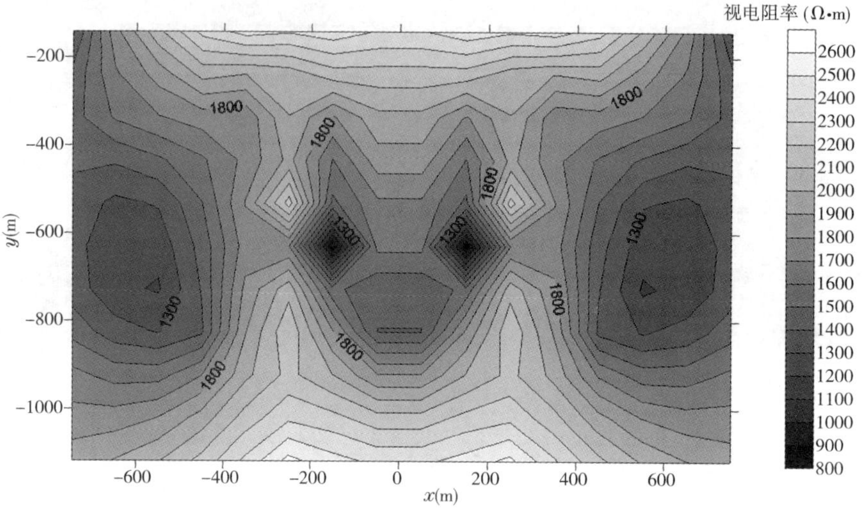

图 4-18　埋深 $d=500$ m,$\rho_{异常}=10\ \Omega\cdot m$ 视电阻率拟断面

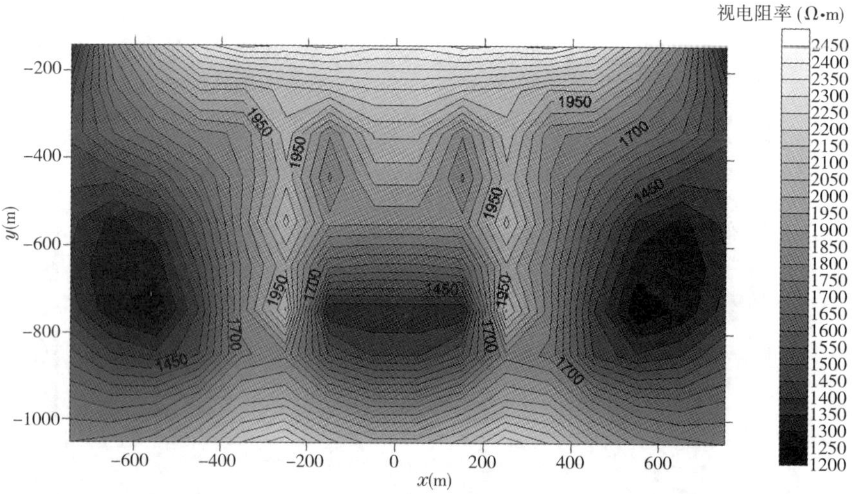

图 4-19　埋深 $d=500$ m,$\rho_{异常}=50\ \Omega\cdot m$ 视电阻率拟断面图

200 m,距地面分别为 100 m、300 m、500 m、800 m。高阻异常体的电阻率为 3 000 Ω · m,背景电阻率为 1 000 Ω · m,进行数值模拟。模型结构图如图 4-10 所示。

测线沿 x 方向,主测线距电偶源 5 100 m,其接收点 x 坐标如下:

-750、-650、-550、-450、-350、-250、-150、-50、50、150、250、350、450、550、650、750。

所采用的频率为 256、512、1 024、2 048、4 096、8 192。

图 4-24 ~ 图 4-27 是埋深 $d=100$ m,异常电阻率 $\rho_{异常}=3\ 000\ \Omega\cdot m$,背景电阻率 $\rho_1=1\ 000\ \Omega\cdot m$时的计算结果。

从图 4-24 的视电阻率拟断面图中可以看到,高阻体的异常范围要小于低阻体异常范围,而且在异常体边界位置视电阻率等值线变化不像低阻体那样剧烈,视电阻率异常反映

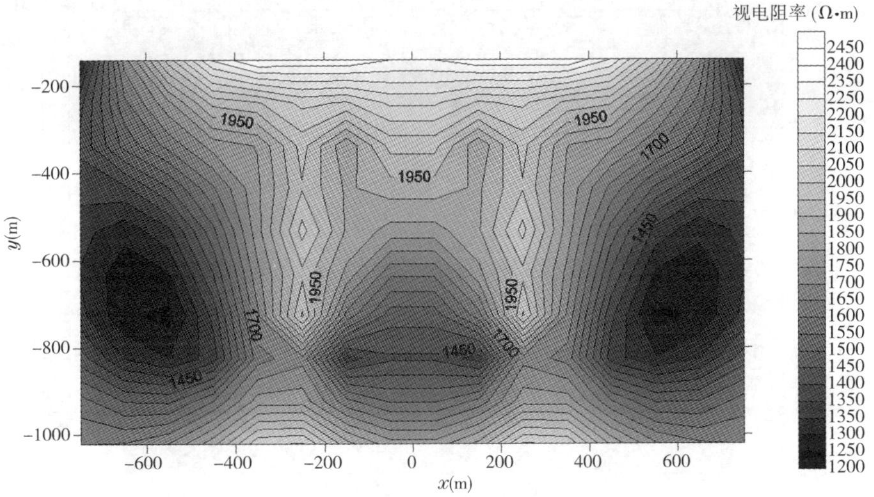

图 4-20　埋深 $d = 500$ m, $\rho_{异常} = 100\ \Omega \cdot m$ 视电阻率拟断面图

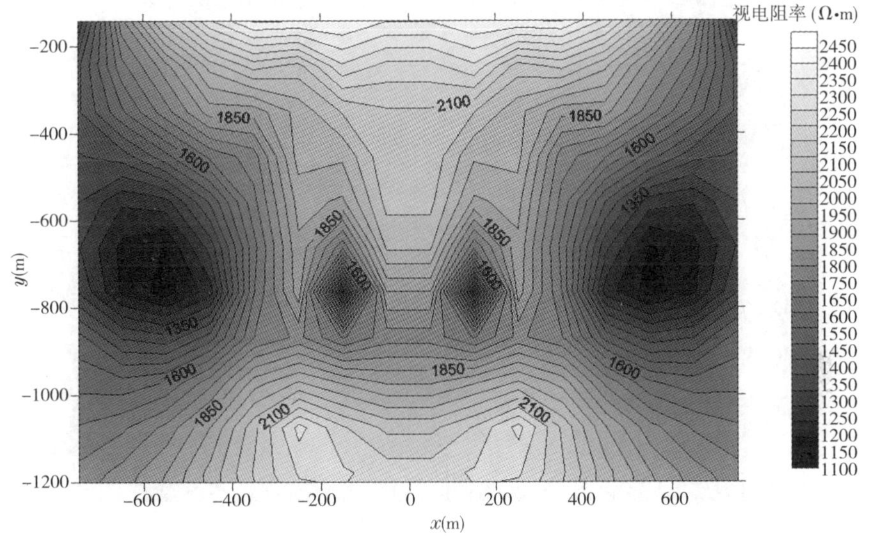

图 4-21　埋深 $d = 800$ m, $\rho_{异常} = 10\ \Omega \cdot m$ 视电阻率拟断面图

也稍偏上,两边出现对称的低阻体假异常。

从图 4-25 可以看出,低频段及高频段异常幅值都远小于低阻体异常幅值;从图 4-26 可以看出,不同测点的测深曲线变化不大,高阻异常体产生的异常不明显。这也说明了可控源电磁法对于低阻反映灵敏,对于高阻反映不太灵敏。

图 4-27 切片和图 4-14 切片位置相同,可以看出,主测线异常幅值要比旁测线异常幅值高,异常位置也高于旁测异常位置。但是收发距越近,越远离异常体,异常反映就越不明显,甚至无法分辨视电阻率异常。

图 4-28 ~ 图 4-30 分别为埋深 $d = 300$ m、500 m、800 m, $\rho_{异常} = 3\ 000\ \Omega \cdot m$ 视电阻率拟断面图。从图中可以看出,对不同埋深的高阻异常体均有反映,但是分辨率较低。

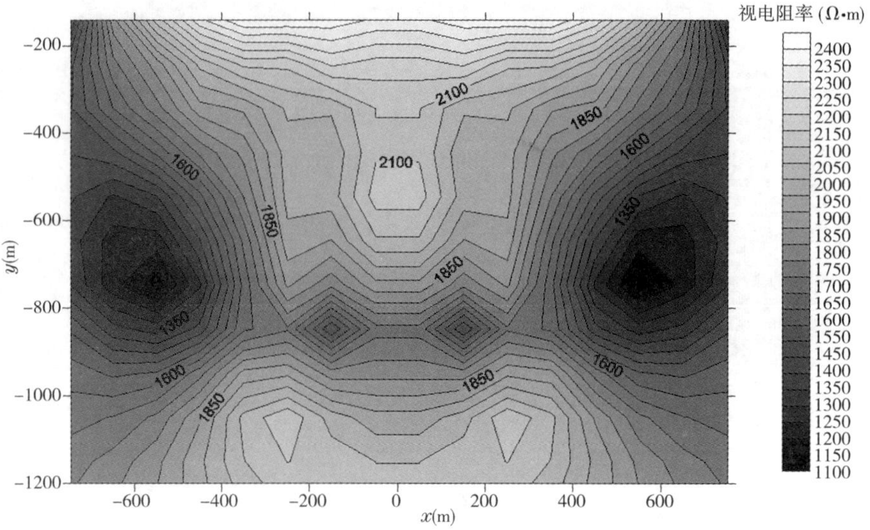

图 4-22　埋深 $d = 800$ m，$\rho_{异常} = 50\ \Omega \cdot m$ 视电阻率拟断面图

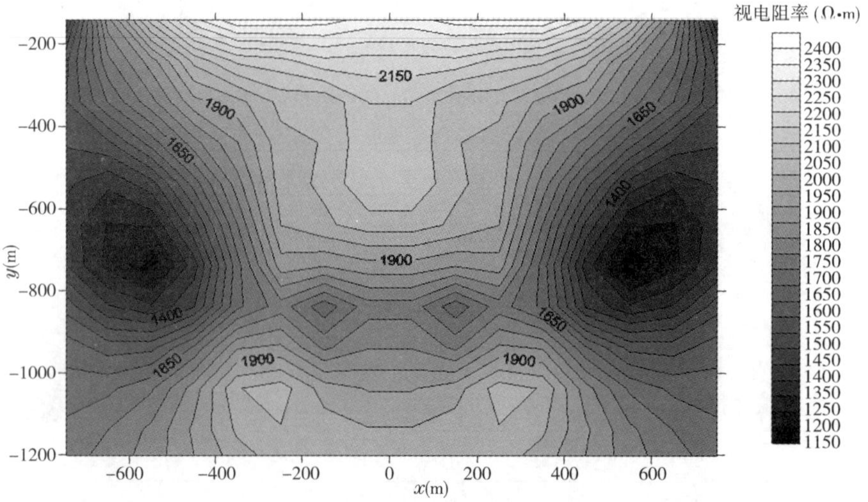

图 4-23　埋深 $d = 800$ m，$\rho_{异常} = 100\ \Omega \cdot m$ 视电阻率拟断面图

4.4.3　横向两个高阻体

在测区设计两个相同大小的高阻体，相距 500 m，高阻体的尺寸为沿 x 方向 200 m，沿 y 方向 200 m，沿 z 方向 200 m，距地面为 100 m。高阻异常体的电阻率为 3 000 Ω · m，背景场电阻率为 500 Ω · m。模型结构如图 4-31 所示。

测线沿 x 方向，主测线距电偶源 5 100 m，其接收点 x 坐标如下：

－750、－650、－550、－450、－350、－250、－150、－50、50、150、250、350、450、550、650、750。

所采用的频率为：64、128、256、512、1 024、2 048、4 096、8 192。

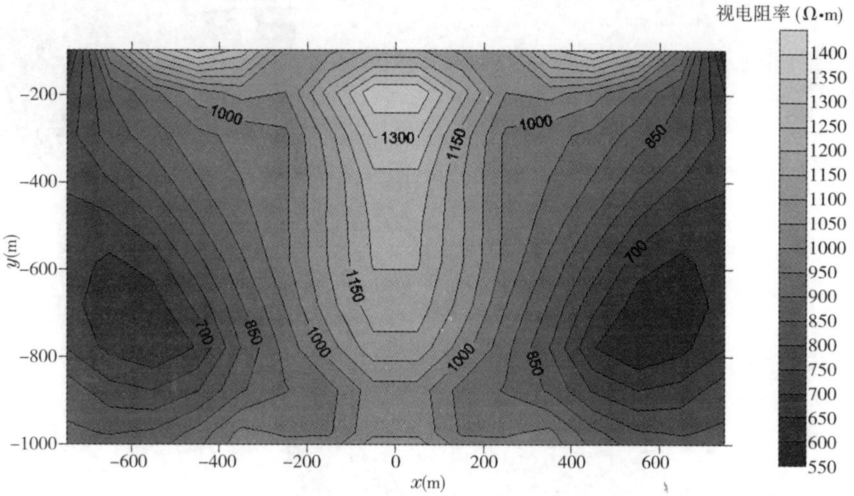

图 4-24　埋深 $d=800$ m，$\rho_{异常}=3\ 000\ \Omega\cdot m$ 视电阻率拟断面图

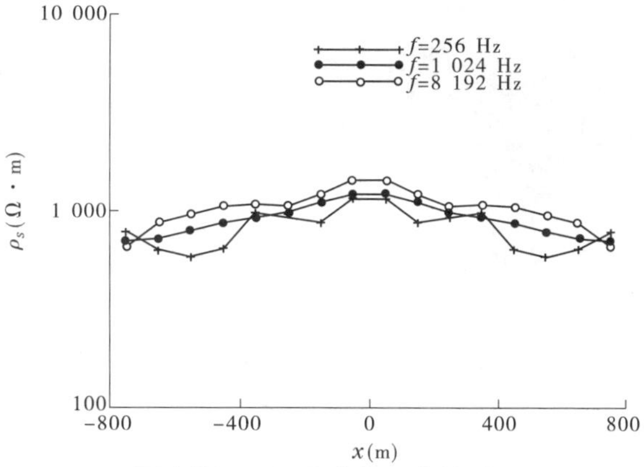

图 4-25　不同频点剖面曲线对比

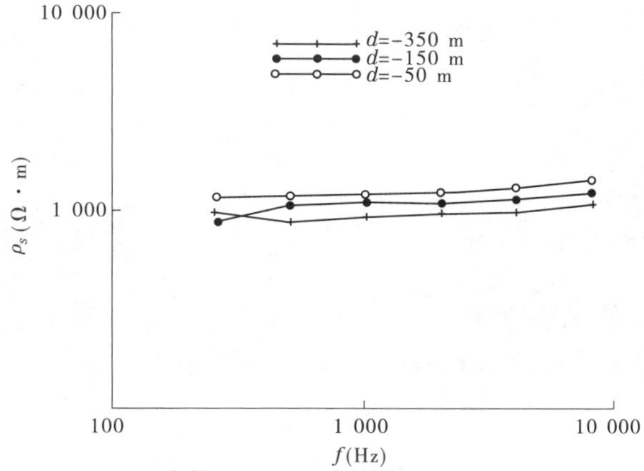

图 4-26　不同测点测深曲线对比

图 4-32、图 4-33 是埋深 $d=100$ m，异常电阻率 $\rho_{异常}=3\ 000\ \Omega\cdot m$，背景电阻率 $\rho_1=500\ \Omega\cdot m$ 时的计算结果。图 4-32 为视电阻率拟断面图，可以看出，两个高阻异常体的视

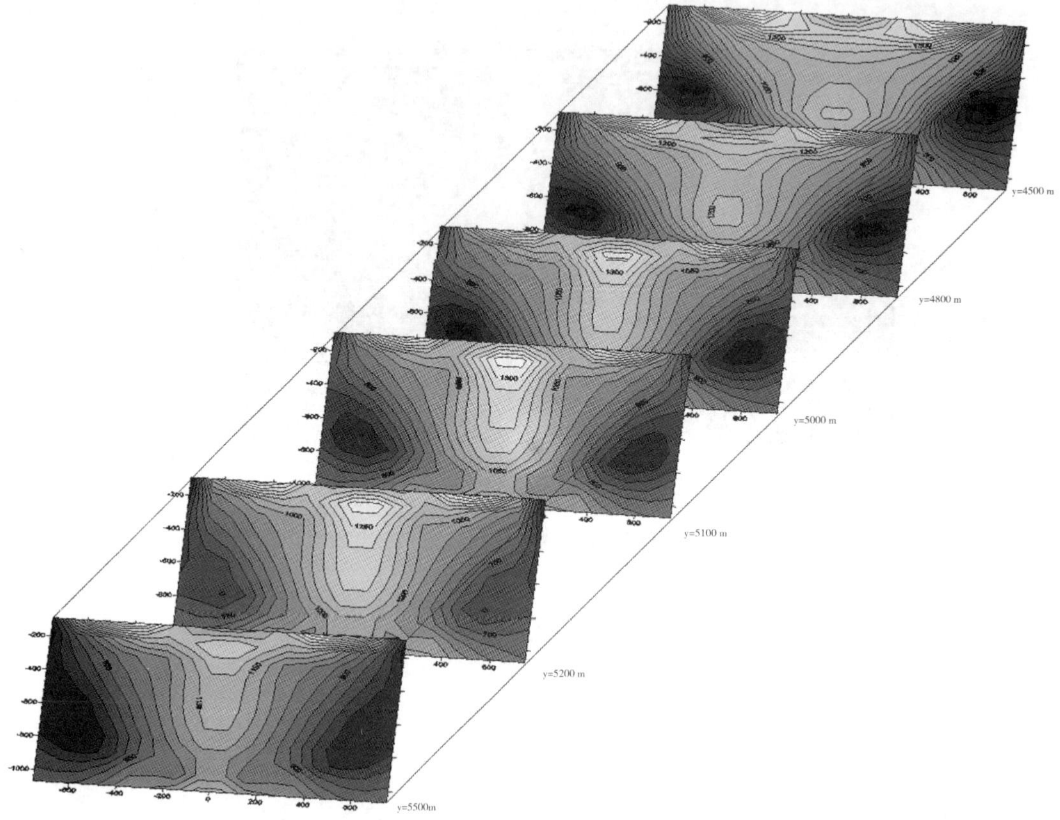

图 4-27　不同断面切片图

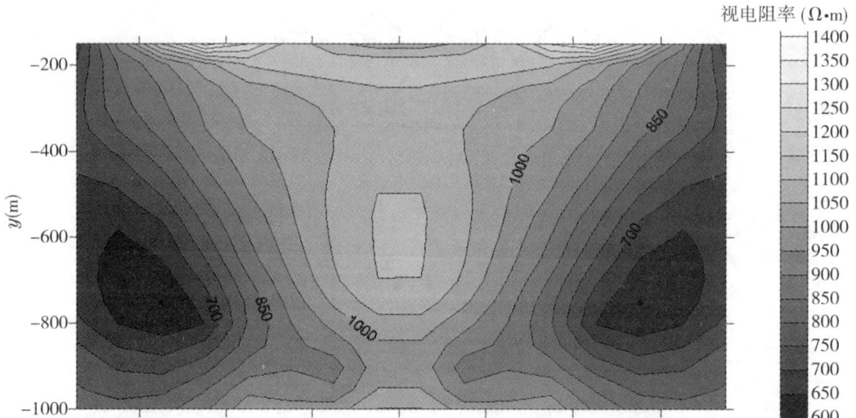

图 4-28　埋深 $d=300$ m，$\rho_{异常}=3\ 000\ \Omega\cdot$ m 视电阻率拟断面图

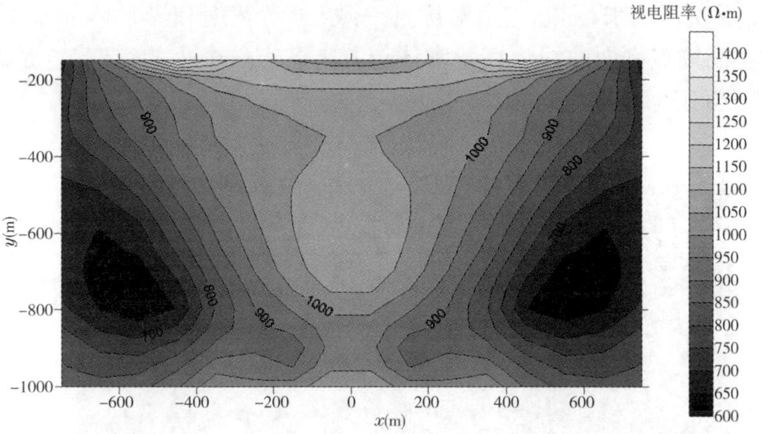

图4-29　埋深 $d=500$ m，$\rho_{异常}=3\ 000\ \Omega\cdot m$ 视电阻率拟断面图

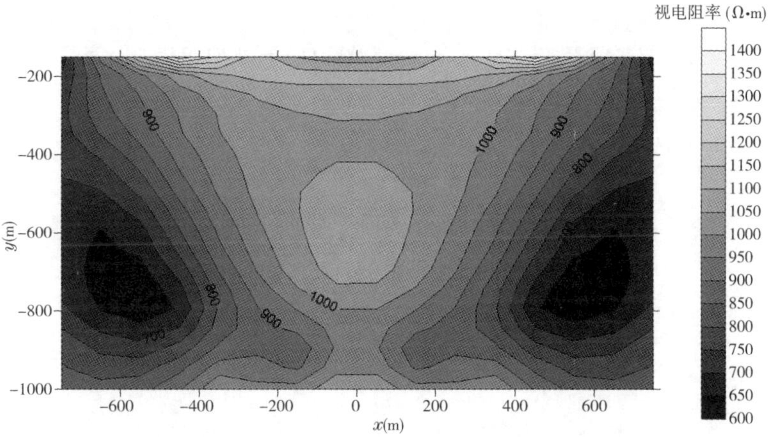

图4-30　埋深 $d=800$ m，$\rho_{异常}=3\ 000\ \Omega\cdot m$ 视电阻率拟断面图

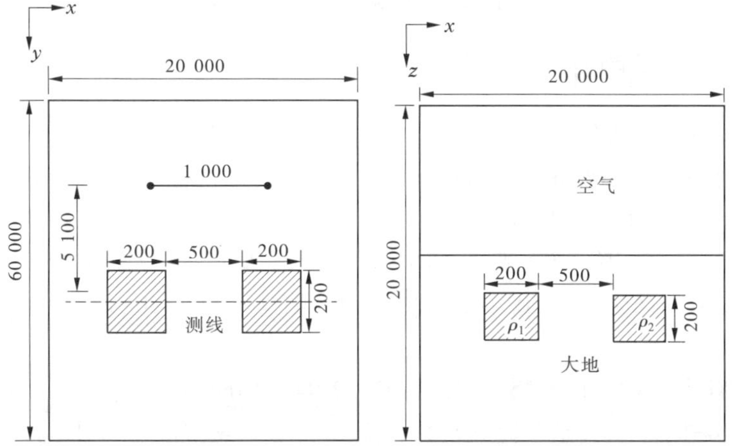

(a)平面图　　(b)剖面图

图4-31　模型结构　(单位:m)

电阻率响应都反映了出来,形态完全对称且一致,异常宽度和异常体的基本相同,位置相符。图 4-33 不同频点剖面曲线上在异常体位置上各有一个小的突起,这是高阻异常体的影响,向两边逐渐趋向于背景电阻率值。

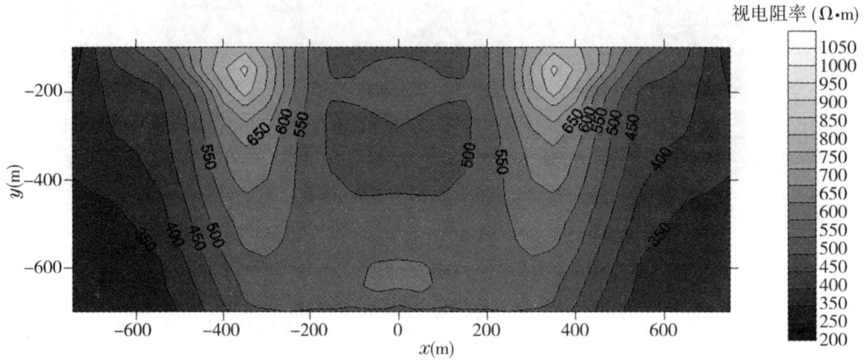

图 4-32　埋深 $d=100$ m,$\rho_{异常}=3\ 000\ \Omega\cdot$m 视电阻率拟断面图

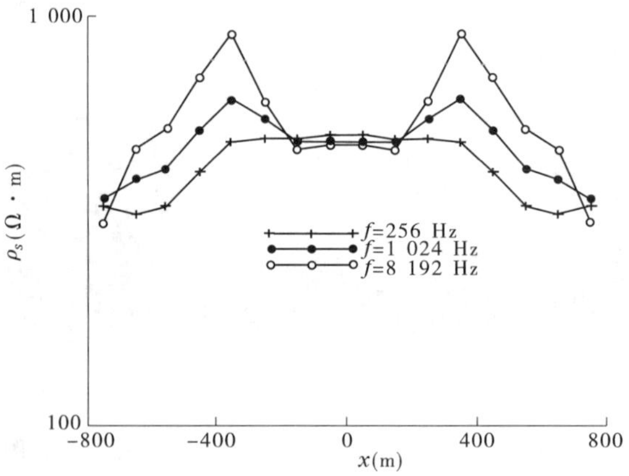

图 4-33　不同频点剖面曲线对比

4.4.4　横向两个低阻体

在测区设计两个相同大小的低阻体,相距 500 m,低阻体的尺寸为沿 x 方向 200 m,沿 y 方向 200 m,沿 z 方向 200 m,距地面为 100 m。低阻异常体的电阻率分别为 30 Ω · m,200 Ω · m,背景场电阻率为 2 000 Ω · m。

测线沿 x 方向,主测线距电偶源 5 100 m,其接收点 x 坐标如下:

-750、-650、-550、-450、-350、-250、-150、-50、50、150、250、350、450、550、650、750。

所采用的频率为 64、128、256、512、1 024、2 048、4 096、8 192。

模型如图 4-31 所示,只是左边异常体 $\rho_{异常1}=30\ \Omega\cdot$m,右边异常体 $\rho_{异常2}=200\ \Omega\cdot$m,背景电阻率为 2 000 Ω · m。图 4-34、图 4-35 是埋深 $d=100$ m 时该模型的计算结果。从图 4-34 可以看出,两个低阻异常呈不对称分布,异常体的电阻率越低,异常宽度和异常深度影响越大,但异常的中心基本反映了异常体的深度,由此可见,可控源电磁法的横向分辨率要远大于纵向分辨率。图 4-35 是不同频点剖面曲线对比，异常体的电阻率越低，低阻异常的幅度越大。

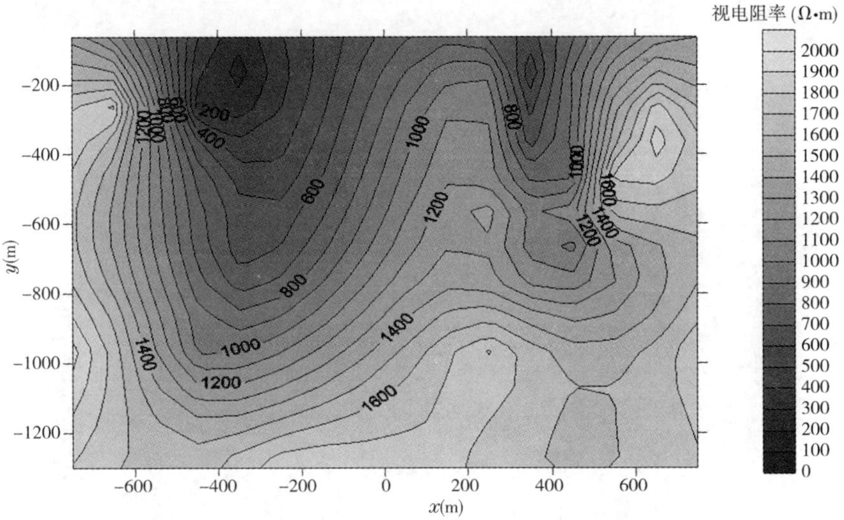

图 4-34　埋深 $d=100$ m，$\rho_{异常1}=30$ Ω · m，$\rho_{异常2}=200$ Ω · m 视电阻率拟断面图

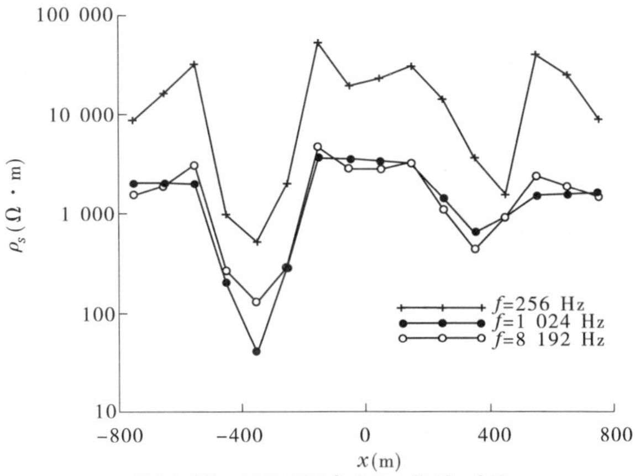

图 4-35　不同频点剖面曲线对比

4.4.5　横向一个高阻体和一个低阻体

在测区设计两个相同大小的低阻体和高阻体，相距 500 m，尺寸均为沿 x 方向 200 m，沿 y 方向 200 m，沿 z 方向 200 m，距地面为 100 m。低阻异常体的电阻率为30 Ω · m，高阻异常体的电阻率为 2 000 Ω · m，背景场电阻率为 1 000 Ω · m。

测线沿 x 方向，主测线距电偶源 5 100 m，其接收点 x 坐标如下：−750、−650、−550、−450、−350、−250、−150、−50、50、150、250、350、450、550、650、750。

所采用的频率为 64、128、256、512、1 024、2 048、4 096、8 192。

模型如图 4-31 所示，只是左边异常体 $\rho_{异常1}=30$ Ω · m，右边异常体 $\rho_{异常2}=2\ 000$ Ω · m，背景电阻率为 1 000 Ω · m。图 4-36、图 4-37 是埋深 $d=100$ m 时该模型的计算结

果。从图 4-36 可以看出,低阻异常体反映非常灵敏,低阻异常宽度和深度影响大,对高阻异常体基本没有反映。图 4-37 是不同频点剖面曲线对比,低阻异常的幅度大,高阻异常没有反映。

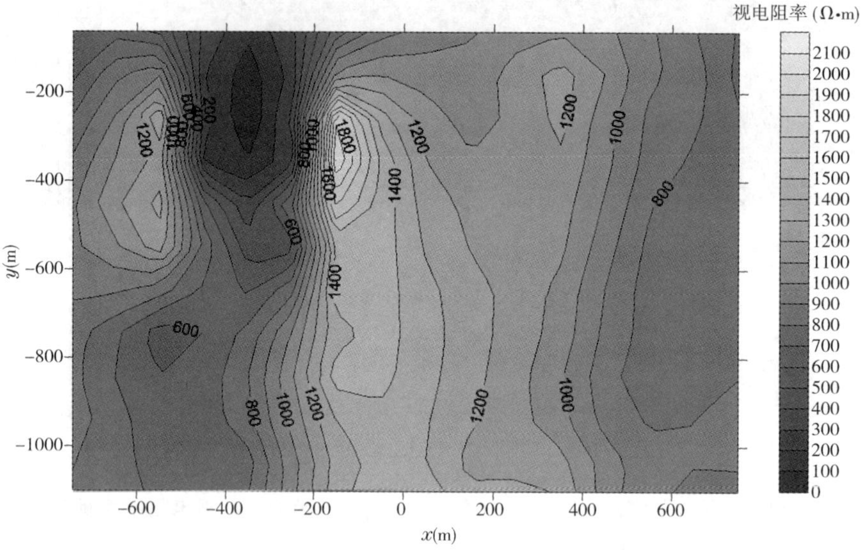

图 4-36　埋深 $d=100$ m,$\rho_{异常1}=30\ \Omega\cdot m$,$\rho_{异常2}=2\ 000\ \Omega\cdot m$ 视电阻率拟断面图

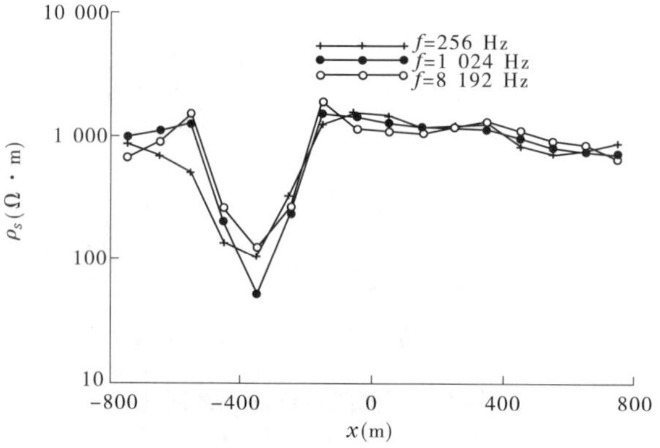

图 4-37　不同频点剖面曲线对比

4.4.6　单个倾斜高阻体

在测区设计一个高阻体,该高阻体沿 x 方向长 200 m,沿 y 方向长 200 m,沿 z 方向长 600 m,距地面为 100 m,倾斜 45°。高阻异常体的电阻率为 2 000 Ω · m,背景电阻率为 300 Ω · m,进行数值模拟。模型结构见图 4-38。

测线沿 x 方向,主测线距电偶源 5 100 m,其接收点 x 坐标如下:

-750、-650、-550、-450、-350、-250、-150、-50、50、150、250、350、450、550、650、750。

所采用的频率为:64、96、128、256、512、1 024、2 048、4 096、8 192。

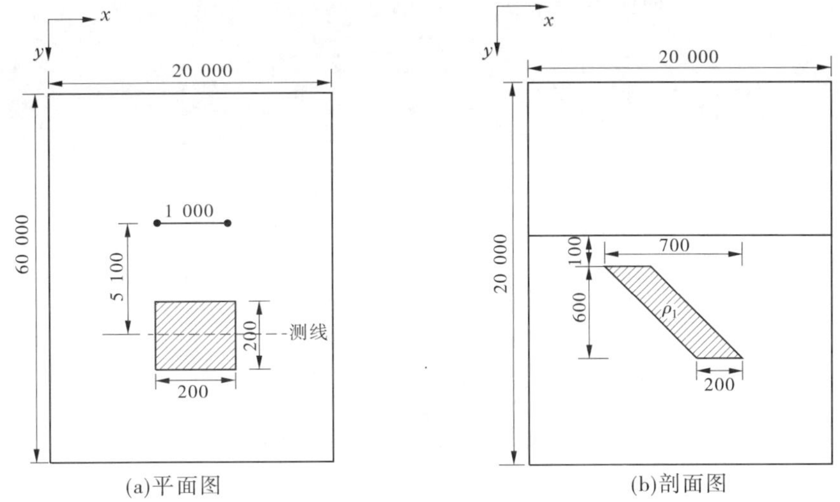

图 4-38　模型结构　(单位:m)

图 4-39、图 4-40 是埋深 $d=100$ m 时该模型的计算结果。从图 4-39 可以看出,高阻倾斜异常反映较明显,深部延伸情况不清晰。图 4-40 是不同频点剖面曲线对比,高频点剖面曲线呈对称的双峰异常,低频点剖面曲线呈单峰不对称的异常。

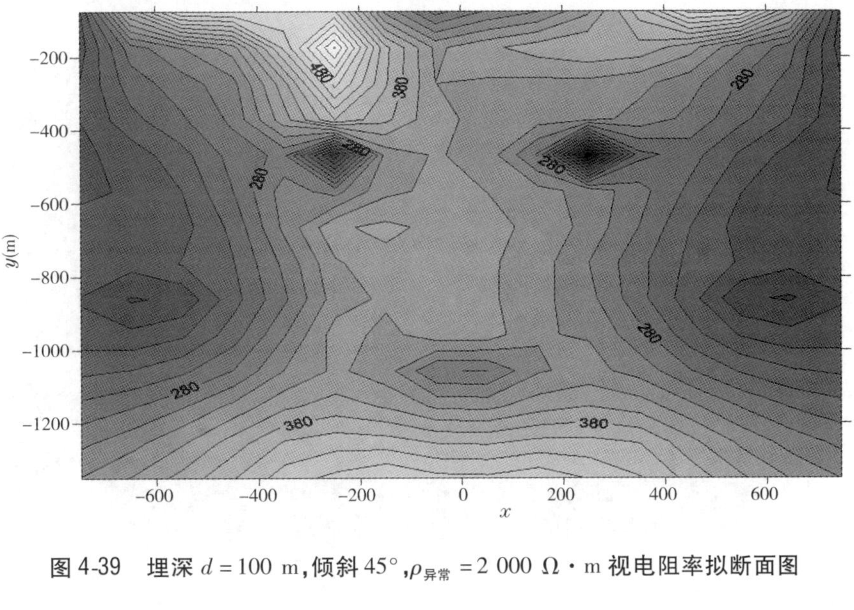

图 4-39　埋深 $d=100$ m,倾斜 45°,$\rho_{异常}=2\ 000\ \Omega \cdot m$ 视电阻率拟断面图

4.4.7　单个倾斜低阻体

在测区设计一个高阻体,该高阻体沿 x 方向长 200 m,沿 y 方向长 200 m,沿 z 方向长 600 m,距地面为 100 m,倾斜 45°。低阻异常体的电阻率为 50 Ω · m,背景电阻率为 300 Ω · m。进行数值模拟。模型大小见图 4-38。

测线沿 x 方向,主测线距电偶源 5 100 m,其接收点 x 坐标如下:

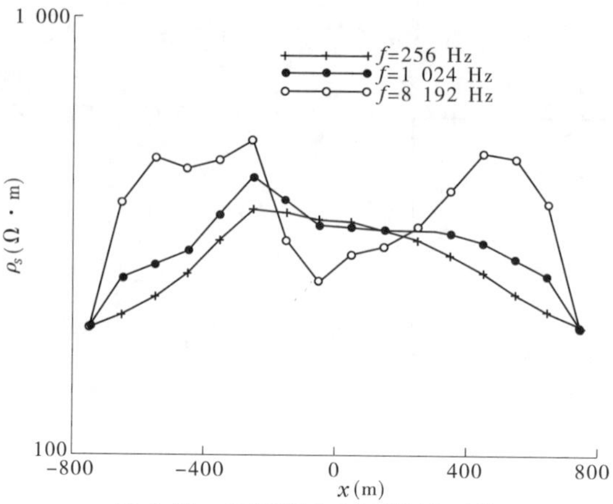

图 4-40　不同频点剖面曲线对比

-750、-650、-550、-450、-350、-250、-150、-50、50、150、250、350、450、550、650、750。

所采用的频率为 64、96、128、256、512、1 024、2 048、4 096、8 192。

图 4-41、图 4-42 是埋深 $d = 100$ m 时该模型的计算结果。从图 4-41 可以看出，低阻倾斜异常反映非常明显，低阻异常宽度和深度影响大，低阻异常的两边呈现不对称的高阻假异常。图 4-42 是不同频点剖面曲线对比，低阻异常幅度大，低阻异常的两边呈不对称的双峰高阻假异常。

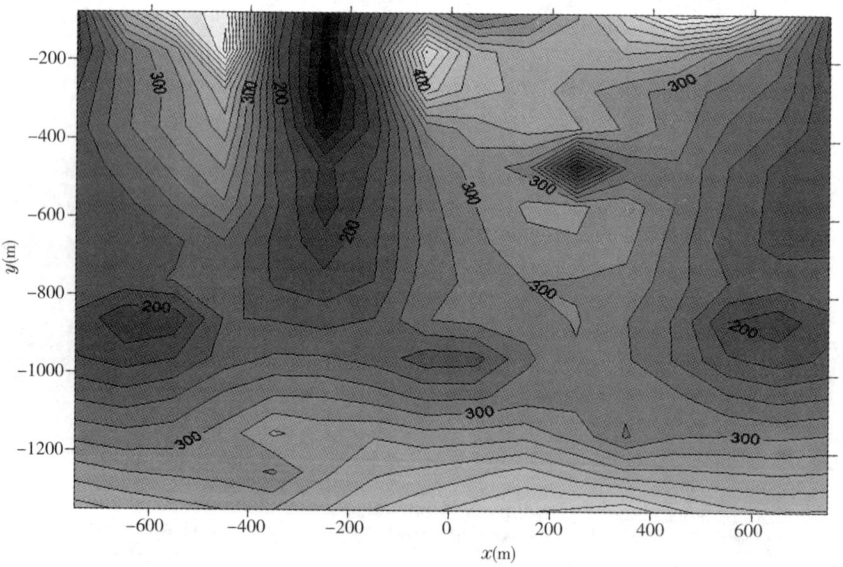

图 4-41　埋深 $d = 100$ m，倾斜 45°，$\rho_{异常} = 50$ Ω · m 视电阻率拟断面图

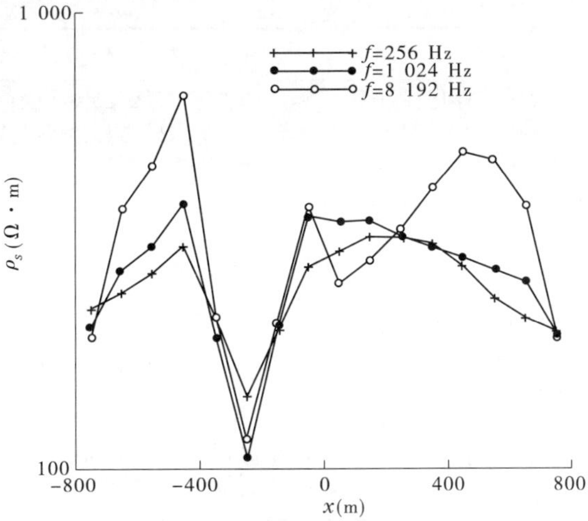

图 4-42　不同频点剖面曲线对比

4.5　模型数值模拟结果分析

根据 4.4 的数值模拟结果，对 7 个模型模拟结果分析如表 4-2 所示。

表 4-2　模型模拟结果分析

模型	模型基本参数	模拟结果分析
单个低阻体	埋深 d = 100 m，异常电阻率 $\rho_{异常}$ = 10 Ω · m、50 Ω · m、100 Ω · m，背景电阻率 ρ_1 = 2 000 Ω · m	低阻异常的响应反映比较明显，视电阻率响应宽度和异常体宽度基本相同，而视深度也基本符合异常体的埋深，在异常体边界，等值线分布密，由此可以确定低阻异常体边界位置。此外，在低阻体两旁稍低于低阻体位置处各有两个小的高阻假异常
	埋深 d = 300 m，异常电阻率 $\rho_{异常}$ = 10 Ω · m、50 Ω · m、100 Ω · m，背景电阻率 ρ_1 = 2 000 Ω · m	在埋深 d = 300 m 时，对不同低阻异常的响应反映都明显，但是低阻异常的值越高，视深度与异常体的埋深相比越偏深。异常体边界等值线分布密，可以确定低阻异常体边界位置
	埋深 d = 500 m，异常电阻率 $\rho_{异常}$ = 10 Ω · m、50 Ω · m、100 Ω · m，背景电阻率 ρ_1 = 2 000 Ω · m	在埋深 d = 500 m 时，对不同低阻异常的响应反映较明显，仍可以确定低阻异常体边界位置，但是在低阻体两旁存在明显的由边界效应引起的对称假异常
	埋深 d = 800 m，异常电阻率 $\rho_{异常}$ = 10 Ω · m、50 Ω · m、100 Ω · m，背景电阻率 ρ_1 = 2 000 Ω · m	在埋深 d = 800 m 时，对不同低阻异常的响应反映不太明显，低阻异常的值越高，异常体边界越模糊。在低阻体两旁存在明显的由边界效应引起的对称假异常
单个高阻体	埋深 d = 100 m，异常电阻率 $\rho_{异常}$ = 3 000 Ω · m，背景电阻率 ρ_1 = 1 000 Ω · m	高阻体的异常范围要小于低阻体的异常范围，而且在异常体边界位置视电阻率等值线变化不像低阻体那样剧烈，视电阻率异常反映也稍偏上，两边出现对称的低阻体假异常
	埋深 d = 300 m、500 m、800 m，$\rho_{异常}$ = 3 000 Ω · m，背景电阻率 ρ_1 = 1 000 Ω · m	对不同埋深的高阻异常体均有反映，但是分辨率较低
横向两个高阻异常体	埋深 d = 100 m，异常电阻率 $\rho_{异常}$ = 3 000 Ω · m，背景电阻率 ρ_1 = 500 Ω · m	两个高阻异常体的视电阻率响应都反映了出来，形态完全对称且一致，异常宽度和异常体的基本相同，位置相符

续表 4-2

模型	模型基本参数	模拟结果分析
横向两个低阻异常体	埋深 $d=100$ m,异常体电阻率 $\rho_{异常}=30\ \Omega\cdot m$、$200\ \Omega\cdot m$,背景电阻率 $\rho_1=2\ 000\ \Omega\cdot m$	两个低阻异常体呈不对称分布,异常体的电阻率越低,异常宽度和异常深度影响越大,但异常的中心基本反映了异常体的深度
横向一个高阻异常体和一个低阻异常体	埋深 $d=100$ m,异常体电阻率 $\rho_{异常}=30\ \Omega\cdot m$、$2\ 000\ \Omega\cdot m$,背景电阻率 $\rho_1=1\ 000\ \Omega\cdot m$	低阻异常反映非常灵敏,低阻异常宽度和深度影响大,对高阻异常体基本没有反映
单个倾斜高阻体	埋深 $d=100$ m,异常体电阻率 $\rho_{异常}=2\ 000\ \Omega\cdot m$,倾斜 45°,背景电阻率 $\rho_1=300\ \Omega\cdot m$	高阻倾斜异常反映较明显,深部延伸情况不清晰
单个倾斜低阻体	埋深 $d=100$ m,异常体电阻率 $\rho_{异常}=50\ \Omega\cdot m$,倾斜 45°,背景电阻率 $\rho_1=300\ \Omega\cdot m$	低阻倾斜异常反映非常明显,低阻异常宽度和深度影响大,低阻异常的两边呈现不对称的高阻假异常

4.6　小　结

本章先对线源情况下的二维问题进行了理论研究和数值计算,作为向三维可控源数值模拟的一个过渡,在此基础上从三维可控源电磁法的控制微分方程入手,推导了它的边值问题,利用变分原理,得到了基于电场双旋度方程的变分问题,推导了计算视电阻率和视相位的表达式;把散度条件应用于电场双旋度方程中,使三维可控源电磁法的变分问题从理论上更加完备,从数值计算上讲消除了伪解。采用非均匀结构化网格,把整个网格区域分为目标区域和边界区域,目标区域采用均匀网格剖分,边界区域采用非均匀网格剖分,由内向外网格逐渐以倍数增加,以充分模拟远区边界。根据有限元理论,对六面体单元作了有限元分析,得到了每个六面体单元的系数矩阵,该系数矩阵是以形函数表示的,可以用解析的方法计算,但是对于三维单元系数矩阵来说,非常麻烦,本章介绍了有限元数值积分,并通过它对单元系数矩阵进行积分,和解析解计算出来的系数矩阵完全吻合,且计算简便,速度极快;就可控源电磁法中的三维模型进行了有限元计算模拟,首先对程序的正确性进行了检验,分析了计算误差,并且对均匀半空间和层状介质的测深曲线进行了对比。

最后根据南水北调西线工程岩性的地球物理特征,设置了七个不同的三维模型,并对其进行了有限元数值计算,探索地质体异常的规律。对于单个的低阻异常的响应反映明显,视电阻率响应宽度和异常体宽度基本相同,而视深度也基本符合异常体的埋深,但是在低阻体两旁会有对称的高阻假异常出现,在实际中要引起特别的注意;单个高阻体的异常范围要小于低阻体异常范围,而且在异常体边界位置视电阻率等值线变化不像低阻体那样剧烈,两边出现对称的低阻假异常;两个高阻异常体和两个低阻异常体的视电阻率响应都能反映出来,形态完全对称且一致,异常宽度和异常体的基本相同,位置相符;对于高阻异常体和低阻异常体组合,低阻异常反映非常灵敏,高阻异常体基本没有反映;对于倾斜异常体,低阻反映非常明显,异常宽度和深度影响大,高阻倾斜异常反映较明显,深部延伸情况不清晰;异常体的埋深和电阻率的大小对分辨率影响较大,埋深越大,分辨率越低,异常的电阻率越高,分辨率越低。

第 5 章　野外工作设计

CSAMT 具有勘探深度大，抗干扰力强，工作效率高，受地形影响小等优点，但是面对南水北调西线工程这样沟谷深切、断崖纵横、地质构造复杂、地层陡倾角的高原地区，在决定使用 CSAMT 之后，必须根据探测任务和现场工作条件对野外工作进行设计。其主要包括场源设计、测量方式、噪声分析、最佳工作参数、数据采集与评价、人员与后勤保障等。

5.1　CSAMT 场源设计和观测

CSAMT 通常使用两种场源：接地导线（水平电偶极子）和不接地回线（垂直磁偶极子）。在均匀大地中，两种场源的远区卡尼亚电阻率与相位是相同的，但信号强度则不相同。

在作出选择时，还必须考虑在保证观测数据质量情况下的最小信号强度、噪声水平、接地电阻、地形及场地条件、可使用的导线长度等。一般情况下，回线的信号比尺寸相同的接地偶极的信号要弱，但是在一些特殊地区，如裸露的玄武岩或非常干燥的风化冲积层中，高的接地电阻将大大限制送入地下的电流强度，这时用不接地的回线可以避免接地电阻的问题。在西线这样高山峡谷复杂的地形下，虽然两种场源的布置都较困难，但铺设回线的时间与困难可能更多，所以采用水平电偶极子场源。一般经验，在大多数实际的野外条件下，电偶极输出的信号优于回线源，除非电极接地电阻超过 500 ~ 1 000 Ω · m。此外，电偶极还可以控制场的方向，所以在 CSAMT 或者长距离的 TEM 勘探中很少使用回线源。为了保证所需的信号强度和提高工作效率，适应在山区工作，通常接地导线的长度为 1 ~ 3 km。导线的两端连接到埋在坑里的铝箔网上，或接在打进地下的导电电极上。为了改善电极和大地的电耦合，电极周围最好用盐水浇透。为方便工作，发送机通常放在电源偶极的中间，用较粗的绝缘导线从发送机连接到电极上。

测线布置在远区比较理想，一般离场源 5 ~ 10 km。观测电场和磁场两个分量，典型的标量测量包括与场源平行的电场及与之垂直的磁场。通常采用 25 m 的电偶极子（测量电极）来观测电场，偶极的两端连接在用水浇湿的坑中的不极化电极上。测量包括不极化电极间的电位差和以场源为参考的相位角。如果进行矢量和张量测量，则采用两个互相垂直的电偶极子。磁场测量是检测磁场天线中的感应电动势，其中包括电位差和把场源作为参考的相位角。由天线探测到的信号通过较短的隔离线送到接收机以便与电场达到同步观测，矢量和张量测量则采用多道天线。为了最大限度地减少因风引起的振动产生的噪声，最好把天线埋起来。

经过必要的联络和准备后，接收机操作员通知发送机操作员按指定的频率供电。电场和磁场的信号通过叠加与平均，直到得到制定精度的数据为止，选择下一个频率，并完成所选择的用于测量的全部频率。当采集数据完成后，把仪器和导线移到下一个点。

5.2　测量方式的选择

CSAMT 测量包括两组 10 多个独立分量，这些分量的测量取决于地质复杂程度和经济条件的限制。标量（两个分量）的测量能正确地确定简单的层状介质，但更复杂一些的二维、三维介质，则需要包括有电场和磁场的多分量测量。如图 5-1 所示，CSAMT 包括张量、矢量和标量三种方式，其取决于测量分量的数量和使用场源的数量。CSAET 是只利用电场分量进行测量的特例。

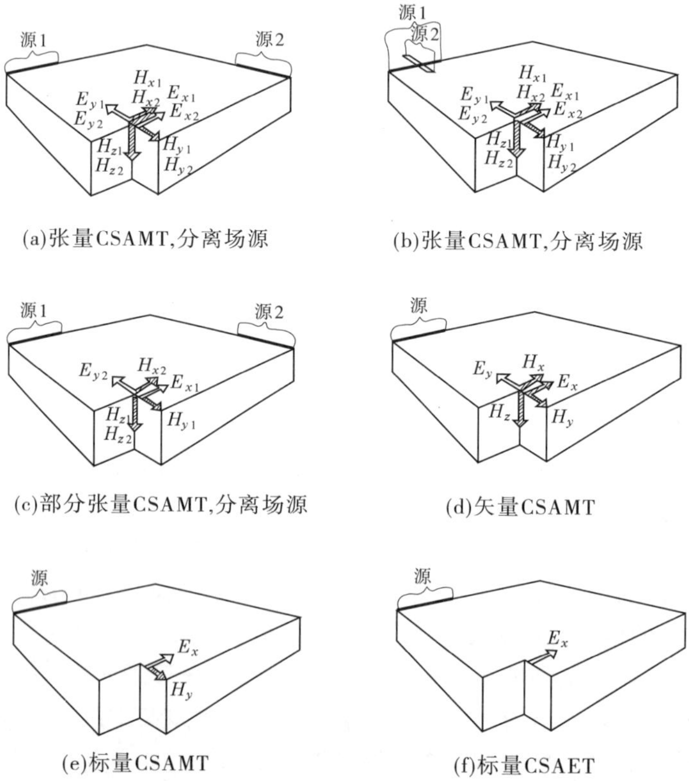

(a)张量CSAMT,分离场源　(b)张量CSAMT,分离场源

(c)部分张量CSAMT,分离场源　(d)矢量CSAMT

(e)标量CSAMT　(f)标量CSAET

图 5-1　张量、矢量和标量 CSAMT 的定义

图 5-1(a)、(b)为用两个场源，且每个场源做五次的全张量测量。

图 5-1(c)为每个场源观测三个分量的部分张量测量。

图 5-1(d)为单一场源五次观测的矢量测量，图 5-1(e)为单一场源两次观测的标量测量。

图 5-1(f)为用一个场源在一个方向上只做电场观测的标量 CSAET，在少量点上测磁场用以把电场数据转换为近似的电阻率。

张量 CSAMT 利用两个方向的场源来测定五个分量（E_x、E_y、H_x、H_y、H_z）。与大地电磁场不同，CSAMT 场源不是全方位的，所以需要两个场源。为了完全确定阻抗张量，总共需要测量 10 个分量。张量测量最好用于构造很复杂的地区和测深点距比地质构造尺寸大很多的地区。当测深点布置得很近，地质构造的面貌可以靠高的测量密度来直接填图，因而张量测量的量(如倾斜度)就变得不重要了。即使是在复杂的地区,高密度的标量或矢量数据确定的构造与低密度张量结果相近。但具有强烈的局部非各向同性地区例外,在这些地区用全张量解出的阻抗可能要好些。

矢量 CSAMT 规定利用单一个场源来测量四个或五个分量(E_x、E_y、H_x、H_y,有时加测 H_z)。矢量 CSAMT 数据提供了关于地下二维或三维构造的信息,但比张量测量的信息少。由于少收集和处理 50% 的数据,矢量测量比张量便宜。矢量 CSAMT 在非各向同性不强的地区确定复杂地质构造是有用的,出于经济的考虑,在二维地区常常宁可做矢量 CSAMT 而不做张量 CSAMT。

标量 CSAMT 规定利用一个场源测量两个分量(E_x 和 H_y 或者 E_y 和 H_x),标量测量对于一维的层状条件或者走向已知的二维条件是足够了,在更复杂的条件下,则取决于数据的密度。在二维和三维地区做标量测量通常都用密的测网,密的测网能部分地克服缺少多分量数据(像矢量和张量数据中)的缺陷。主要的例外是区域性非各向同性很强的地方,在这种情况下张量或者矢量数据也许好些。标量 CSAMT 测量的主要吸引力在于它的成本相当低,这就是为什么至今取得的 CSAMT 资料绝大部分是标量结果。典型的标量 CSAMT 测量布置示意见图 5-2。

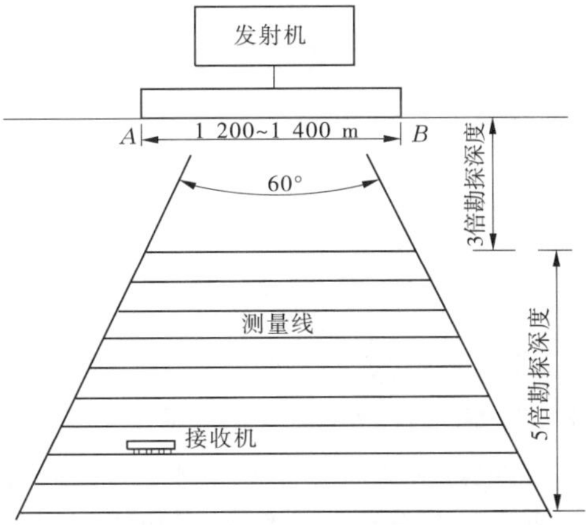

图 5-2　典型的标量 CSAMT 测量布置示意

张量测量虽然信息量丰富,但工作效率低。在实际应用中,面积性的标量 CSAMT 也可取得良好的地质效果,而且效率很高,因此南水北调西线工程工作中使用的是标量 CSAMT 测量。工作中,接收极距 MN 一般为 25 m,每个排列的长度为 175 m,发射极距 AB 为 1 000 ~ 3 000 m,发射电流、采集频率等参数根据工作需要进行设置。实际工作中,由于磁场沿测线的空间变化不大,故在一个排列上观测 7 个沿测线的电场分量 E_x,而只测一个正交磁场分量 H_y,以计算卡尼亚视电阻率和阻抗相位。采用 8 道观测仪器,一次测量便能完成 7 个测点的观测。

5.3　观测区域的选择和测线布置

采用双极源 AB 向地下供电,AB 与测线方向平行或基本平行,极距 $AB \geq 2$ km。测线

布置在以供电电极 AB 连线为底边，底角为60°的等腰梯形范围内；收发距大于10倍的探测深度或在保证信号强度的情况下尽可能远。这样既保证了接收信号有足够强度，又避免了近场影响。为减小场源效应，供电点不能选择在软弱带或岩溶发育带上，且供电点和测点之间最好要避开大的断裂或构造。有时为了得到一个合适的供电点，往往要进行多次试验。主测线沿隧道中线布置，点距选用25 m，为了追踪异常的延伸方向，必要时在隧道中线两边10～30 m适当布置平行于中线的辅助剖面及横剖面。

5.4　仪器设备

使用仪器为加拿大凤凰公司生产的 V6A 多功能大地电磁仪，野外工作温度适应于 -20～+50 ℃，同时该系统使用 GPS 同步时钟控制发射和接收信号，使得信号同步性增强，信号质量增加，勘察的精度更高。

接收主机 V6A 共有 8 个通道，其中 1 个磁场通道，7 个电场通道，野外采集的数据直接存储在计算机里，计算机通过处理软件，对所测数据可进行近场改正，静态改正，正反演计算，绘制原始测深曲线和各种彩色（黑白）断面图及切片图，供推断解释使用，工作效率较高。

发射机为凤凰公司生产的 T3 发射机，发电机雅马哈 3 kW 汽油发电机。该仪器系统具有较高的观测精度并具有较强的自检功能。

5.5　CSAMT 噪声分析

尽管一般情况下信号源是强大的，但是 CSAMT 测量中仍遇到明显的噪声。噪声源可分为五个类型，即操作差错噪声、仪器误差噪声、文化噪声、大气层噪声和风噪声。

操作差错噪声，是由于不正确地连接电缆，未发现信号饱和，不适当地放大或校正电位，采用精度不够的模数转换，电场和磁场探头调节不正确，记错发送机的电流，在需要时没有使用有源不极化电极，使用没有重新使电解液饱和的不极化电极等引起的。如果能建立一套固定的操作程序，充分连续地记录，每天进行接收机的校准检验，每个接收机在获得数据前安排可靠的标准检验，其中的许多问题是能够避免的，而半自动装置能在很大程度上帮助对操作误差的检验。

仪器误差噪声，由噪声成分、接收机的低输入阻抗、不适当的叠加滤波器的性能、接地不良等引起。其中许多问题可事先培训操作员及选择适当的数字仪器就能避免。测试设备或电器元件的损坏而出现的问题能够采用周期的系统响应检查和通过对取得的资料进行仔细分析来发现。

文化噪声，是指人类的电磁活动和建筑设施等对 CSAMT 测量的影响。文化噪声由传导电信号的金属构件引起，其中管道引起的文化噪声是最有害的噪声源之一，高电压的输电线和地下电缆也是主要的文化噪声源。按噪声的严重程度可以把干扰分为三类：最坏的一类包括地面上的金属管道、地下的电话和电缆线及动力线的主要交叉地区，中等程度的一类包括中功率的动力线和钢质井套管，为害最小的一类包括金属栅栏和地面上的电话线。这种文化噪声在人烟稀少的南水北调西线深埋长隧洞探测中基本不存在。

大气层噪声，由雷暴雨作用和大气及云中的静电干扰作用的高频尖峰信号构成。这种从电偶极上获得的天然场源信号经放大后的噪声是很容易观察的，而且可以通过便携式示波器来观察。采用合适的去假频滤波器，找出信号源的最高值和进行充分的叠加和平均等措施是很容易对付它的。叠加这一对策取决于噪声频率，如果噪声尖峰偶然出现，需要少数的长期的叠加，如果为频繁出现，则多次的短期叠加更有效。遍及全球的雷暴雨作用和太阳风的冲击导致地球磁场的微脉动而构成大地噪声，其典型的频率落在从直流到1 Hz，虽然它是天然场MT工作的主要信号源，但是它影响CSAMT的观测。借助于跟踪电压飘移缓慢变化的数字大地电流滤波器，来避免仪器饱和，并且加速低频数据的采集。

风、振动等会引起天线的摆动，从而强烈地影响磁场的测量。风也可引起电偶极线的随风摆动，当导线在地磁场中摆动时，会产生一个虽小但有时可察觉的感应效应。只有把天线埋起来才能避免这种干扰，电偶极线也应紧贴地面。在野外，有时测点刚好位于很陡峭的尖峰上，此时应避免将磁天线放置在尖峰上。森林中由于树木摆动导致地表震动从而使刮风时的观测十分困难，测点靠近公路时因汽车及车厢金属物运动产生振动等效应也会产生强烈的噪声。积雪能产生静电荷，当这种电荷移动而穿过偶极线时产生低电平而又不稳定的噪声。这种噪声无法避免但通常十分微弱，不必校正。

以上的仪器误差噪声、文化噪声、大地层噪声、风噪声可以统称为电噪声。有效地增加信噪比、长时间叠加、低通/带通/高通滤波器是对抗这些噪声的有效方法。

5.6　CSAMT最佳观测方案

地质任务是选择地球物理方法的前提和决定性的因素。一旦决定进行CSAMT测量，那么勘探深度将影响到CSAMT设计中的每一个参数，如排列方式、观测频率、收发距等。

5.6.1　勘探深度

CSAMT的勘探深度与大地电阻率和信号频率有关并按Bostick深度公式计算。理论上，只要信号频率足够低，勘探深度可达数十千米。但实际中并非如此，有限的收发距决定了能保持远区测量的频率是有限制的，因此CSAMT的实际勘探深度在10 m ~ 3 km。

5.6.2　频率范围

理论上，给定某一地区的大地电阻率（标本测量、露头或坑道小四极测量、测井等）和根据地质目标要求的最大勘探深度D后，则所要求的最低频率f_L为：

$$f_L = \left(\frac{356}{D}\right)^2 \rho \tag{5-1}$$

通常，要求向下“测深”到比f_L还低的几个频率，以确保合适的探测深度。在许多情况下，测量的最低频率受到必须保持在近区以外的条件限制，这与受噪声水平制约的最大

场源距 r_{max} 有关。K. L. Zonge 给出了以下的经验公式：

$$f_L = 4.0\frac{\rho}{r_{max}^2} \quad (\text{适于远区数据}) \tag{5-2}$$

$$f_L = 0.06\frac{\rho}{r_{max}^2} \quad (\text{适于远区和过渡带数据}) \tag{5-3}$$

以上公式中假定了最低信噪比为 1∶100。因此，虽然可以按式(5-1)计算最低频率，但它又受环境噪声和远区条件的限制。

5.6.3　覆盖范围

CSAMT 测量中，有限场源的使用对在平面上允许采集数据的范围提出了一些限制。确定允许勘探范围的因素有三个：①最小收发距 r_{min}，它受到进入近区带的限制；②最大收发距 r_{max}，它受到最小可测信号的限制；③信号强度与 φ 角的依赖联系(对水平电偶源)。

理论上，根据式(5-1)确定最低频率 f_L 后，f_L 对应的趋肤深度为：

$$\delta = 503\sqrt{\frac{\rho}{f_L}} \tag{5-4}$$

依 δ 可确定所需的最小收发距。理想的情况是 r_{min} 尽可能的小，同时对使用的所有频率而言仍保持在远区。对于 x 方向的场源，r_{min} 受到排列方式的限制：

旁侧排列的 E_x/H_y 测量：$r_{min} > 4\delta$

轴向排列的 E_x/H_y 测量：$r_{min} > 5\delta$

E_y/H_x 测量：$r_{min} > 3\delta$

如果允许在过渡带观测，则对于所有的方式都可放宽到：

$$r_{min} > 0.5\delta$$

最大收发距 r_{max} 受到给定噪声条件下可探测的最小电场强度 E_{min} 的制约。对于旁侧测量，在远区条件下：

$$r_{max} = \left(\frac{IdL\rho\sin\varphi}{\pi E_{min}}\right)^{\frac{1}{3}} \tag{5-5}$$

5.6.4　排列方式

理论上，在均匀大地上，对于给定的一个 x 方向的场源，测 E_y/H_x 可能稍微优越一点。因为在距离场源 3 倍趋肤深度以外，测量就可认为是在远区；旁侧排列的 E_x/H_y 测量至少需要在 4 倍趋肤深度以外，而轴向排列的 E_x/H_y 测量时，可测扇形区和信号强度都较小，故要求 5 倍趋肤深度的距离。

在野外实际工作中，通常都是用旁侧排列来测 E_x/H_y。因为这样做信号强度大，生产效率高。例如，E_x 偶极与测线方向相同。就不需要在每个测点逐点改变布线方向来观测，而 E_y/H_x 就没有这个优点，除非把测线沿 y 方向布置。但是测线沿 y 方向时，随着测线离开场源信号变得更弱，而当测线靠近场源时，又进入了近场区带。因此，通常宁可选择旁侧排列的 E_x/H_y 测量。当测深是以小于场源—测深距(收发距)的网格进行，或者是当场地占有或其他因素使得沿场源中垂线不可能得到观测数据时，利用 E_y/H_x 则有优越性。除非特殊的野外条件需要或是正交偶极张量的需要，几乎从来不用轴向 E_x/H_y 资料。图 5-3 概括了 CSAMT 主要覆盖范围的界限，所示的类型随地下测量的方式和计算的参数不同而变化。图 5-3(a)是关于 E_x/H_y 的数据获得区，图 5-3(b)则是 E_y/H_x 的采集区。这些区是宽广的，并且有很大的伸缩性。但是，若同时观测 E_x/H_y 和 E_y/H_x 或使用一个以上场源情况下，可以进行测量的重叠的区域对均匀半空间而言就很窄了。

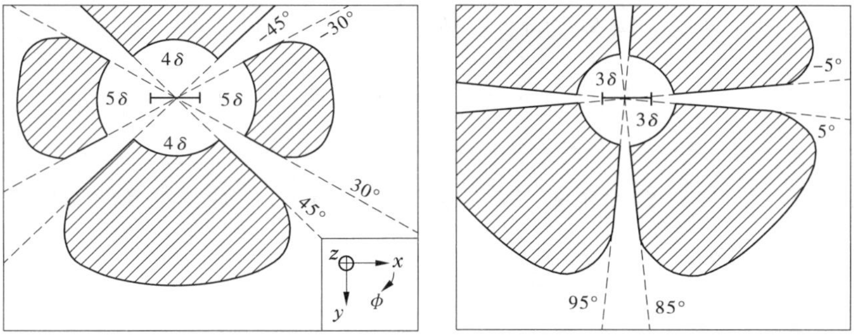

(a)标量CSAMT　E_x/H_y　　　(b)标量CSAMT　E_y/H_x

图 5-3　标量 CSAMT 排列可以进行测量的分带

5.7　CSAMT 工作质量评价

5.7.1　确保数据质量采取的措施

(1)测点位置及测点距离准确。在高山峡谷地区开展 CSAMT 勘探工作，必须保证测量电极 *MN* 间的水平距离准确。南水北调西线工程 CSAMT 探测采用 RTK 双频 GPS 做定点工作，确保了测点位置及测点距离的准确。

(2)仪器采集数据时尽量利用最大增益设置，然后根据接收到的电磁场信号的大小，自动进行增益的调整。当信号过大时，仪器的增益自动减小，以防止饱和；当信号太小时，仪器自动增大增益，保证了信号的浮动调整。

(3)为了克服工业干扰，设置了干扰限波，对干扰起到剔除作用。尤其是对我国 50 Hz及其倍频的干扰起到了限制作用。

(4)增加迭加次数，众所周知，观测精度与重复观测次数的平方根成正比，即观测次数越多，其观测精度越高，为此我们把迭加次数最大设置成几十次，即每个频点上都要进行多次采样，并自动剔除突出的干扰，进行平均，最后给出的是多次迭加的平均值及相对误差。

(5)质量检查，重复观测。根据物探工作的野外质量要求，必须有一定的质量检查工作量，以说明其观测质量是可靠的，其重复观测的数量不得少于总工作量的 5%。

5.7.2 重复观测误差统计与计算

把原始观测数据与重复观测数据列成表格，然后按百分相对误差的公式进行计算：

$$M = \frac{\sum_{i=1}^{n} m_i}{n} \times 100\% \tag{5-6}$$

式中：m_i 为某一频点上原始观测的 ρ_s 值与检查观测的 ρ_s' 值的误差绝对值除以两次观测的平均值；n 为检查并参与计算误差的总点数。

$$m_i = \frac{|\rho_s - \rho_s'|}{\frac{\rho_s + \rho_s'}{2}} \tag{5-7}$$

经过统计和计算，计算百分相对误差值是否小于 5%，是否满足 CSAMT 法工作质量的要求。

5.8 小　结

根据南水北调西线工程的特点、探测任务和现场工作条件，本章对 CSAMT 的野外工作进行了设计，主要包括场源设计、测量方式与噪声分析、最佳工作参数、数据采集与评价等。

第 6 章　CSAMT 数据处理的关键问题

一项成果的好坏取决于两个因素：其一是野外的数据质量，只有严把野外数据的质量关，才能为下一步的工作提供保证；其二就是提高资料处理解释手段。有了好的野外数据，不能真实地把它反演成地质结构信息，同样会造成解释的失败。因此，在完成野外资料采集工作之后，需要进行大量的资料整理、反演、成图、解释工作。

6.1　地形的改正

地形改正进行了两方面的工作：一是测点间距校正，二是地形的影响分析及校正。

6.1.1　测点间距校正

南水北调西线工程深埋长隧洞线路，地形变化极大，使得沿洞线布设测线上的坡度很大，测点与测点之间的坡度距离将和设计的两测点之间的水平距离 25 m 有很大的差异。由于观测的视电阻率与 E_x 的平方成正比，与 H_y 的平方成反比，在摆放磁探头时水平放置，而 E_x 沿坡度方向，不再水平。因此，观测值 H_y 接近真实，而 E_x 将有很大误差。由于解释程序计算时 $E_x = \frac{\Delta V}{\Delta x}$，$\Delta V$ 为两个电极之间的电位差，Δx 为两个电极之间的水平距离。而实测的电场为$\frac{\Delta V_{斜}}{\Delta x}$，参与视电阻率计算的电场的水平分量 $E_x = \frac{\Delta V_{斜} \times \cos\theta}{\Delta x}$，其中 θ 为坡度角。如果不进行测点间距校正，由此产生的视电阻率和视深度的误差将随着测点坡度的增大而增大，详见表 6-1。为此，必须编写程序对观测的电场资料进行地形校正预处理。

表 6-1　测点坡度与视电阻率、视深度误差关系

测点坡度(°)	5	10	15	20	25	30	35	40
视电阻率误差(%)	0.76	3.1	7.2	13.2	21.7	33.3	49	70
视深度误差(%)	0.38	1.5	3.5	6.4	10.3	15.5	22.1	30.5

6.1.2　地形的影响分析及校正

电流密度分布是所有电法(电磁法)中控制性和决定性的。地形的起伏会改变电流密度分布，从而影响电场和磁场的测量结果。图 6-1 是地形对电场测量影响的简单示意。等位线和电流线在山脊附近分开，而在山谷靠拢，从而导致二维情况下 TE 和 TM 方式数据有不同的类型。图 6-1(b)在山脊下深处表现为虚假的低电阻率异常，而山谷下深处为高电阻率异常，异常的两侧出现上冲/下冲的特征。与此相反，一般地，TM 方式的地形异常比 TE 方式大得多也复杂得多。比趋肤深度小的地形产生等效的静态偏移,山脊上出现低阻而山谷下出现高阻。对典型大小的山谷和山脊,TM 异常电阻率可相差一个级次,比 TE 异常峰值约大 4 倍。模拟结果表明,TM 地形异常在中等变化的地形上就可看到,而 TE 异常可能仅仅在急剧变化的地形上才能发现。除电流分布的畸变外,地形与地质变化的复合也可能引起静态位移,这是一种复杂的效应,取决于电阻率分布和排列的几何尺寸。虽然 CSAMT 地形效应比直流电阻率法要弱,但其影响和改正要复杂得多。二维、三维的数值方法可以计算和分析这类效应。

为了减少二维地形对视电阻率的影响。在进行反演计算前,先对地形影响进行二维正演计算,然后将实测值减去地形影响值,进入反演计算。由于工区地形复杂,很难做到发射的电磁波信号和各测点在同一高程平面上,这势必引起各测点上数据的不一致性。为了详细测量各测点的高程,在二维地形影响正演计算结果的基础上根据经验对山体或沟的形态可能的影响作了定性分析,在反演结果解释时给予了一定的考虑。

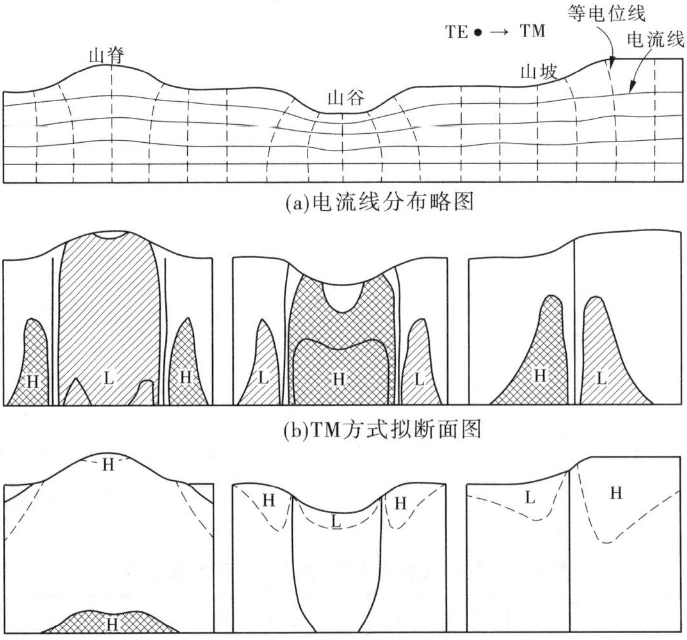

H—高电阻率;L—低电阻率

图 6-1 地形对电场测量影响的简单示意

6.2 近场校正

由于 CSAMT 本身的原因,发射源总是放在有限的距离以内,造成了接收机在接收不同频率电磁波时,其高频段在远区,电阻率值一般不发生畸变,但其低频段处于近场区,电阻率值将发生明显的畸变,主要表现为当低于某一频率段,在 ρ_s 原始曲线图上电阻率曲线呈 45°直线上升。这是由于电场和磁场与场源—测深距 r 的关系改变所致。在远区,远离场源，E 和 H 都与$\frac{1}{r^3}$成正比，故电阻率与 r 无关；在靠近场源的近区，E 按$\frac{1}{r^3}$而 H 按$\frac{1}{r^2}$衰减，使得电阻率是几何因素的函数，在中等距离的过渡带，E 按$\frac{1}{r^3}$而 H 按$\frac{1}{r^2} \sim \frac{1}{r^3}$之间的某个比率衰减。为了克服这一现象，通过计算机，运用近场校正软件对原始数据进行近场校正。

图 6-2 概括了均匀大地和层状大地上一个有限的场源对主要的 CSAMT 量的影响。在远区，所有参数均表现为随地下真电阻率的变化而变化；在过渡带，电场几乎总是表现为拱起—低谷—回升的特征，磁场则显示出弯曲。电阻率受两者的综合影响，相位差显示与电阻率斜率有关的明显变化。在近区，电场与磁场饱和，不随频率变化，且磁场与电阻率无关。卡尼亚电阻率随频率减小均匀地增长，相位差趋于零。近区电场与磁场的饱和使得 CSAMT 测深是几何尺寸的函数，这对无论多远的场源都是成立的，也不论是时间域还是频率域。近区数据，并不能经改正提取出“隐藏”的频率（而不是几何）测深信息。但是在过渡带，电场与磁场仍对频率和电阻率敏感，所以含有可利用的频率测深信息。

值得注意的是，过渡带几乎总是表现为相当醒目的低谷，即视电阻率呈现假的降低，如图 6-2 所示。这个低谷可能从均匀大地的非常平缓的谷变到层状的或二维/三维大地的非常尖锐急陡的。

6.3　静态校正

在频率域电磁测深中，静态效应是较为麻烦的问题。这种效应总是与二维或三维构造相关。它一般是由于近地表的电性横向不均匀或地形起伏引起的，并且在某种程度上影响所有的电场测量。这些非均匀体表面上的电荷分布可使电场数据向上或向下移动一个数值，这个数值与频率无关。因此，视电阻率曲线也发生移动，但相位曲线基本不受影响。如果视电阻率曲线向上或向下移动一个数值，并仍保持平行，但相位曲线保持重合，则可认为是静态位移。静态效应的强度可达两个数量级，在推断深度时会引起大的误差，并使构造的解释复杂化。一般来说，频率域电磁测深中静态效应是不可避免的，也是无法以任何方式预测的。由于它常常使测深曲线难以解释，因此必须对那些与水平电场有关的测量值进行校正。

空间滤波处理是目前广泛采用的一类方法，并显示了很大的成功希望。其主要思想在于，静态效应是一种由局部原因引起的局部效应，在广大的区域上效应会被平均掉。对浅部为层状地质构造的区域，最简捷的空间滤波方法是把所有曲线作简单位移，并使它们与近地表的特定频率相拟合。这时，先找出电阻率有偏移但相位差无位移的测深曲线，然后确定偏移主要对象是静态的并且很少受直接分辨效应影响的频段。但这样做也有不利的因素：第一，它带有较多的人为因素；第二，对那些非静态效应引起的异常点总是会校正过分或不足；第三，它消去了那些貌似静态效应而又非静态效应引起的异常。例如，垂直构造引起的效应，它们看似静态位移，在这种简单的静态校正中会被消除或减弱，因此使用时必须慎重。

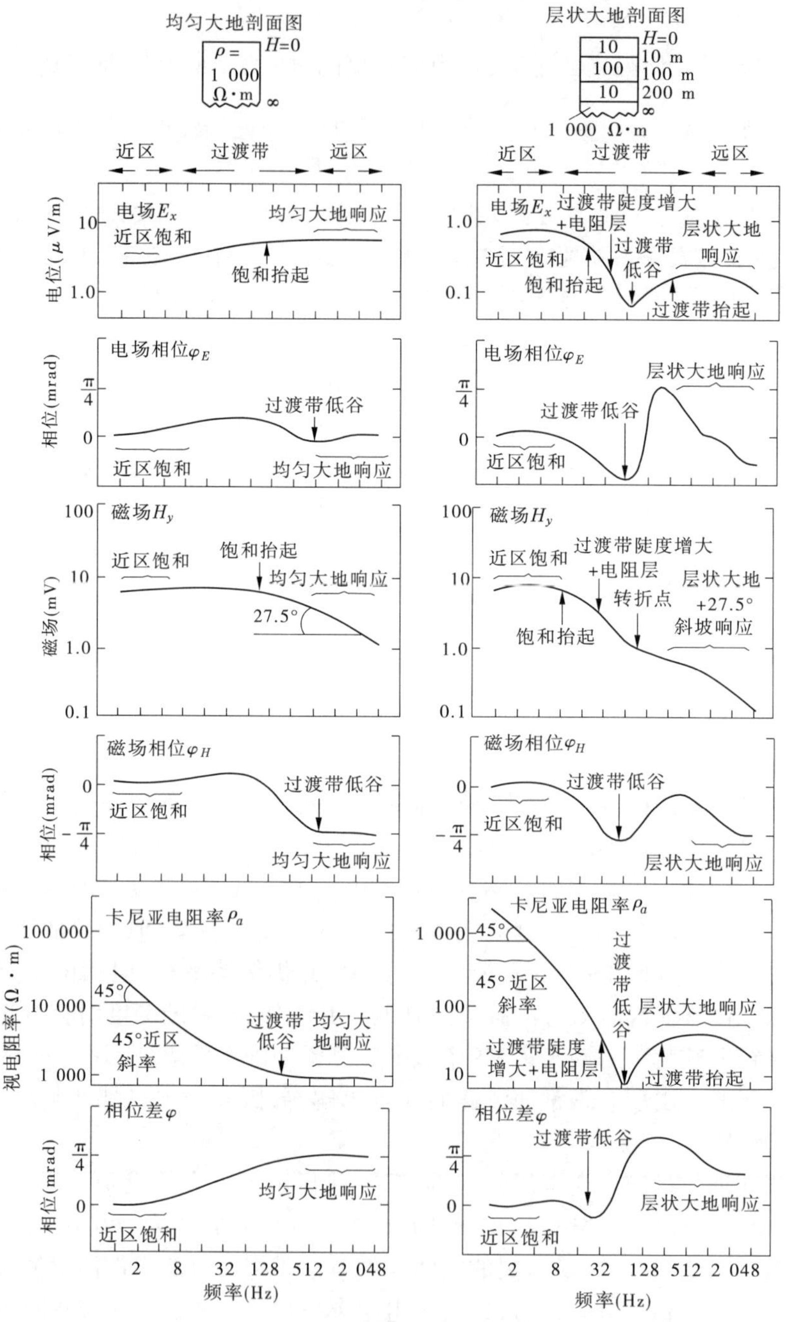

图 6-2　均匀大地与层状大地上的 CSAMT 测深曲线

图 6-3 是一个三维模型的波数域处理结果。图 6-3(a)是三层介质中($\rho_1 = \rho_3 = 500$ Ω · m, $h_1 = 200$ m, $\rho_2 = 20$ Ω · m, $h_2 = 100$ m)存在埋深为 20 m,电阻率为 10 Ω · m 的三维体(60 m × 60 m × 50 m)卡尼亚电阻率拟断面图。图 6-3(a)中可明显地看出,浅部的电

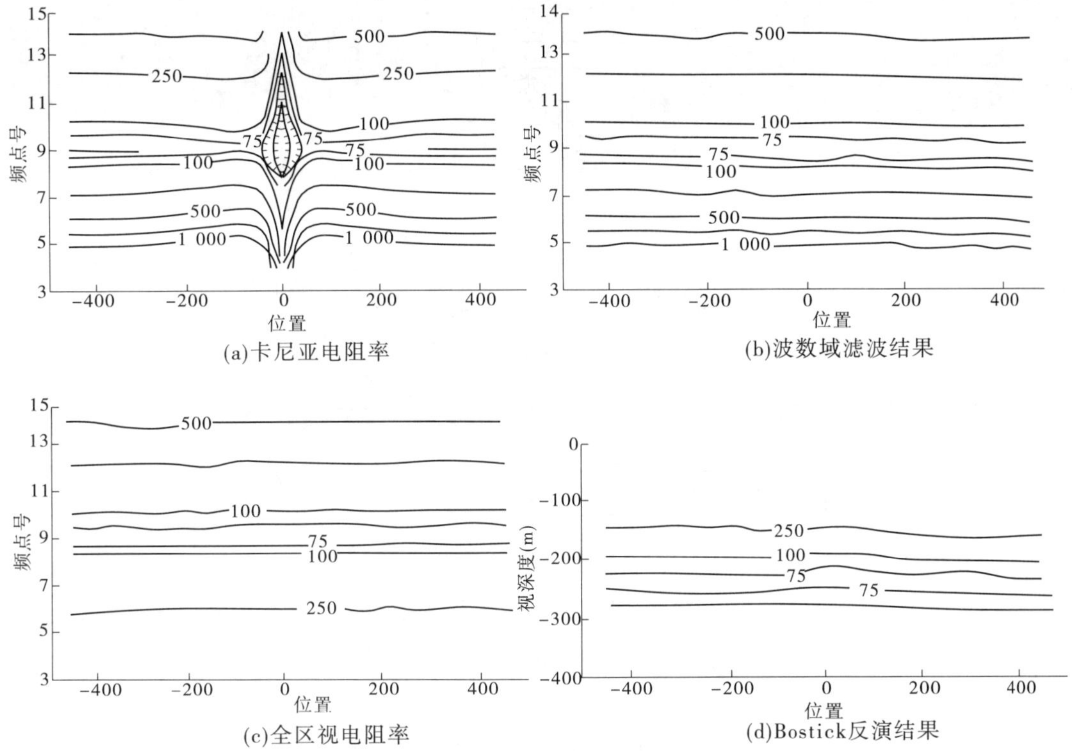

(a)卡尼亚电阻率　(b)波数域滤波结果　(c)全区视电阻率　(d)Bostick反演结果

图 6-3　波数域校正静态效应的模型计算结果

性不均匀性影响了所有频率上的卡尼亚电阻率。经计算,低频剖面曲线和最高频(15 频点,$f=4\ 096$ Hz)剖面曲线的相关系数都大于 0.95。说明低频异常与高频异常是完全同源的,属于静态位移。为消除这种静态位移,在波数域作了低通滤波,结果见图 6-3(b)。它基本反映了层状介质的特征,但在低频段,由于受非波区效应的影响,难以看出基底的电性特征。为此,对其作了非波区校正,求得的全区视电阻率拟剖面见图 6-3(c)。它清楚地显示出三层介质特征,虽然低频段没有揭示出基底的真电阻率,但这是受收发距限制的。为了解视电阻率随深度的变化,图 6-3(d)给出了全区视电阻率的 Bostick 反演结果。图 6-3(d)中 100 Ω · m 等值线基本反映了第二层低阻层。

6.4　CSAMT 的反演及推断解释基础

CSAMT 接收机所采集到的原始数据,只是对应一系列频率的没有考虑装置特性的平均视电阻率值,不能准确地反映地下地层的真实电性特征,必须结合收发距 R 的大小,AB 偶极的长度,发射电流的大小,采样间距等装置的详细数据进行合理的反演计算,才能得到对应地下不同深度处的电性分布剖面。在进行了上述一系列校正后,在反演时采用了整条剖面的圆滑反演技术。对于 CSAMT 原始数据,我们在尽可能保存有用信号的基础上,去伪存真,力求能够最真实地反映地下介质的物性。数据处理流程见图 6-4。

经过对原始数据的编辑,首先形成频率—视电阻率等值线图,在等值线图上划分出异

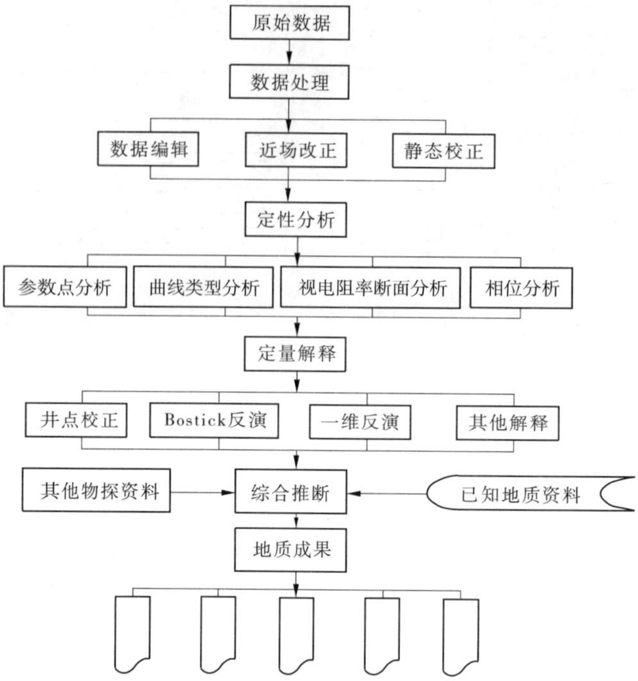

图 6-4　数据处理流程

常段，和其他物探方法异常作对照，作出初步地质推断（断层破碎带和岩性分界的位置）。然后进行一维反演、Bostick 反演，主要是在垂向上定出物性分层，并排除假异常，为最终绘制物性地质断面图提供定量分析的依据。在一维反演过程中，我们结合地质调查结果，给出较为接近的参数，以获得更真实的结论。

CSAMT 属电磁类勘探方法，它解释的物质基础乃是电阻率这一参数，用电阻率值的高低及分布形态来区分岩性，发现断层，断层的充水情况及物质成分。为此，我们在进行资料分析及推断解释之前，首先必须考虑不同岩性推断的电阻率的界限。地下地层的电阻率更多地还受结构破碎程度和含水状况的影响，如有一定岩溶影响的含水灰岩，层理和节理发育的砂岩含水电阻率都会大大降低。板岩中砂质成分的增加会导致电阻率相应的增加，板岩中泥质成分的增加会导致电阻率大幅度的降低。断裂、破碎带由于导水、充水，一般为低电阻率异常。

6.5　小　结

本章对 CSAMT 数据处理的关键问题，即地形、近场、静态的影响和校正进行了探讨和研究，提出了校正的方法，提高了解释的精度。

第7章　CSAMT在深埋长引水隧洞围岩岩性识别中的应用

7.1　探测方法的选择及思路

南水北调西线工程引水隧洞地球物理勘探的主要任务是对引水隧洞附近地层结构和物性特征进行岩性分类和分组，基本查明引水线路区内主要构造线（尤其是断层）的宽度和走向，并对断层构造的赋水性进行初步评价。因此，在方法选择上，要结合西线工程的地理环境和地质条件。第一，探测深度必须足够大；第二，探测效率必须足够高；第三，探测效果必须足够好。通过调研和考察，在理论研究和有限元数值计算模拟的基础上确定了以可控源音频大地电磁法为主，配合其他物探方法的技术思路如下：

（1）利用CSAMT来查明引水线路的物性特征，并进行岩性分类和分段。

（2）利用CSAMT基本查明引水线路工区内主要构造（尤其是断层）的宽度和走向。

（3）选用音频大地电磁法（AMT）、甚低频法（VLF）、激发极化法（IP）、瞬变电磁法（TEM）、磁法、氡射气测量等方法中的一种或几种作为CSAMT的辅助方法，增加推断解释的可靠性。

（4）利用CSAMT结合其他电阻率法（SIP、IP、氡射气测量等）对岩层及断层构造的赋水性进行初步评价。

7.2　探测工作量及仪器设备

在方法充分试验的基础上，认为可控源音频大地电磁法（CSAMT）对南水北调西线工程深埋长引水隧洞进行地球物理勘探，基本可查明引水线路地层岩性、地质构造及富水情况。为此，从2002年至今，7次对南水北调西线工程深埋长隧洞4段引水线路（阿达—达曲甲拉黑—得玛弄引水线路、杜柯河—玛柯河输水线路、玛柯河—阿柯河引水线路、玛柯河—贾曲段引水线路）进行了以可控源音频大地电磁法为主，辅以瞬变电磁法、甚低频法、激发极化法等的综合地球物理勘探。其中，CSAMT共完成测线长度132 165 m，详见表7-1。

南水北调西线工程深埋长隧洞地球物理勘探使用的仪器主要有加拿大凤凰地球物理仪器公司生产的V5、V6、V6A多功能大地电磁仪，美国Zonge公司生产的GDP－32多功能电法仪，各仪器及相应配套设备详见表7-2。

表 7-1　南水北调西线第一期工程 CSAMT 工作量统计

工区名称	工作方法	工作量（m）	物探目的
阿达—达曲甲拉黑—得玛弄引水线路	CSAMT	14 525	基本查明线路上的地层、构造及赋水情况，通过综合分析，推断洞身地质情况，为隧洞围岩分类提供基础地质资料
杜柯河—玛柯河输水线路	CSAMT	42 712	探测引水线路附近地层结构和物性特征，并据此进行岩性分类和分组；基本查明线路附近断层构造的宽度和走向，对断层赋水性进行评价
玛柯河—阿柯河引水线路	CSAMT	36 378 m	基本查明隧洞沿线地层的物性分类与分段；隧洞沿线主要地质结构面，包括断层破碎带等地层的含水性与富水性
玛柯河—贾曲引水线路	CSAMT	40 575 m	查明线路上主要地层的物性分类与分段，主要的地质结构面，包括断层破碎带等地层的含水性与富水性

表 7-2　仪器设备一览表

工作方法	仪器设备
可控源音频大地电磁法（CSAMT）	加拿大凤凰地球物理仪器公司 V5 多功能大地电磁仪、T15 发射机（15 kW）、MG 发电机（美国）（15 kW） 加拿大凤凰地球物理仪器公司 V6 多功能大地电磁仪、MT－30 发射机（30 kW）、MG－30 发电机（美国）（30 kW） 加拿大凤凰地球物理仪器公司 V6A 多功能大地电磁仪、T30 发射机、MG 发电机（美国）（30 kW） 美国 Zonge 公司 GDP－32、GDP－32^{Ⅱ} 多通道接收机、GGT－30 发射机

7.3　探测成果

7.3.1　地层岩性的地球物理特征

探测区地层基本为两层结构：覆盖层、基岩。覆盖层主要为第四纪松散层，电阻率在几十欧姆米。基岩主要为砂岩、板岩或砂岩板岩互层，砂岩电阻率为 800～5 000 Ω · m，板岩电阻率为 20～500 Ω · m，砂岩板岩互层电阻率为 400～2 000 Ω · m，板岩夹砂岩为 100～500 Ω · m。板岩表现为低阻，砂岩表现为相对高阻。断层或破碎带的电阻率则在 300 Ω · m以下，表现为相对低阻。各岩层间、岩层与地质构造之间存在明显的电阻率（注：可控源音频大地电磁法中提到的电阻率为卡尼亚视电阻率）差异，为划分岩性和断裂构造提供了前提条件。各测区的地层岩性物性参数详见表 7-3。

表7-3 地层岩性物性参数

测区	岩性(构造)	$\rho_s(\Omega \cdot m)$	测区	岩性(构造)	$\rho_s(\Omega \cdot m)$
阿达—达曲甲拉黑—得玛弄引水线路	覆盖层	几十	玛柯河—阿柯河引水线路	覆盖层	几十
	砂岩板岩互层	500~2 000		极薄层板岩	20~40
	板岩夹砂岩	200~500		板岩	200~500
	断层	20~300		砂岩板岩互层	1 000~2 000
杜柯河—玛柯河引水线路	覆盖层	几十		中厚层砂岩	1 500~2 500
	极薄层板岩	20~40		厚层砂岩	3 000~4 500
	薄层板岩	200~500		破碎带	<100
	板岩夹砂岩	100~300	玛柯河—贾曲引水线路	第四纪松散层	几十
	砂岩夹板岩	400~600		第三系砂卵石层	300~800
	中厚层砂岩	800~2 000		板岩	300~500
	厚层砂岩	3 000~4 500		砂岩板岩	1 000~2 000
	构造角砾岩	3 000~8 000		完整砂岩	3 000~5 000
	破碎带	<100		灰岩	2 000~3 000

7.3.2 阿达—达曲甲拉黑—得玛弄引水线路

利用可控源音频大地电磁法(CSAMT)发现了13个断层(F1~F13)和一些岩层破碎带以及裂隙发育带,并确定了断层性质和宽度,结合辅助测线确定了部分断层的位置和走向,并对测线地层岩性进行了划分。

7.3.2.1 断层

F1断层,逆断层,宽度为100 m,走向为NW48°;

F2断层,宽度为170 m,F2断层的走向为NW6°;

F3断层,逆断层,宽度约100 m,走向为NW20°;

F4断层,宽度为80 m;

F5断层,宽度约100 m,走向为NW26°;

F6断层和F7断层,宽度分别为100 m和80 m,F7断层走向为NE12°;

F8断层,宽度为100 m左右;

F9断层,逆断层,宽度约为130 m;

F10断层和F11断层,其宽度均为100 m,F11断层走向为NE15°;

F12断层,逆断层,其宽度为100 m,走向为NE19°;

F13断层,宽度为100 m。

7.3.2.2 破碎带

发现了3处破碎带,宽度为100~200 m。

7.3.3　杜柯河—玛柯河输水隧洞

利用可控源音频大地电磁法(CSAMT),发现了 17 个大的断层(Fd1、Fd2、F1 ~ F10、f_3、f_2、f_1、F_2、F_3),16 处破碎带,定性地确定出了断层的主要性质,进行大致的地层分段;结合频谱激发极化法(SIP)、激发极化法(IP)对断层和层间的赋水性进行了判断;结合瞬变电磁法(TEM)对其中两个断层浅部进行了分层。

7.3.3.1　地层划分

在线路南端,地层划分为三层。第一层主要为第四纪黄土覆盖层,电阻率范围为 10 ~ 70 Ω · m,层厚 3 ~ 18 m;第二层主要为砂卵石层,电阻率范围为 110 ~ 160 Ω · m,层厚 0 ~ 12 m;第三层主要为风化板岩和板岩,电阻率范围为 50 ~ 100 Ω · m。

7.3.3.2　断层及破碎带

Fd1 断层:离线路起点约 2 km 地方,异常段表现为低电阻率条带状并由地表向地下延伸;测氡值比背景值明显偏高,断层为 NW59°走向,为逆断层,相对中等富水。旁侧易朗沟也发现同样断层,应为同一个断层。

Fd2 断层也为低阻异常带,宽约 180 m,NWW 走向,逆断层,相对富水。

F1、F3、F8、F10 断层同样为低阻条带,相对富水。

F2、F4、F5、F6、F7、F9 断层电阻相对较高,相对弱富水,断层宽度较小。

f_3、f_2、f_1、F_2 这四个断层都在恩达弄沟,f_3 断层在恩达弄沟南端,F_2 断层在北端。f_3 断层,走向 NW—SE,性质不明,相对富水;f_2 断层,宽约 100 m,压性逆断层,相对富水;f_1 断层,宽度不一,走向 NW—SE,相对富水;F_2 断层,宽度约 150 m,为 NWW 走向,相对中等富水。

F_3 断层在红军沟,有两处反映,旁侧贡沟、纳达和江巴桑也有反映,断层宽度 160 ~ 180 m,NWW 走向,相对富水。

16 处破碎带有 4 处为富水,6 处较富水,其余的为不富水。

7.3.4　玛柯河—阿柯河引水线路

利用可控源音频大地电磁法(CSAMT),结合氡射气测量和直流电测深,进行了测线的物性分类和分段,查明了断层的位置和特征;结合频谱激发极化法(SIP)判断了断层及地层的富水性。

7.3.4.1　地层岩性分段

测线大部分地段为板岩夹砂岩或者砂岩夹板岩;测线从西向东,为砂岩、板岩相互夹层交替出现。

7.3.4.2　断层及破碎带

共发现 5 个断层(Fm1、Fm2、F_2、F_3、F_4),2 处破碎带(f3、f4)。

Fm1 断层,宽度约 200 m,走向为 NW—SE,压性逆断层,相对弱富水;

Fm2 断层,宽度约 150 m,逆断层,相对中等富水;

F_2 断层,宽度约 100 m,走向为 NW—SE,压性逆断层,相对富水;

F_3 断层,宽度 100 m 左右,走向为 NW—SE,相对富水;

F_4 断层,宽度约 120 m,走向为 NW—SE,压性逆断层,相对弱富水。

2 处破碎带 f3、f4 宽度分别为 40 m 和 60 m。

7.3.5　玛柯河—贾曲引水线路

利用可控源音频大地电磁法(CSAMT),结合磁测结果、甚低频法(VLF)、激发极化法(IP)和瞬变电磁法(TEM),进行了测线的物性分类和分段;查明了断层的位置和特征;判断了断层及地层的富水性。

7.3.5.1　地层岩性分段

沿测线从西向东把地层大致分为 15 段,岩性以砂岩和板岩为主,有不等厚相互夹层现象;大部分地段基本不含水。

7.3.5.2　断层及破碎带

整个测线从西到东,共发现了 11 条断层(FTD1′、F2′、F1′、F_{TD1}、F_{TD2}、F_{TD3}、F1、F2、FTD1、F3、F4),阿柯河以西 5 个,阿柯河到若果郎 2 个,若果郎以东 4 个;发现 12 处明显的破碎带,阿柯河以西 5 处,阿柯河到若果郎 3 处,若果郎以东 4 处。

FTD1′断层,产状为 60°∠65°,基本不含水;

F2′断层,倾向 20°,倾角 88°,浅部含水,下部基本不含水;

F1′断层,产状 210°∠50°,基本不含水;

F_{TD1}断层,逆断层,产状为 284°∠54°,为弱含水;

F_{TD2}断层,为压扭性逆冲断层,产状为 35°∠85°,基本不含水;

F_{TD3}断层,产状 25°∠76°,弱含水;

F1 断层,倾向 200°,倾角约 50°,富水;

F2 断层,产状为 215°∠75°,富水;

FTD1 断层,产状为 50°∠80°,浅部含水,下部基本不含水;

F3 断层,倾向 295°,倾角约 70°,弱含水;

F4 断层,产状变化较大,基本不含水。

破碎带基本上都不含水,只有若果郎东边有两处和最后一处破碎带含水。

7.4　典型引水线路(玛柯河—贾曲段)探测方法与成果

7.4.1　玛柯河—贾曲引水线路工作内容及技术要求

7.4.1.1　工作内容

玛柯河—贾曲引水线路沿线地面高程 3 450 ~ 4 600 m,属中等—强切割高山区,海拔 4 000 m 以下的地区主要分布于测区玛柯河、阿柯河及贾曲等河流沿岸地带,区内岸坡变形破坏现象比较发育,但规模一般较小。岩石类型主要为砂岩、板岩,复式褶皱和断裂构造较为发育。构造断裂与破碎带的存在、岩性特征、赋水性成为制约引水隧洞工程成败的关键地质因素之一。为此,对引水隧洞通过区的地质结构面、岩性特征、赋水性等地质情况进行地球物理勘探、工程地质勘察,并进行综合解释以查清勘探区影响引水隧洞工程建设的不良地质体和不良地质构造是十分必要的。

玛柯河—贾曲引水线路工作内容如下：

（1）玛柯河—贾曲引水线路地球物理勘探，剖面长度为 20 km，探测深度应达到洞线高程以下 20 ~ 50 m。

（2）探测引水线路附近地层结构和物性特征，并根据物性特征进行岩性分类。

（3）基本查明探测区域内主要构造线（尤其是断层构造）的宽度和走向。

（4）对岩层及断层构造的赋水性进行初步评价。

7.4.1.2　技术要求

（1）根据工作内容和现场地质条件，采用可控源音频大地电磁法、瞬变电磁法、甚低频法确定岩性及主要构造线的地质特征，利用激发极化法初步评价层间及构造的赋水性。其中，以可控源音频大地电磁法为主要物探手段。

（2）沿隧洞两侧共 2 km 范围内进行探测，可控源音频大地电磁法的点距为 25 m，其他方法的点距满足探测精度，根据需要确定。

（3）沿测线两侧 2 km 范围的工程地质调查（比例尺为 1∶2.5 万）。

（4）物探测点的定位工作采用双频 GPS，误差小于 10 cm。

（5）不同岩性露头上用小四极法测定岩石的电阻率值。

（6）选择典型地段做物探方法的试验，对可控源音频大地电磁法，主要测试能满足勘探目标的合理的工作频率段、发射偶极 *AB* 距离，收发距离 *R* 等参数；瞬变电磁法，测试发射线框的大小与探测深度的关系。

（7）用可控源音频大地电磁法和甚低频法对全剖面进行勘探，结合工程地质及可控源音频大地电磁法、甚低频法资料的初步分析情况。在测区范围内，发现有意义的异常和明显的地质现象时，应加密测点，并增加旁测线，用可控源音频大地电磁法进行补充观测；同时，在工作条件许可地段，用瞬变电磁法进行双测线和加密点的复合观测。

（8）外业工作质量检查应符合下列规定：应在同一测点，不同日期，重新布极，可用不同仪器进行检查观测。检查点在测区内应均匀分布，检查点数不得少于总观测点数的 3%。原始观测与检查观测的物探曲线应形态一致，相对误差不应超过 5%。内业资料解释，若使用计算机软件处理，应详细介绍数据处理和资料解释的基本原理，并注明资料解释所选择的参数及其目的意义。

（9）物探资料地质解释结果应包括以下内容：地层结构的埋深和起伏形态，地层结构界线，物探解释的地层结构和地质调查结果，测区内断层构造的展布情况，断层构造的赋水性描述。

7.4.2　工作方法及工作量

7.4.2.1　工作方法

根据项目任务要求，所用的工作手段以 CSAMT 为主。所用仪器为加拿大凤凰地球物理仪器公司的 V6A 系统。测点间距为 25 m，经现场试验工作频率范围选用 2^{11} ~ 2^{1} Hz，发射偶极距 *AB* 为 2 km，发射到接收间的距离 *R* 为 10 km。其次，采用甚低频法（VLF）、激发极化法（IP）和瞬变电磁法（TEM）为配合手段，主要用来复合 CSAMT 异常，从而增加推断解释的可靠性。配合地球物理勘探,对测线沿线及沿线4 km带宽内进行地表地质勘察工作,以便开展地球物理结果和地质勘查结果的综合地质解释。

7.4.2.2　CSAMT工作量

南水北调西线一期工程玛柯河—贾曲引水线路地球物理勘探共布设测线两段。东剖面12.975 km,测线方位NE60°;西剖面7.35 km,测线方位NE74°。西剖面从剖面的东端开始作业,定义东面的第一个桩为桩号的起点0,其坐标为(17 722 075.000,3 653 040.000),294号桩为西剖面的终点,其坐标为(17 715 013.267 0,3 651 001.727 4)。CSAMT测点距25 m,完成295个物理点。另外,在7个测点上做了重复观测作为检查点。部分异常位置做了加密测点和旁测线观测。加密测点工作方式采用是在相同工作方式下,将整个排列平移半个点距,再做一遍。西剖面旁测线位置分别在174～188号桩段、210～231号桩段、259～273号桩段共49个点上,在测线的北西侧垂直距离100 m处。

东剖面从剖面的西端开始作业,因此桩号和距离概念都遵循西小东大的原则。定义东剖面西端的第一个桩为桩号的起点0,其坐标为(17 747 121.768 2,3 666 587.646),519号桩为东剖面的终点,其坐标为(17 758 358.429 6,3 673 075.146)。CSAMT测点距25 m,完成520个物理点。部分异常位置做了加密测点和旁测线观测。东剖面加密点和旁测线位置在483～505号桩段21个点上,在测线的东南侧垂直距离100 m处。

共完成815个物理点,20.325 km的剖面勘探。另外,在35个测点上做了重复观测作为检查点,部分地段做了旁测线。

由于东、西剖面相距较远,因此分别采用了东、西二次发射的方法。西剖面的发射源位于剖面的北西侧,平行于西剖面,在西剖面中心垂直线上10 km处;东剖面的发射源位置同样位于剖面的北西侧,平行于东剖面,在东剖面中心垂直线上10 km处。东西发射源的AB偶极距都为2 km。

7.4.2.3　甚低频法(VLF)

甚低频法(VLF)工作所用仪器为重庆地质仪器厂的DDS－3型甚低频电磁仪。工作频率为22.3 kHz。测量参数有磁场水平分量H_x、磁场垂直分量H_z、极化椭圆倾角D。

甚低频法(VLF)在东、西两剖面各测点上(25 m点距)都进行了工作,并且在主要异常段还做了双测线的数据观测。共完成物理点939个,其中:东剖面520个;西剖面295个;西剖面旁测线点47个,分别是156～176号桩、221～233号桩、259～271号桩段,旁测线在主测线东南侧垂直距离100 m处;东剖面旁测线点77个,分别是90～111号桩、150～171号桩、220～241号桩、470～484号桩段,旁测线在主测线北西侧垂直距离100 m处。

7.4.2.4　激发极化法(IP)

激发极化法(IP)采用的仪器为北京地质仪器厂的智能化激电仪(DJW－3型)。测量参数有极化率η、电阻率ρ和半衰时3个参数。

施工时受地形条件的限制,激发极化法(IP)仅在地形平坦的沟里做了测深工作。西剖面分别在78号桩、143号桩和144号桩3个点上做了激电测深;东剖面在238号桩、240号桩、242号桩、244号桩、245号桩和246号桩6个点上做了激电测深。

7.4.2.5　瞬变电磁法(TEM)

瞬变电磁法(TEM)勘探所用仪器为加拿大Phoenix地球物理仪器公司的V6A系统,

它有 Low TEM 和 Mul TEM 两种功能选项，分别对应浅层和深层勘探需要。

为了取得合理的数据，该方法野外施工要求发射线框和接收线框必须在同一水平面内。根据现场情况只在东剖面 224 ~ 236 号桩段 50 m 间距的 7 个测深点上进行了 TEM 工作。

7.4.3　探测区内工程地质调查及地球物理特征

7.4.3.1　探测区内区域地质概况

由于印度洋板块向欧亚板块俯冲，造成了青藏高原向 N—NE 方向的挤压运动和强烈隆起，决定了南水北调一期工程区内构造应力场的最大主应力方向自南向北由 NEE 方向逐渐变为 EW 方向，同时决定了测区地质构造特征，见图 7-1。测区位于巴颜喀拉褶皱带，岩层大多呈高角度陡倾，褶皱构造一般呈紧闭状，紧密挤压带或密集的逆冲断层带是西线工程区断裂构造的基本表现形式。该区岩性以中薄、中厚层砂岩夹板岩为主，见图 7-2。

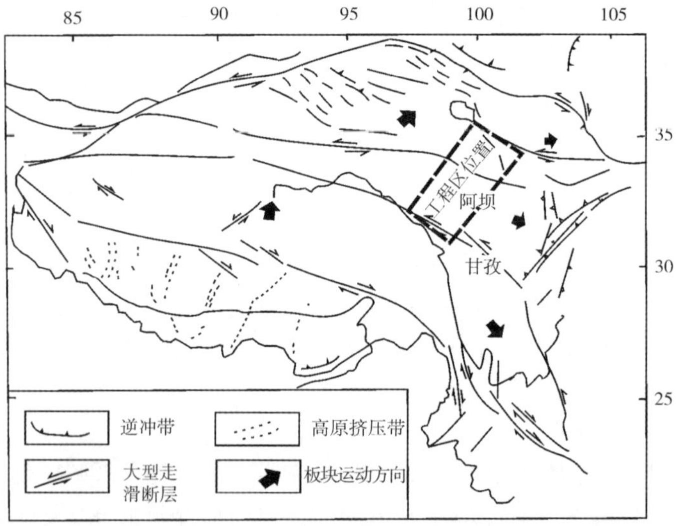

图 7-1　探测区区域地质构造特征

7.4.3.2　岩性及构造特征

1）基本情况

探测区工作分东、西两段。其中，东段测线长度约为 13 km，测线方向为 NE60°。地形相对平缓，隧洞埋深为 400 ~ 800 m。穿过该段有几条宽直沟，沟中沼泽发育并有常年流水，河流补给方式以大气降雨为主，潜水补给次之；西段测线长度为 7.35 km，测线方向为 NE74°。该段地形陡峭，地表高程为 3 600 ~ 4 200 m，隧洞埋深为 200 ~ 800 m。穿过该段的河流主要为克柯支流苟柯和给柯，属大渡河水系，河水主要来自大气降雨，潜水和地表径流次之，河流两侧多有泉水出露。东、西两段第四系类型比较单一，以河流冲积为主，冰川—冰水沉积次之。东、西剖面带状工程地质图见附图 1。该图给出了探测区的地形、岩层时代分界线、断层平面展布及泉水出露等信息。

2）岩性及其分段

东、西两剖面岩层均属三叠系上统轻微变质砂岩和板岩。其中，砂岩多为灰色，间有

图 7-2　探测区砂板岩地层

砖红色，钙质胶结，硬质岩，厚度变化较大；板岩为深灰色，以含云母为特征，主要有泥质、泥砂质及钙质三类，其中钙质板岩相对较厚，硬度大。总体上，工作区岩层呈北西向展布，岩性单一，并存在不等厚韵律互层。东、西两剖面段均以砂岩、砂岩夹板岩为主，因此砂岩与板岩的厚度比是决定地层电阻率的一个关键因素。西剖面电阻率分段特征很好地反映了砂岩与板岩的组合关系。

(1)东剖面段。东剖面段地层分布由新到老主要为：

①新生代冲、洪积及冰水堆积，厚度 50 m 左右；

②三叠系侏倭组 T_3zh，呈深灰色，薄—中层细粒凝灰质长石石英岩屑砂岩和深灰色板岩，253 ~ 393 号桩及 477 ~ 519 号桩段地层属该组；

③三叠系杂谷脑组 T_3z，呈深灰色，以风化后呈褐灰色的厚层状凝灰质长石石英砂岩为主，薄—中层状凝灰质粉砂岩，深灰色板岩次之的砂岩组合，0 ~ 253 号桩及 393 ~ 477 号桩段地层属该组。

该段的厚层状凝灰质长石石英砂岩具有较强抗风化能力，在地表表现为突出的裸岩，如图 7-3 所示。西剖面段的三叠系杂谷脑组 T_3z 地层也具有这种性质，而且表现更为突出。

据野外地质调查，可将东剖面分为 4 段(见附图 2(a))：

第 1 段：0 ~ 63 号桩段，隧道埋深 400 ~ 700 m，地表高程在 3 900 ~ 4 120 m，其中 15 号桩附近有地表小河流，宽度为 1 m，深 0.5 m 左右。该区岩性主要为中厚层砂岩，中厚层砂岩夹板岩及厚度相对较小的板岩夹砂岩，板岩层相对较为破碎。岩层主要受褶皱构造所控制，倾角较大。

第 2 段：65 ~ 153 号桩段，隧洞埋深在 400 ~ 800 m，其中 56 ~ 75 号桩在宽大直沟中，地表为沼泽地，岩性主要为中薄层砂岩，少量中薄层砂岩夹板岩及板岩，局部中厚层砂岩。

第 3 段：153 ~ 280 号桩段，隧洞埋深 500 m 左右，整个区段地表起伏较小，相对高程

图 7-3　杂谷脑组厚层状凝灰质长石石英砂岩

差不大,其中在 208 ~ 248 号桩之间为宽大平直的沟,发育沼泽和常年流水。岩性主要为中厚层砂岩,间夹有少量砂岩板岩互层。

第 4 段:280 ~ 519 号桩段,该段隧洞埋深在 600 m 左右,岩层产状变化不明显,范围在 30° ~ 45°∠35° ~ 65°,岩性以中薄层砂岩为主,少量中薄层砂岩夹板岩,砂岩与板岩厚度比约为 2∶1。

(2)西剖面段。西剖面段地层分布由新到老主要为:

①新生代冲、洪积以及冰水堆积,厚度 50 m 左右;

②三叠系杂谷脑组 T_3z,呈深灰色,以风化后呈褐灰色的厚层状凝灰质长石石英砂岩为主,薄—中层状凝灰质粉砂岩、深灰色板岩次之的砂岩组合,0 ~ 86 号桩段地层属该组;

③三叠系扎尕山群 T_2zg,呈浅黄灰色、灰色,薄—中层状岩屑亚长石砂岩、凝灰质岩屑长石砂岩,夹深灰色板岩褐微晶灰岩。86 ~ 294 号桩段岩石为“扎尕山群”。

据野外地质调查,将西剖面分 3 段(见附图 2(b))。

第 1 段:0 ~ 94 号桩段,地层岩性为中层—中厚层砂岩夹板岩,砂岩与板岩厚度比为 8∶1 ~ 12∶1,岩体结构完整,杂谷脑组的厚层状凝灰质长石石英砂岩就于该段出露。泉水地表零星出露,流量小,大多约为 3 L/min。因此,该段电阻率较高,最大值已超过 3 000 Ω · m。

第 2 段:94 ~ 172 号桩段,地层岩性为中薄层—中层砂岩夹板岩,砂岩与板岩厚度比为 4∶1 ~ 8∶1,岩体结构较为完整,泉水发育较少。该段电阻率大多大于 1 000 Ω · m。

第 3 段:172 ~ 294 号桩段,地层岩性为中薄层—中层砂岩夹板岩,砂岩与板岩厚度比为 4∶1 ~ 8∶1,岩体构造节理较为发育,结构较破碎。下降泉水较发育,且流量较大,大多为 15 L/min,最大的可达 30 L/min,图 7-4 为因流量较大泉水冲刷地表而残留原处的石块。穿过该段的沟谷均有地表径流。该段沟谷中的灌木比其他段发育也表明该段潜水较其他段丰富。

3)构造特征

东、西两剖面段具有相近的构造特征。测区位于二级构造单元巴颜喀拉褶皱带,地质

图 7-4　泉水冲刷

构造相对简单,基本上属于中等—简单区;岩层主要受褶皱构造所控制,为连续的背斜、向斜构造,背斜区褶皱呈紧闭状的紧密挤压带,小褶曲发育,其岩层大多呈高角度陡倾;断裂构造不发育,在测区野外地质没有发现规模较大的断层,所发现的断层带以及小型破碎带没有改变岩层的基本面貌,只是使岩体相对破碎,大小褶曲更为复杂,如图 7-5 所示,有断层角砾,节理发育,推测均为受力追踪的结果。构造主要沿北西 50°方向展布,显示主要受北东—南西向构造应力挤压;另外,地层倒转说明这种挤压非常强烈。

图 7-5　小褶曲

7.4.3.3　工区地球物理特征

根据已有的工作基础及本次野外工作中小四极法岩石露头上的电性测量结果,归纳本区的岩石电性特征如下：

第四纪松散层电阻率约为几十欧姆米，部分砂卵石层残积层电阻率可达 300 Ω·m 左右，完整砂岩电阻率约为 3 000 Ω·m；板岩电阻率在 300～1 000 Ω·m。野外试验表明，砂岩板岩比例、层厚以及板岩与砂岩的组合形式都对电阻率有较大影响。薄互层状态电阻率较低，砂岩板岩比例 4∶1左右电阻率在 2 000 Ω·m，砂岩板岩比例 8∶1左右电阻率在2 000 Ω·m以上。

这里需要说明的是 CSAMT 测量的是卡尼亚电阻率，与直流电法及电测井中的电阻率有差异。这主要因为 CSAMT 要测定磁场，磁场值小电阻率就会增大。通过统计本区卡尼亚电阻率与直流电法电阻率相差约几倍的数量级。

7.4.4　综合探测结果的地质解释

7.4.4.1　CSAMT 反演结果的地质解释

东、西剖面采集的原始数据频率—视电阻率断面图分别见附图 3(a)和附图 3(b)，原始数据经地形改正后的频率—视电阻率断面图分别见附图 4(a)和附图 4(b)，反演的东、西剖面的结果见附图 5(a) 和附图 5(b)，东、西剖面的解释断面图见附图 6(a) 和附图 6(b)。

CSAMT 的反演断面图，给出了勘探深度内的电阻率变化形式。以区内岩石电性分析为基础，结合本区的地质资料，作如下解释，力求得到客观的结果。

1) 地层分段

(1) 东剖面。

剖面处于江黄分水岭东侧，侵蚀切割较西剖面弱，地貌上相对较缓。剖面向东渐近于邓扎柯谷地，邓扎柯谷地在本区表现为宽阔的平沟。受此影响，东剖面地表风化层较深，多处残积物丰富。由于表层受较低电阻率的静态影响，剖面部分段显示了相对低的电阻率特征。从电阻率断面图，本区可分如下不同电性特点段：

0～63 号桩，高电阻率段。其中：0～20 号桩浅表电阻率较低，结合地质观察该段和断层 F1 位置相当，低阻是断层影响所致；60～75 号桩段表层有一厚 100 多 m 近水平展布的低阻带，应是残坡积物和谷地中洪积物的特征，估计其深度在 50 m 左右。除此两段外，本段均为电阻率较高的电性段。结合地质资料分析，该段为厚层、中厚层砂岩为主夹少量板岩地段，地层中岩石硅化较常见。本段岩石较完整，工程条件相对较好。

63～153 号桩，平均电阻率 3 000 Ω·m，电阻率也较高。但结构上零乱，相间多处低阻带。在 63 号桩、95 号桩及 115 号桩附近出现了多条窄束的低阻带。99 号桩附近解释为断层 F2，其他几条异常反映了板岩夹层、砂岩夹板岩的电性特征。对应岩性为中薄层砂岩、中薄层砂岩夹板岩、少量中厚层砂岩。

153～280 号桩段，本段电阻率中高，但结构上变化疏缓。该段多处有第四系松散层沉积。结合地质资料，推测本段为富含云母中厚层砂岩间夹有少量板岩互层，从表层电阻率看存在表层较低电阻率层，解释为第四系松散层。深度可达 40 余 m。由于表层低阻的静态影响，使得反演电阻率相对较低。但本段除 155～182 号桩一带受断层FTD1 影响使地层不连续外，其他部分结构完整，应属于良好的工程围岩段。

280～519 号桩，表现为中高电阻率，平均电阻率 2 000～3 000 Ω·m。在 302 号桩、372 号桩、395 号桩、440 号桩及 484 号桩出现了几处低阻带。配合地质分析，484 号桩附近解释为受断层 F4 影响，其他应是板岩、薄层砂岩夹板岩的地层引起的。本段对应的岩性以砂岩为主，板岩数量较少，砂岩多含云母、岩屑、棱砂岩类特征明显，部分段表层可分出相对低阻层，反映表层风化层较厚，可达近百米。从整体上看，本段地层较稳定。应为工程条件较好地段。

(2)西剖面。

根据电阻率值和结构特点，本剖面可分三个电阻率特征段。

0～94 号桩段：电阻率值较高(3 000 Ω·m 左右)，结构较简单。7 号桩、28 号桩和 50 号桩有相对低阻带。其中，28 号桩附近反映了较宽范围的相对低阻，且标高 3 600 m 以上深度更明显，反映了该段岩性相对破碎。50 号桩附近反映静态的影响大些。结合本段地质的解释为厚层砂岩、半厚层砂岩夹少量板岩岩性段。本段岩石压实、胶结好，部分为硅质胶结，应为工程条件较好的地段。

94～172 号桩段：电阻率较高，但分层变化丰富。该段电阻率值在 1 000～3 000 Ω·m。在 110 号桩、120 号桩、173 号桩有三条低阻带，本段反映电阻率变化大。结合结构特点，110 号桩、145 号桩、172 号桩解释为断层，120 号桩附近应为低阻岩层影响。本段为中薄层—中厚砂岩夹板岩段，砂岩板岩比例为 4∶1～8∶1。该段较多的岩性变化和断层带的存在，工程中将受围岩破碎的影响。

172～294 号桩段：该段电阻率变化较大，但电阻率以 300～2 000 Ω·m 为主。在 182 号桩、224 号桩、270 号桩附近出现了极明显的低阻异常。结合地质工作结果，该段测线和地层交角较小，多数与地层近平行状。地层陡立，岩性为中厚—中薄层砂岩夹板岩，部分为砂岩板岩互层状，顺层测量的结果，加大了板岩等高导层的影响，使电阻率大大降低。该段中 172～180 号桩应受 F2′的影响有一定程度的破碎。224 号桩附近、270 号桩附近深部的低阻，我们认为是层间破碎，并由一定的含水性所致。较大面积的低阻是顺层测量的结果，它会使异常有所夸大。

2)断层

根据 CSAMT 电阻率结构特征及地表地质情况，对勘探剖面的断层作了推断解释。东剖面解释了 5 条断层，分别如附图 6(a)中 F1、F2、F3、F4 和 FTD1 所示。西剖面解释了 3 条断层，分别如附图 6(b)中 F1′、F2′和 FTD1′所示。

依据电阻率断面图的分析，部分参照地质结果，东剖面划出的 5 条断层情况如下：

断层 F1。出露在 14 号桩附近，倾向北西西，较陡，地质观察露头产状为倾向 200°，倾角约 50°，见有挤压透镜体(直径 2～10 cm，椭圆状)。从电阻率图上分析，该断层规模小并且未至洞线深度，对工程无影响。

断层 F2。出露在测线 99 号桩附近，CSAMT 结果为一窄的低阻带，南倾较陡，地质观察断层露头有搓痕、角砾、硅化，近直立，产状为 215°∠75°。该断层从电性上看，虽延至洞线深度但影响带不宽，对工程有轻微的影响，如渗水、碎裂等。

断层 F3。在 240 号桩附近，有一低阻带，两侧电阻率不连续，地质观察断层露头产状，倾向 295°，倾角约 70°，上盘产状 40°∠30°，下盘产状 45°∠30°，层面明显，有断层角砾。断层虽未达洞线，但应注意受其影响的渗水可能。

断层 F4。在 484 号桩附近，物探为明显电阻率不连续面，北东倾，地表地质观察在附近一定范围地层倾角变化大，由 30°∠50°~15°∠25°~45°∠30°~30°∠5°，矿化蚀变强烈，有泉水出露。电阻率表现为较宽低阻带，且深达洞线，断层附近硅化现象多见，工程中可能有较多裂隙、渗水危险。

此外，在 181 号桩附近，有一较明显电阻率变化带，推测有断层存在，定名为 FTD1，其产状为 50°∠80°。

西剖面发现的 3 处断层情况如下：

断层 F1′。在 145 号桩左右，物探异常不明显，主要依据是断层两盘褶皱轴有明显错断，断层走向约 45°左右，其产状为 210°∠50°。从低阻异常不明显看，应是压扭性断层，较少含水的特征。

断层 F2′。在 173 号桩附近，其左侧为一低阻带。地质观察，下盘倾向为 305°，倾角约 20°，为中薄层砂岩板岩互层，上盘倾向约 20°，倾角约 88°，断层产状大体和上盘相当，由断层位置推断低阻带主要位于断层的南西方向，表明这一带有破碎和含水现象。

此外，在西剖面 110 号桩附近，有一较明显电阻率变化带，根据地表岩性推测有断层存在，定名为 FTD1′，其产状为 60°∠65°。

3）地层及构造含水性与富水性

通过剖面中电性反映的地层结构和电阻率情况，剖面中关于地层含水性的描述可以分为如下几种情况：基本不含水地段、弱含水地段、含水较明显地段。

东剖面各段解释为基本不含水地段；西剖面 0~94 号桩和 94~172 号桩两段解释为基本不含水地段，西剖面 172~294 号桩段有局部明显含水地段。

东、西剖面中的断层除 F2、F1′和 F2′浅部含水外，断层基本为不含水特性。

7.4.4.2　甚低频法（VLF）数据反演及地质解释

甚低频法（VLF）主要反映浅表几十米深度范围内介质的导电特征。我们用二维多点圆滑电流密度反演软件把野外观测磁场结果处理后用电流密度分布断面图来表示，高密度区用红色标识，低密度区用蓝色标识。直观地可以这样理解：高密度区则认为电流密度较大，也就是容易导电的地方，对应含水较多的地方。根据这个原则，可以看出两剖面上高密度区很多，这些异常应和浅表的地层含水性有关。

附图 7（a）和附图 7（b）是东、西剖面甚低频法电流密度分布图，图中横坐标为桩号，纵坐标为以地表为 0 m 的深度。由于该方法反映的信息很浅，反演的深度仅 50 m，无法在图上加上地形，因此直接用地表为 0 m 深度的断面图展示结果，并将纵向比例放大了 12.5 倍。东、西剖面图上方的小图为和大图等比例的对应桩上的旁测线结果。

在主要的高电流密度处标上了地表地貌特征，大部分异常和表层的水系、沟谷分布有关。地表地质工作观察到的断层已标注在剖面上，可以看出各断层处对应的电流密度分布特征。东剖面中 F2 和 F4 断层附近为高电流密度区，表明其断层处浅表有含水特征。F1 和 F3 断层附近无异常。西剖面 F1′处为高电流密度分布，该点地表正好对应一个流水沟。F2′断层处无明显异常。

7.4.4.3　激发极化法(IP)数据及地质解释

激发极化法(IP)是一种辅助手段,主要用来判断介质的富水性。由于受地形和施工条件及该方法工作效率低等的限制,西剖面在3个测点上进行了IP测量,东剖面在6个测点上进行了IP测量。东剖面各测点上的测量曲线见附图8(a)、(b)、(c)、(d)、(e)、(f)。西剖面各测点上的测量曲线见附图8(g)、(h)、(i),图中横坐标为*AB*/2的对数表达,它基本反映了测量深度的概念。纵坐标分别为极化率(兰色曲线)、电阻率(红色曲线)和半衰时(绿色曲线)等参数量的幅值。由于东剖面上的6个测点是连续的,所以绘制了各参数的断面图,见附图9(a)、(b)和(c)。一般来讲激电曲线中半衰时和极化率对介质含水性反映较敏感,介质含水时极化率偏高,半衰时较大,电阻率相应偏低。根据这个原则,几个测点上的结果显示,除个别点的极浅部有高极化低电阻率特征外,均无明显的含水反映,尤其半衰时曲线无异常。

7.4.4.4　瞬变电磁法(TEM)结果

东剖面224~236号桩段TEM法电阻率断面图如附图10所示。横坐标为测点号和相对起点的距离,纵坐标为深度。图中的电阻率彩色分级和CSAMT反演电阻率断面图中的彩色分级基本一致。

TEM测量深度相对较浅,该剖面深度仅到400 m。从剖面电性特征看,除浅表有局部电性不均匀外,其下部基本为电阻率几百欧姆米的介质,这和CSAMT反演电阻率断面图相应位置上的电性特征一致,只是相应部位的等值线密度更密集一些。

7.4.5　断层和物探异常的工程地质依据及解释

7.4.5.1　东剖面

在野外工作中,我们于E101°38.983′、N33°6.104′处发现1条宽约3 m的断层破碎带F1,产状为200°∠50°,在地表与测线交于14号桩左右,其中发育有长半轴2~10 cm的挤压型椭球透镜体,见图7-6及图7-7。该断层上下两侧的岩层钙化强烈,其下侧岩层揉皱明显,结合CSAMT在该区异常,延伸和宽度都较小,可大致判定该断层为小型的挤压破碎带,是受力追踪的结果,对工程影响不大。

在E101°40.169′、N33°6.411′处可见中薄层砂岩产状紊乱,岩层陡倾,并有错动面及擦痕,见图7-8,剪节理发育,可见石英矿脉错断,结合CSAMT异常,我们可以确定该区存在一条断层带F2,见图7-9,其产状为215°∠75°,该断层为压性逆断层,相对富水,在地表与测线交于99号桩左右,与99号桩附近的相对低阻异常相吻合。

从CSAMT测试结果可知,148~285号桩段存在一深度很大的异常带穿过引水隧洞轴线。该桩段发育一条NW—SE向的宽大水沟,该沟横切山岭方向,并错断山脊,沟两侧地貌有明显差异,见图7-10,因此推测该沟为一规模较大的断层。另外,于E101°42.339′、N33°7.233′处发现一产状为295°∠70°的正断层F3,见图7-11,两盘岩层产状均为40°∠30°,发育在中层砂板岩互层里(砂岩与板岩厚度比约4:1),在断层面两侧有轻微的牵引现象,断层角砾和断层泥均存在。结合CSAMT测试结果,可知该断层延伸较小,在地表与测线并无交点。综上所述,我们可以判断148~285号桩段为一条相对富水的断裂带,走向NW—SE,断层性质不明。

图 7-6　挤压型透镜体

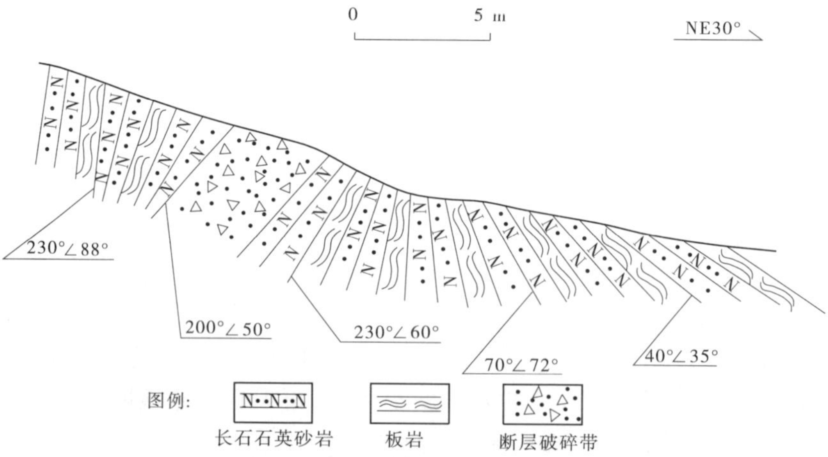

图 7-7　断层 F1 露头点素描图

在 480 ~ 505 号桩段,CSAMT 显示低阻异常,延伸深度大于 800 m。在野外地质调查中,我们于 E101°45.321′、N33°9.06′处发现一破碎带露头,岩层揉皱强烈,产状变化多端,岩性为中厚层砂岩夹板岩,砂岩与板岩的厚度比为 2∶1,如图 7-12 及图 7-13 所示,顺层硅化石英脉发育,有不完整的错动面错断石英脉,产状为 45°∠70°,泉水丰富。结合 CSAMT 异常和野外地质调查,可以判定存在一断层带 F4,在地表与测线交于 484 号桩左右。

7.4.5.2　**西剖面**

据 CSAMT 反演结果,地层电阻率于 173 ~ 191 号桩段出现低阻异常,该异常带宽约 450 m,地层电阻率最小值远低于 100 Ω · m。据野外地质调查,逆冲断层 F2′于该低阻带右边缘 173 号桩处出露,断层产状为 20°∠88°与上盘岩层产状一致,断层下盘产状为 305°∠20°,岩层轻微扭曲变形,断层泥发育,见图 7-14、图 7-15,同时发育一个流量约 5 L/min的下降泉。

图 7-8　断层 F2 中发育的擦痕

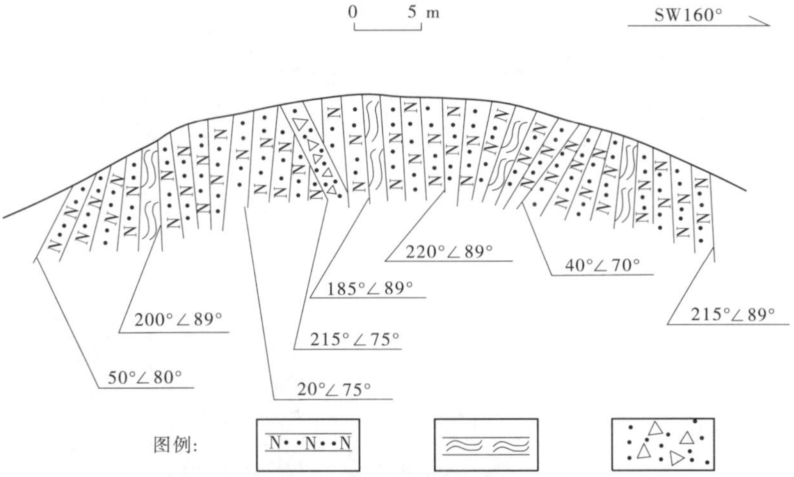

图 7-9　断层 F2 露头点素描图

173 ~294 号桩段地层电阻率普遍较低,特别是 222 号桩与 269 号桩附近。该两桩附近岩层为中层砂岩,砂岩与板岩的厚度比约为 8∶1,岩体结构较为破碎,见图 7-16。岩体中节理较为发育且相互连通,具有较强的赋水性与导水性,地下水集中汇聚于一破碎带以泉的形式出露于地表,最大流量约 30 L/min,见图 7-17。

此外,于 E101°20.427′、N32°58.343′处出露逆冲断层 F1′,产状为 210°∠80°,该断层在地表与测线交于 145 号桩附近,断层规模很小,岩体结构完整性较好,赋水性较差。CSAMT 在 145 号桩附近并无低阻异常带。

7.4.6　综合解释结果

综合物探和工程地质的工作情况,我们给出东、西剖面综合解释剖面结果,见附图 11。由于本区地层主要为砂岩板岩互层结构,岩性段的区分相应难度较大。地层产状

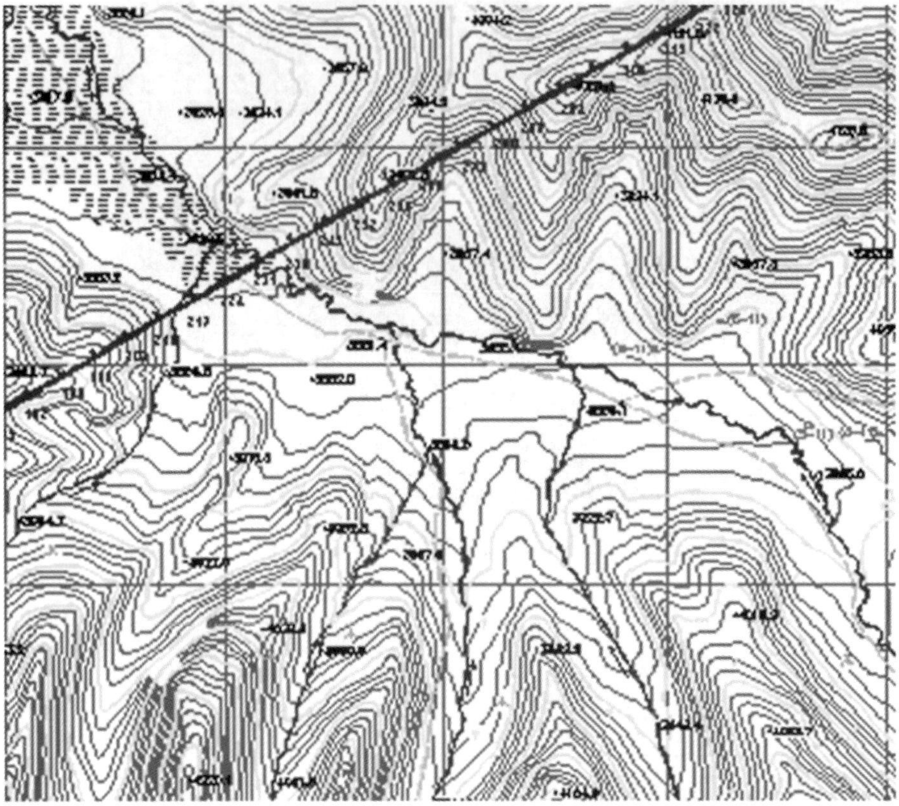

图 7-10　208 ~ 248 号桩段所在沟两侧地形不协调

图 7-11　断层 F3 周围破碎岩体

多为高倾角或近直立，许多情况下层间错动，在物探信息上反映不明显，易把相应较低阻地层如板岩夹层和破碎带相混。我们在解释中充分考虑了电阻率结构和地层相互关系等

图 7-12　断层 F4 中的强烈揉皱

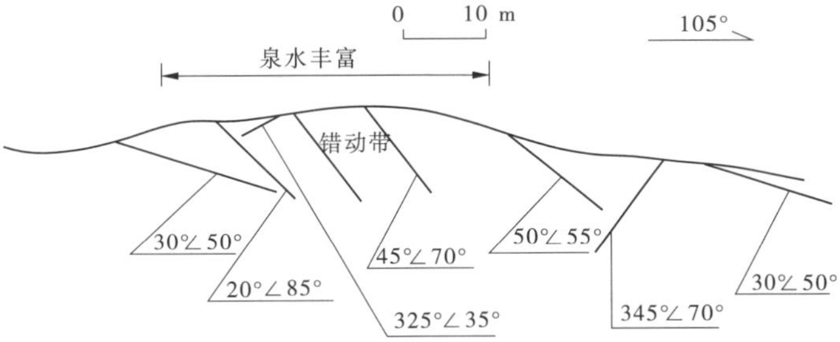

注:岩性均为砂岩夹板岩(比例约为2:1)

图 7-13　断层 F4 露头点素描图

信息。在所划定的断层之外还圈出了一些破碎带及异常区,称为破碎带和异常区,表明已知的相应地质信息还少,主要依据物探资料判定解释。

地层分段、解释的断层、破碎带及异常区都用不同的标识在图上标了出来。由于断层及地层分段在前面已进行了详细的描述,这里就不作重复介绍,仅对破碎带及异常区做描述。

7.4.6.1　东剖面

东剖面综合解释结果如附图 11(a)所示。

114 号桩附近有一明显低阻带,东倾,一直延伸到深部,在两侧均为高阻地层的背景中,特征明显,解释为破碎带 STD1。

160 ~ 183 号桩段,该带展布较宽,电阻率显示一些明显异于地层特征的变化,推断为断层 FTD1、破碎带 STD2 及裂隙较发育的区段,此段圈定为异常区 WL1。由于本区有较大影响宽度,施工中应注意渗水、破碎的影响。

334 号桩附近为一电阻率不连续带,显示为异常幅值不太大的异常带,解释为破碎带 STD3。虽然规模小,但施工中可能会有破碎掉块的影响。

图 7-14　断层 F2′发育情况

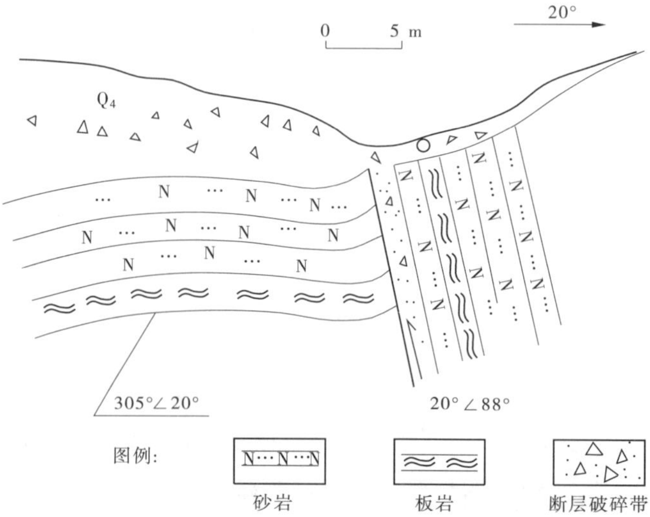

图 7-15　断层 F2′露头点素描图

397 号桩附近为一明显的低阻带,直立,解释为破碎带 STD4。隧道施工中会有渗水的影响。

443 号桩附近为一明显低阻带状异常,尤其在洞线深度附近低阻明显,应为一含水异常,解释为破碎带 STD5,应注意渗涌水。

7.4.6.2　**西剖面**

西剖面综合解释结果如附图 11(b)所示。

170 ~ 294 号桩段,反映有四处规模较大的低阻异常,这些异常的宽度较大,常在百米以上,这段地层中观察板岩组分并未明显增加。砂岩地层中确有薄层化的劈理。剖面和地层走向近平行。甚低频法结果在 182 号桩附近异常对应较好,其余部分反映不明显。从 CSAMT 结果上有低阻异常显示圈闭的特点。经综合分析,我们推断为该段地层层间

图7-16 222号桩附近破碎的中厚层砂岩

图7-17 222号桩附近下降泉(最大流量约30 L/min)

滑动碎裂明显,低阻异常为层间含水结构,并圈定了WL1′、WL2′、WL3′三处异常,在隧道施工中会有明显渗水,甚至小规模渗涌水的可能。

118号桩附近为一直立的低阻带,低阻带深部显著窄束。甚低频法结果对应高电流密度带,解释为碎裂带STD1′,但宽度较小。

55号桩附近有一低阻带,解释为碎裂带STD2′。

23~42号桩段,较多的细碎低阻异常,在圆滑后使整段电阻率相应变低。从这一段电性结构特点推断本段中碎裂构造较发育,圈定了WL4′异常,应注意工程中的地层岩性破碎问题。

7.4.7 探测结论

该测段共完成东、西两剖面的综合物探和工程地质勘察工作。完成东剖面约 12.975 km、西剖面 7.35 km，点距 25 m 的 CSAMT、VLF 勘探，9 个测点上的 IP 和 0.3 km 的 TEM 补充工作；完成了东、西两剖面洞线上方地表工程地质勘察及洞线两侧各 2 km 带宽地质调查工作。

东剖面解释断层 5 条，破碎带 5 个，异常区 1 个。其中，4 条断层 F1 ~ F4 有较充分的地表地质观察依据。FTD1 地表没有露头，没有直接的断层特征依据，但根据物探结果和该断层两侧的地层特点，认为应该有一个断层存在。5 个破碎带 STD1 ~ STD5 和 1 个异常区 WL1 都有较明显的低阻异常反应。另外，根据物探剖面的电性特征和工程地质工作对剖面沿线的岩性观察，把东剖面解释为 4 个岩性段。

西剖面解释了 3 条断层、2 个破碎带和 4 个异常区。其中，2 条断层 F1′、F2′有较充分的地表地质观察依据。110 号桩处的断层FTD1′地表也没有发现直接的断层特征依据，但根据物探结果和该断层两侧的地层特点，我们推断这里存在 1 个断层、2 个破碎带和 4 个异常区都有较明显的低阻异常。西剖面解释了 3 个岩性段。

表 7-4 和表 7-5 分别归纳和描述了各断层及地质岩性分段的特征。表 7-6 和表 7-7 分别归纳和描述了各破碎带及异常区的特征。

表 7-4　断层及地质特征描述一览表

东剖面			
断层编号	位置	地质特征	含水性
F1	14 号桩附近	倾向北西西，较陡，地质观察露头产状为倾向 200°，倾角约 50°	基本不含水
F2	99 号桩附近	CSAMT 结果为一窄的低阻带，南倾较陡，地质观察断层露头有搓痕、角砾、硅化，近直立，产状为 215°∠75°	除较浅部含水外，下部基本不含水
F3	240 号桩附近	有一低阻带，两侧电阻率不连续，地质观察断层露头产状，倾向 295°，倾角约 70°，上盘产状 40°∠30°，下盘产状 45°∠30°，层面明显，有断层角砾	基本不含水

续表 7-4

东剖面			
断层编号	位置	地质特征	含水性
F4	484 号桩附近	物探为明显电阻率不连续面，北东倾，地表地质观察在附近一定范围地层倾角变化大，由 30°∠50° ~ 15°∠25° ~ 45°∠30° ~ 30°∠5°，矿化蚀变强烈，有泉水出露	弱含水
FTD1	181 号桩附近	有一较明显电阻率变化带，推断有断层存在，其产状为 50°∠80°	基本不含水
西剖面			
断层编号	位置	地质特征	含水性
F1′	145 号桩附近	物探异常不明显，断层走向约 45°，产状为 210°∠50°，是压扭性断层	除较浅部含水外，下部基本不含水
F2′	173 号桩附近	其左侧为一低阻带。断层产状为 10°∠88°，由断层位置推断低阻带主要位于断层的南西方向，表明这一带有破碎和含水现象	断层本身弱含水
FTD1′	110 号桩附近	有一较明显电阻率变化带，推断有断层存在，其产状为 60°∠65°	基本不含水

表 7-5 地层岩性分段及性质描述

东剖面			
分段编号	位置	物性特征	含水性
1	0 ~ 63 号桩段	电阻率值较高。中厚层砂岩，中厚层砂岩夹板岩。板岩层相对破碎	基本不含水
2	63 ~ 153 号桩段	电阻率值高、中高。中薄层砂岩，少量中薄层砂岩夹板岩，板岩	基本不含水
3	153 ~ 280 号桩段	电阻率值中高。相对富含云母的中厚层砂岩，间夹有少量砂板岩互层。地表第四系松散沉积层厚 40 m 左右	基本不含水
4	280 ~ 519 号桩段	电阻率值高、中高。砂岩为主，板岩数量较少。砂岩含云母、岩屑，局部硅化，并形成韵律性组合	基本不含水
西剖面			
分段编号	位置	物性特征	含水性
1	0 ~ 94 号桩段	电阻率值高、中高。中层—中厚层砂岩夹板岩，结构较完整	基本不含水
2	94 ~ 172 号桩段	电阻率值中高。中薄层—中层砂岩夹板岩，结构较完整	基本不含水
3	172 ~ 294 号桩段	电阻率值局部低到中高。中薄层砂岩，中层砂岩夹板岩，结构破碎	局部含水明显

表 7-6　推断的破碎带及性质描述

东剖面

编号	位置	物性特征	含水性
STD1	114 号桩附近	有一明显低阻带,东倾,一直延伸到深部,在两侧均为高阻地层的背景中,特征明显	基本不含水
STD2	150 号桩附近	电阻率显示一些明显异于地层特征的变化	基本不含水
STD3	344 号桩附近	344 号桩附近为一电阻率不连续带,显示为异常幅值不太大的异常带,解释为破碎带 STD3。虽然规模小,但施工中可能会有破碎掉块的影响	基本不含水
STD4	397 号桩附近	397 号桩附近为一明显的低阻带,直立,解释为破碎带 STD4。隧道施工中会有渗水的影响	基本不含水
STD5	443 号桩附近	443 号桩附近为一明显低阻带状异常,尤其在洞线深度附近低阻明显,应为一含水异常,解释为破碎带 STD5,应注意渗涌水	弱含水

西剖面

编号	位置	物性特征	含水性
STD1′	118 号桩附近	为一直立的低阻带,低阻带深部显著窄束。甚低频法结果对应高电流密度带,解释为碎裂带 STD1′,但宽度较小	弱含水
STD2′	55 号桩附近	电阻率值相对较低	基本不含水

表 7-7　异常区及性质描述

东剖面			
分段编号	位置	物性特征	含水性
WL1	163～180 号桩段	该带展布较宽,电阻率显示一些明显异于地层特征的变化,推断为断层 FTD1、破碎带 STD2 及裂隙较发育的区段,此段圈定为异常区 WL1。由于本段有较大影响宽度,施工中应注意渗水、破碎的影响	基本不含水

西剖面			
分段编号	位置	物性特征	含水性
WL1′ WL2′ WL3′	170～280 号桩段	该段反映有四处规模较大的低阻异常,这些异常的宽度较大,常在百米以上,这段地层中观察板岩组分并未明显增加。砂岩地层中确有薄层化的劈理。剖面和地层走向近平行。CSAMT 结果上有低阻异常显示圈闭的特点。经综合分析,我们推断为该段地层层间滑动碎裂明显,低阻异常为层间含水结构。在隧道施工中会有明显渗水,甚至小规模渗涌水的可能	含水
WL4′	23～42 号桩段	23～42 号桩段,较多的细碎低阻异常,在圆滑后使整段电阻率相应变低。从这一段电性结构特点推断本段中碎裂构造较发育,圈定了 WL4′异常,应注意工程中的地层岩性破碎问题	基本不含水

7.5　小　结

本章针对南水北调西线工程深埋长引水隧洞探测的目的和要求,提出了探测的方法和思路,并对典型线路的探测进行了详细的分析和归纳总结,为类似工程的探测和成果解释提供了工作模式。

第 8 章　总　结

南水北调西线工程深埋长隧洞的施工是工作中的难点。如何在隧道设计与施工之前,对拟建隧道的工程地质条件进行详细勘察,在地表利用地质调查、综合地球物理技术,获取引水线路附近地层结构各种物性特征,并根据物性特征进行岩性分类;查明主要断层构造的宽度和走向,并对构造的赋水性进行初步评价是十分有意义的。

本书针对南水北调西线工程特殊的地形地质条件,对探测技术进行了深入的理论、模型研究及方法技术研究,最后形成了一套系统有效的深埋长隧洞围岩岩性识别的探测技术。其主要创新成果如下:

(1)根据南水北调西线工程的特点及地球物理探测的主要任务,分析了可控源音频大地电磁法的特点和在南水北调西线工程探测中存在的一些技术难题,并对这些问题进行了分析和研究,讨论了均匀大地表面上水平电偶极源电磁场的分布特点,研究了各种波区视电阻率的定义及相互关系,提出了计算视电阻率的公式。

(2)从可控源音频大地电磁法的基本原理出发,推导了基于电场双旋度方程的边值问题,并引入广义变分原理,提出了基于分块按行压缩的全稀疏存储模式,快速高效地求解大型稀疏复系数电磁场方程。在准静态近似条件下推导了均匀半空间大地和远区电场闭合表达式,并推导了水平电偶极子源一维电磁场的解析解,为三维有限元模拟解决了边界条件的加载问题。

(3)根据南水北调西线工程深埋长隧洞岩性的地球物理特征和探测目的,设置了 7 个不同的三维地质模型,采用可控源音频大地电磁法进行了有限元数值模拟,分析了数值模拟结果,得出了重要结论,为资料的解释和分析提供了理论指导。

(4)在理论研究和有限元数值模拟的基础上,确定了以可控源音频大地电磁法为主,配合其他物探和地质调查的方法进行南水北调西线工程深埋长隧洞的探测工作,并对典型线路的探测进行了详细的分析和归纳总结,为类似工程的探测和成果解释提供了工作模式。

参 考 文 献

[1] 薛云峰,何继善,郭玉松.南水北调西线工程深埋隧道地质超前预报系统研究的思考[J].地球物理学进展,2006,21(3):993-997.

[2] 丁恩保,马继平.隧道工程地质预报方法探讨[J].工程地质学报,1995,3(1):28-34.

[3] 李金都,王学潮.CSAMT新技术探测南水北调西线工程区断层研究[J].人民黄河,2004,26(1):42-43.

[4] 吴璐苹,石昆法,等.可控源音频大地电磁法在地下水勘查中的应用研究[J].地球物理学报,1996,39(5):712-717.

[5] 程业勋,杨进.环境地球物理学概论[M].北京:地质出版社,2005.

[6] Kaufman A A,Keller G V.时间域和频率域电磁测深[M].北京:地质出版社,1987.

[7] 何继善.地电磁场及其研究前沿[J].中南矿冶学院学报,1994,25(A05):1-4.

[8] 何继善.可控源音频大地电磁法[M].长沙:中南工业大学出版社,1990.

[9] 汤井田,何继善.可控源音频大地电磁法及其应用[M].长沙:中南大学出版社,2005.

[10] Nabighian,Misac N.勘查地球物理电磁法:第一卷 理论[M].赵经祥,王艳君,译.北京:地质出版社,1992.

[11] 朴化荣.电磁测深法原理[M].北京:地质出版社,1990.

[12] 阎述,陈明生.频率测深中磁性层的视电阻率响应[J].地质与勘探,1997,33(3):38-42.

[13] 殷长春.可控源音频磁大地电流法一维正演及精度评价[J].长春地质学院学报,1994,24(4):438-453.

[14] 王若,王妙月.一维全资料CSAMT反演[J].石油地球物理勘探,2007,42(1):108-114.

[15] 朴化荣,殷长春.频率测深水平磁场的正演计算及应用[J].物探化探计算技术,1988,11(3):204-213.

[16] Leppin M. Electromagnetic modeling of 3-D sources over 2-D inhomo geneities in the time domain[J]. Geophysics,1992,57:994-1003.

[17] Xiong Bin,LuoYanzhong. Finite element modeling of 2.5-D TEM with block homogeneous conductivity [J]. Chinese J. Geophys. 2006,49(2):590-597.

[18] Yuji Mitsuhata,Toshihiro Uchida. 2.5-dimensional modeling and inversion of CSEM data[J]. SEG Expanded Abstracts,1999,18:1052-3812.

[19] 底青云,Martyn Unsworth,王妙月.复杂介质有限元法2.5维可控源音频大地电磁法数值模拟[J].地球物理学报,2004,47(4):723-730.

[20] 底青云,Martyn Unsworth,王妙月.有限元法2.5维CSAMT数值模拟[J].地球物理学进展,2004,19(2):317-324.

[21] Yuguo Li, Kerry Key. 2D marine controlled-source electromagnetic modeling:Part1——An adaptive finite-element algorithm[J]. Geophysics,2007,72(2):51-62.

[22] 汤井田,任政勇,化希瑞.Coulomb规范下地电磁场的自适应有限元模拟的理论分析[J].地球物理学报,2007,50(5):1584-1594.

[23] 金建铭.电磁场有限元方法[M].西安:西安电子科技大学出版社,1998.

[24] 闫述.基于三维有限元数值模拟的电和电磁探测研究[D].西安:西安交通大学,2003.

[25] Spitzer K,Wurmstich B. Speed and accuracy in 3D resistivity modeling[J]. Geophysics. 2001,66.

[26] Fomenko E Y, Mogi T. A new computation method for a staggered grid of 3D EM field conservative modeling[J]. Earth Planets Space, 2002, 54:499-509.

[27] Davydy cheva S, Druskin V, Habashy T. An efficient finite-difference scheme for electromagnetic logging in 3D anisotropic inhomogeneous media[J]. Geophysics, 2003, 68:1525-1536.

[28] Commer M, Newman G. A parallel finite-difference approach for 3D transient electromagnetic modeling with galvanic sources[J]. Geophysics, 2004, 69(5):1192-1202.

[29] 罗延钟,万乐. 二维地形不平条件下均匀外电场的有限差分模拟[J]. 物探化探计算技术,1984(4):17-28.

[30] 周熙襄. 点源二维电阻率法有限差分法正演计算[J]. 物探化探计算技术,1983,5(3).

[31] 徐凯军,李桐林. 垂直有限线源三维地电场有限差分正演研究[J]. 吉林大学学报:地球科学版,2006,36(1):137-147.

[32] 张辉,李桐林,董瑞霞. 体积分方程法模拟电偶源三维电磁响应[J]. 地球物理学进展,2006,21(2):386-390.

[33] 张碧星,敬荣中. 三维电磁响应积分方程法数值模拟[J]. 中南工业大学学报,1999,30(5):472-474.

[34] 田宪谟,黄兰珍. 电法勘探用边界单元法[M]. 北京:地质出版社,1990.

[35] 阮百尧,王有学. 三维地形频率域人工源电磁场的边界元模拟方法[J]. 地球物理学报,2005,48(5):1197-1204.

[36] 齐基威茨 O C,邱 Y K. 结构和连续力学中的有限单元法[M]. 北京:国防工业出版社,1967.

[37] 徐世浙,王庆乙. 用边界单元法模拟二维地形对大地电磁场的影响[J]. 地球物理学报,1992,35(3):380-388.

[38] 阮百尧,熊彬. 电导率连续变化的三维电阻率测深有限元数值模拟[J]. 地球物理学报,2002,45(1):131-138.

[39] 黄临平,戴世坤. 复杂条件下 3D 电磁场有限元计算方法[J]. 地球科学:中国地质大学学报,2002,27(6):775-779.

[40] 底青云,王妙月. 稳定电流场有限元法模拟研究[J]. 地球物理学报,1998,41(2):252-259.

[41] 王若,王妙月,底青云. 频率域线源大地电磁法有限元正演模拟[J]. 地球物理学报,2006,49(6):1858-1866.

[42] 刘树才,周圣武. 二维电法数值模拟中的网格剖分方法[J]. 物探化探计算技术,1995,17(1):49-53.

[43] 陈璞,孙树立,袁明武. 有限元分析快速解法[J]. 力学学报,2002,34(2):216-222.

[44] 陈志,高旅端. 求解大规模稀疏线性方程组的算法[J]. 北京工业大学学报,2001,27(3):262-265.

[45] 姚松,田红旗. 有限元刚度矩阵的压缩存贮及组集[J]. 中南大学学报:自然科学版,2006,37(4):826-830.

[46] 张永杰,孙秦. 稀疏矩阵存储技术[J]. 长春理工大学学报,2006,29(3):38-41.

[47] Smith J T. Conservative Modeling of 3-D Electromagnetic Fields, Part Ⅰ: Properties and Error Analysis[J]. Geophysics, 1996, 61:1308-1318.

[48] Smith J T. Conservative modeling of 3-D electromagnetic fields, Part Ⅱ: Biconjugate gradient solution and anaccelertor[J]. Geophysics, 1996, 61:1319-1324.

[49] 张继锋,汤井田,喻言,等. 基于电场矢量波动方程的三维可控源电磁法有限单元法数值模拟[J]. 地球物理学报,2009,52(12):3132-3141.

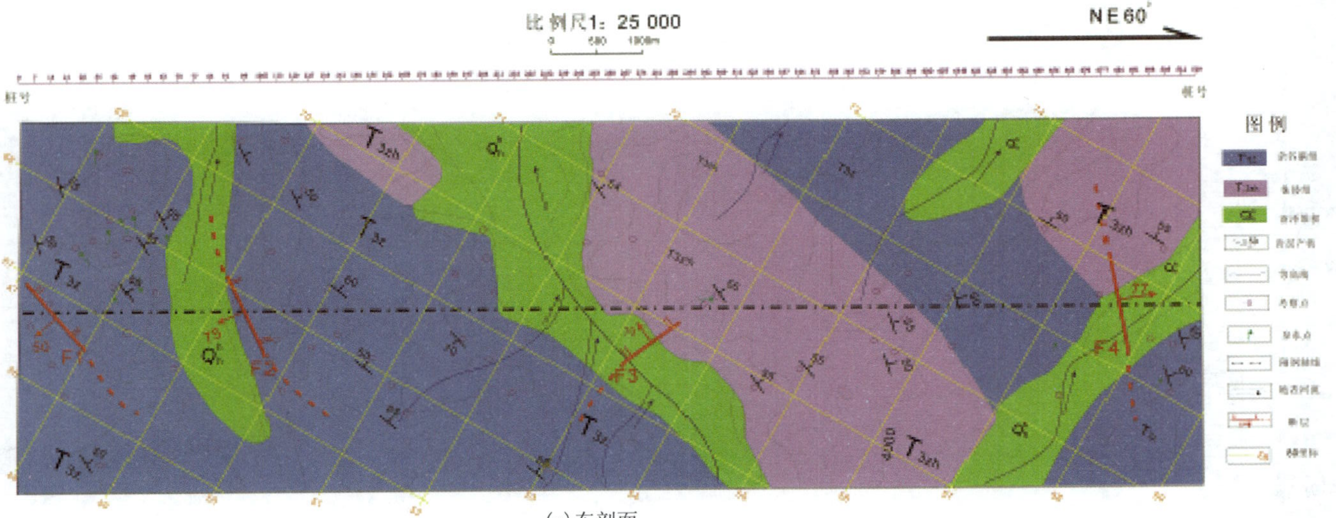

(a) 东剖面

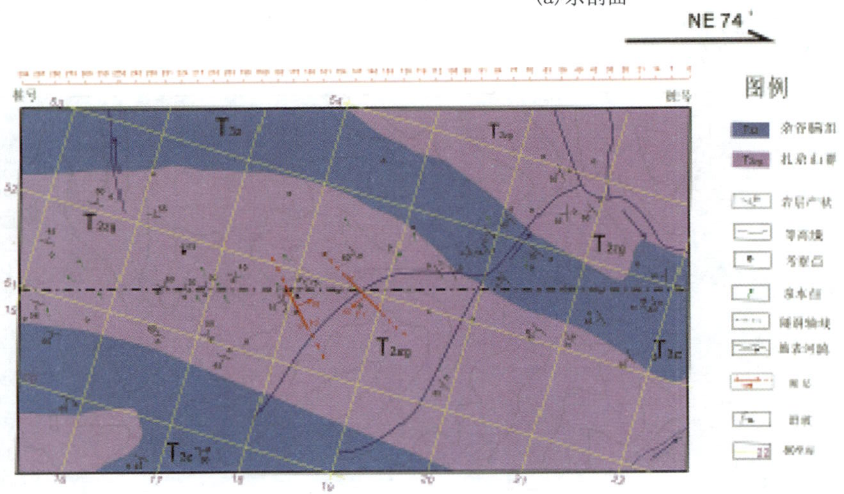

(b) 西剖面

附图1　南水北调西线第一期工程玛柯河—贾曲段深埋长隧洞地球物理探测带状地质图

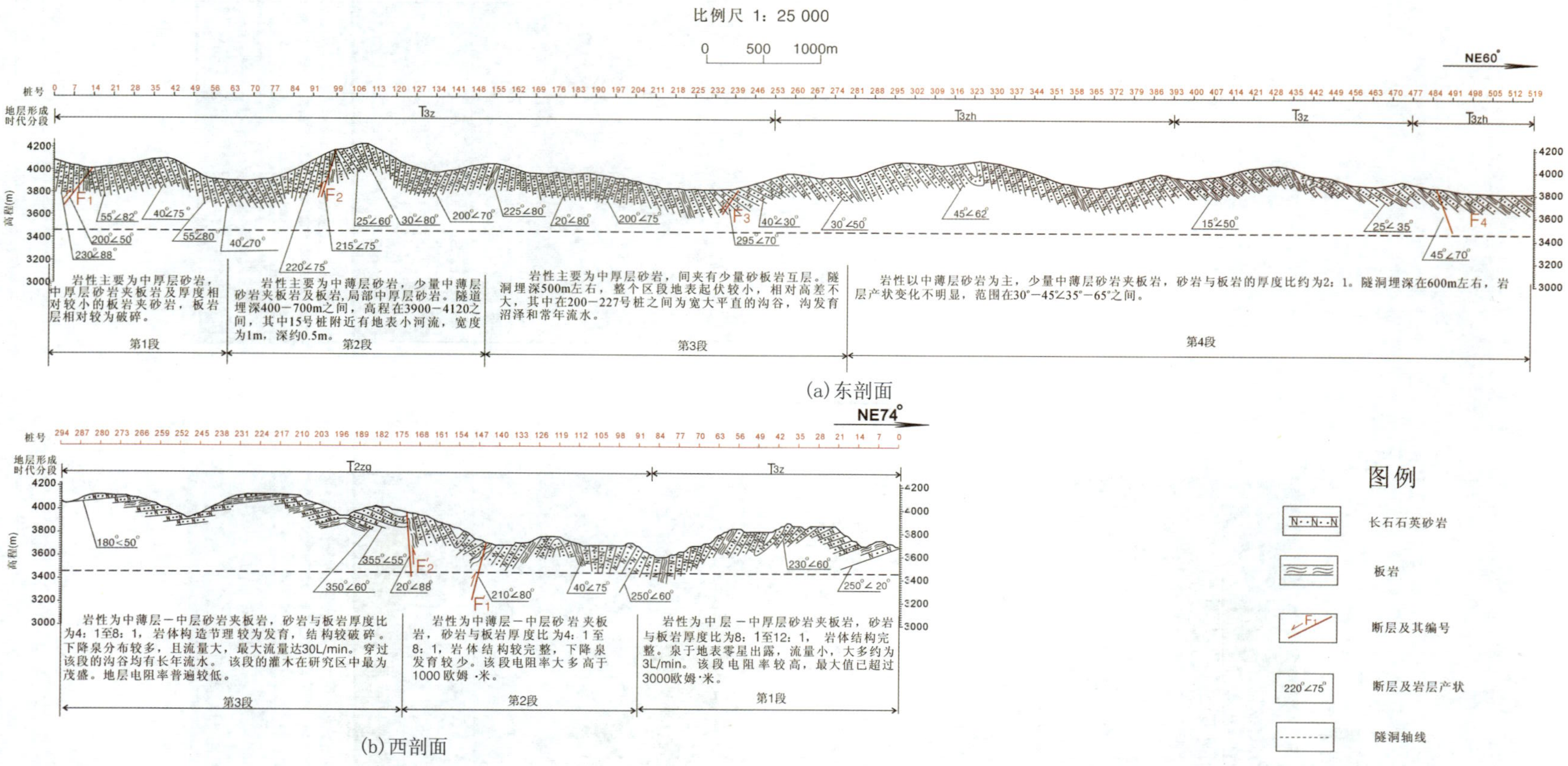

附图2 南水北调西线第一期工程玛柯河—贾曲段深埋长隧洞地球物理探测工程地质剖面图

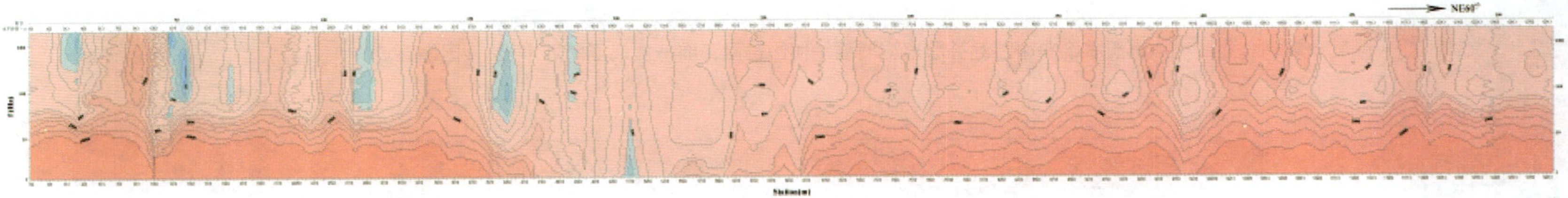

(a)东剖面

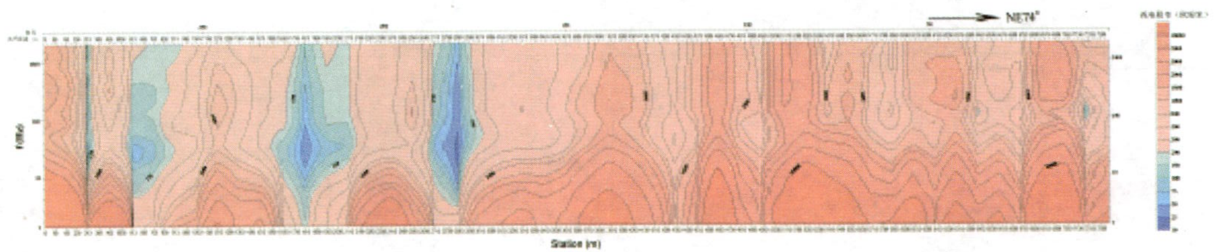

(b)西剖面

附图3　南水北调西线第一期工程玛柯河—贾曲段深埋长隧洞地球物理探测

CSAMT原始数据频率—视电阻率断面图（1:25 000）

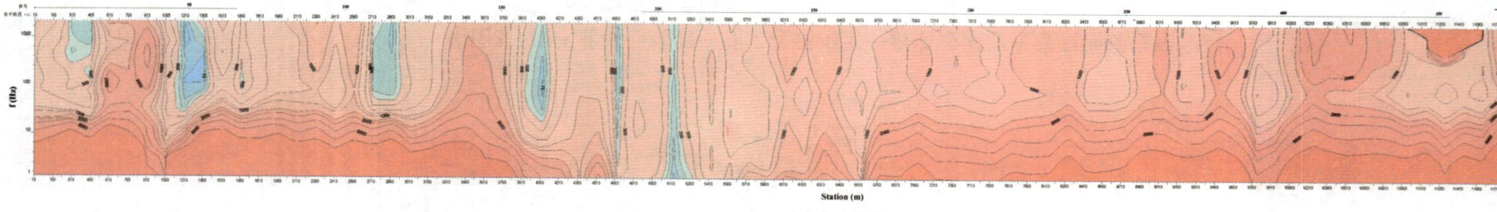

(a)东剖面

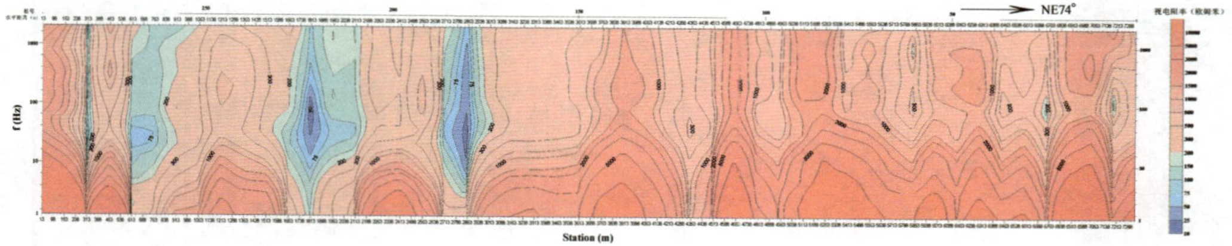

(b)西剖面

附图4　南水北调西线第一期工程玛柯河—贾曲段深埋长隧洞地球物理探测
CSAMT原始数据经地形修改后的频率—视电阻率断面图（1:25 000）

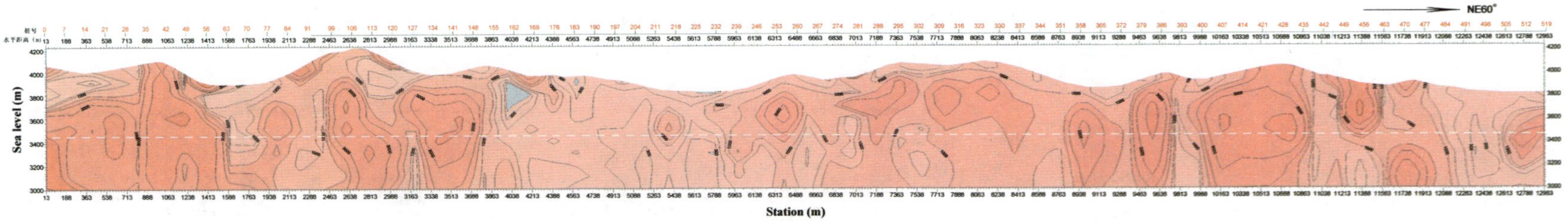

(a) 东剖面

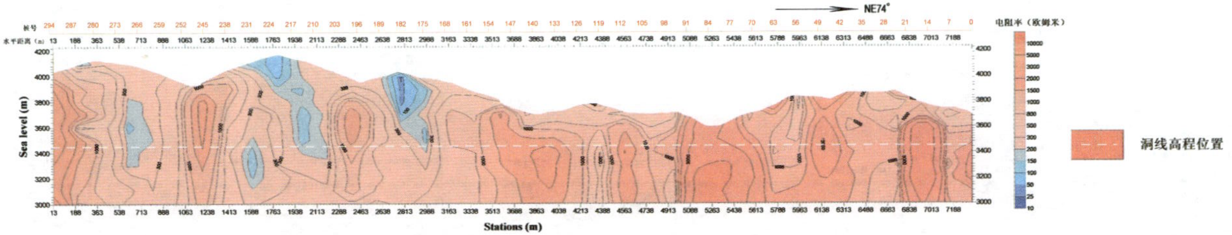

(b) 西剖面

附图5　南水北调西线第一期工程玛柯河—贾曲段深埋长隧洞地球物理探测

CSAMT反演电阻率断面图（1:25 000）

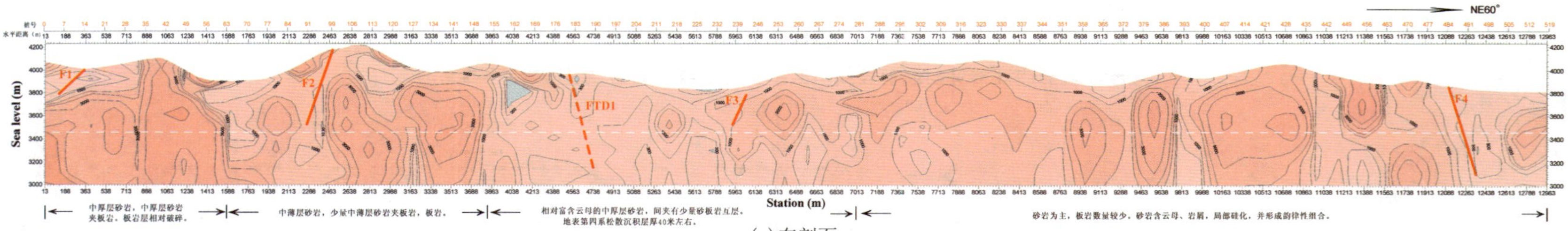

(a)东剖面

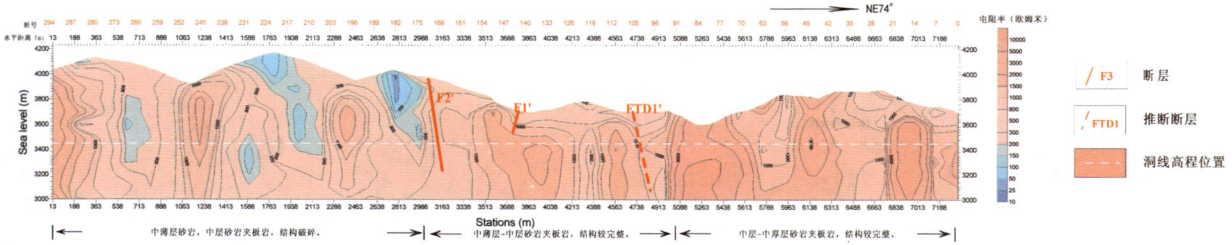

(b)西剖面

附图6　南水北调西线第一期工程玛柯河—贾曲段深埋长隧洞地球物理探测CSAMT推断解释图（1:25 000）

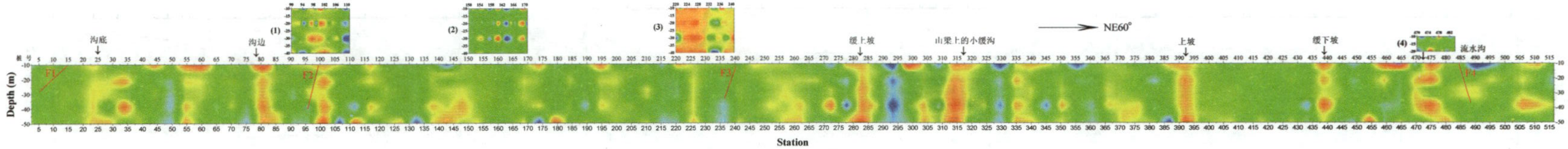

(a) 东剖面

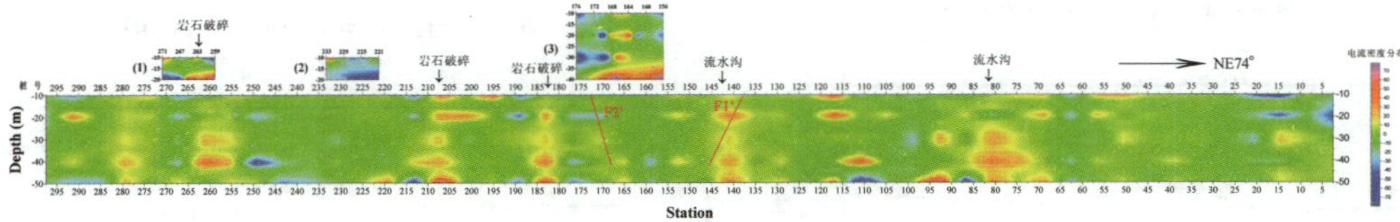

(b) 西剖面

注：大图上方标有（1）、（2）、（3）等标志的小图为对应桩段旁测线VLF结果。

F3 断层

附图7　南水北调西线第一期工程玛柯河－贾曲段深埋长隧洞地球物理探测甚低频法（VLF）结果图（1:25 000）

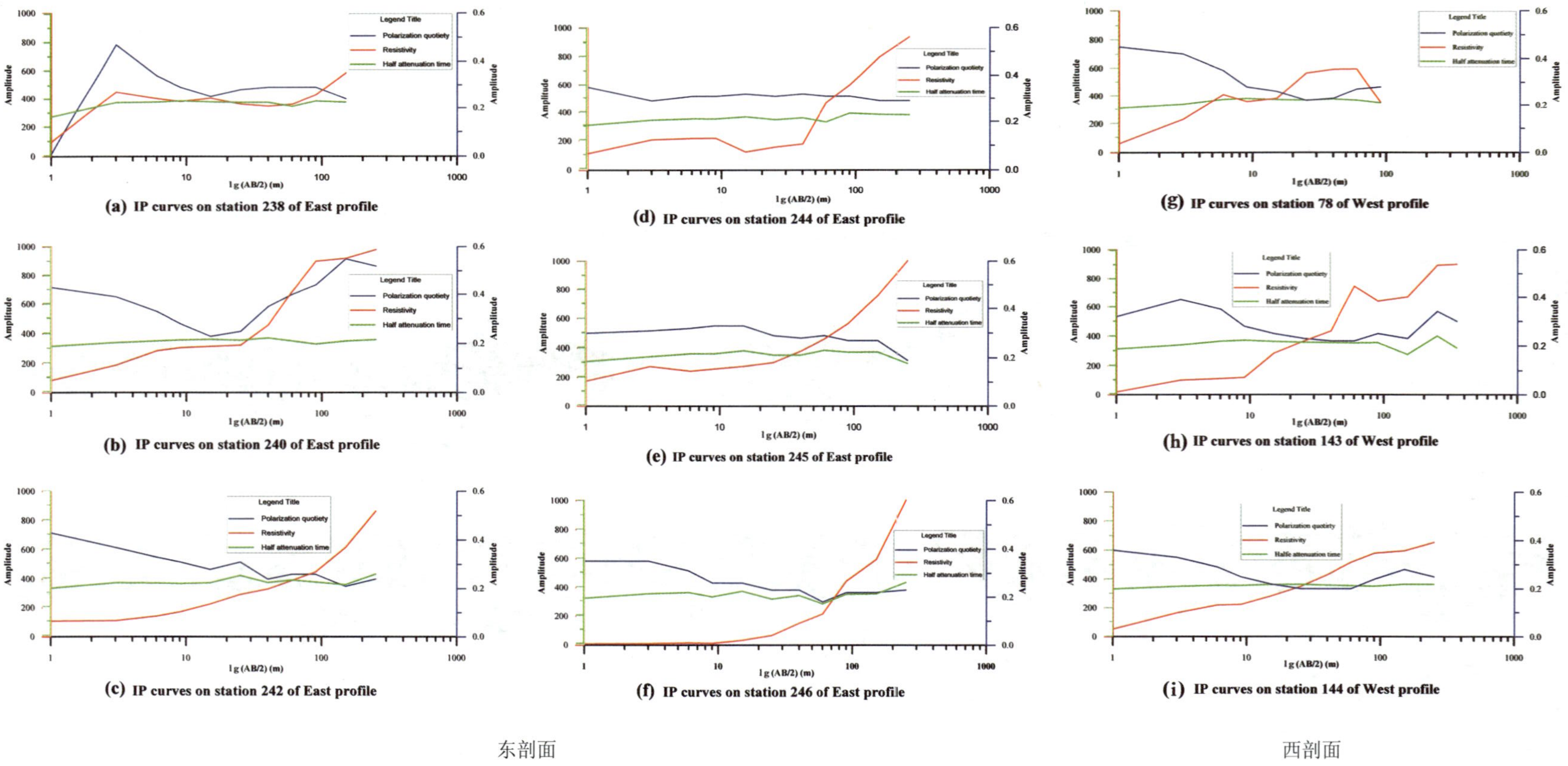

附图8　南水北调西线第一期工程玛柯河—贾曲段深埋长隧洞地球物理探测激发极化法（IP）测点测量曲线

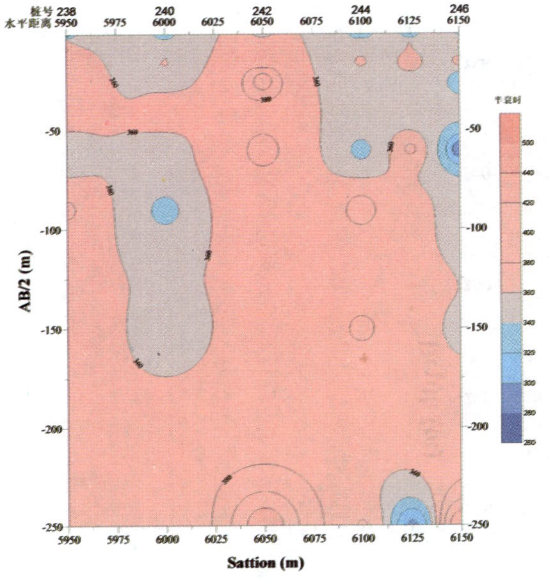

（a）

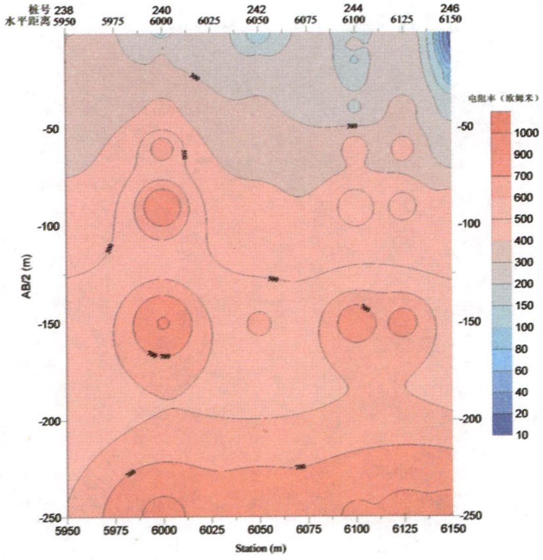

（b）

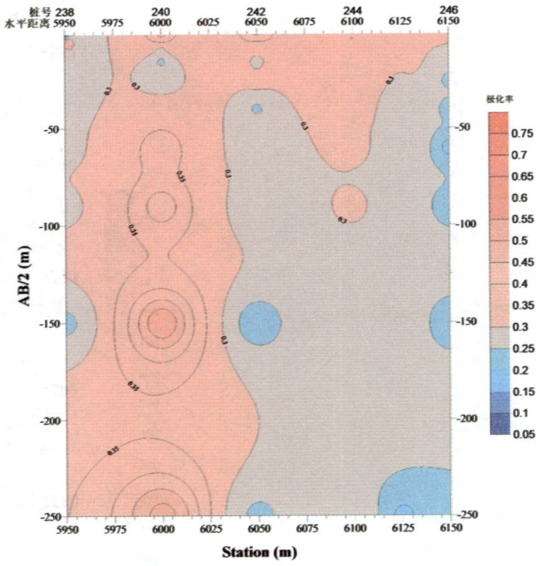

（c）

附图9　南水北调西线第一期工程玛柯河—贾曲段深埋长隧洞地球物理探测东剖面IP6个测点极化率、电阻率、半衰时剖面图

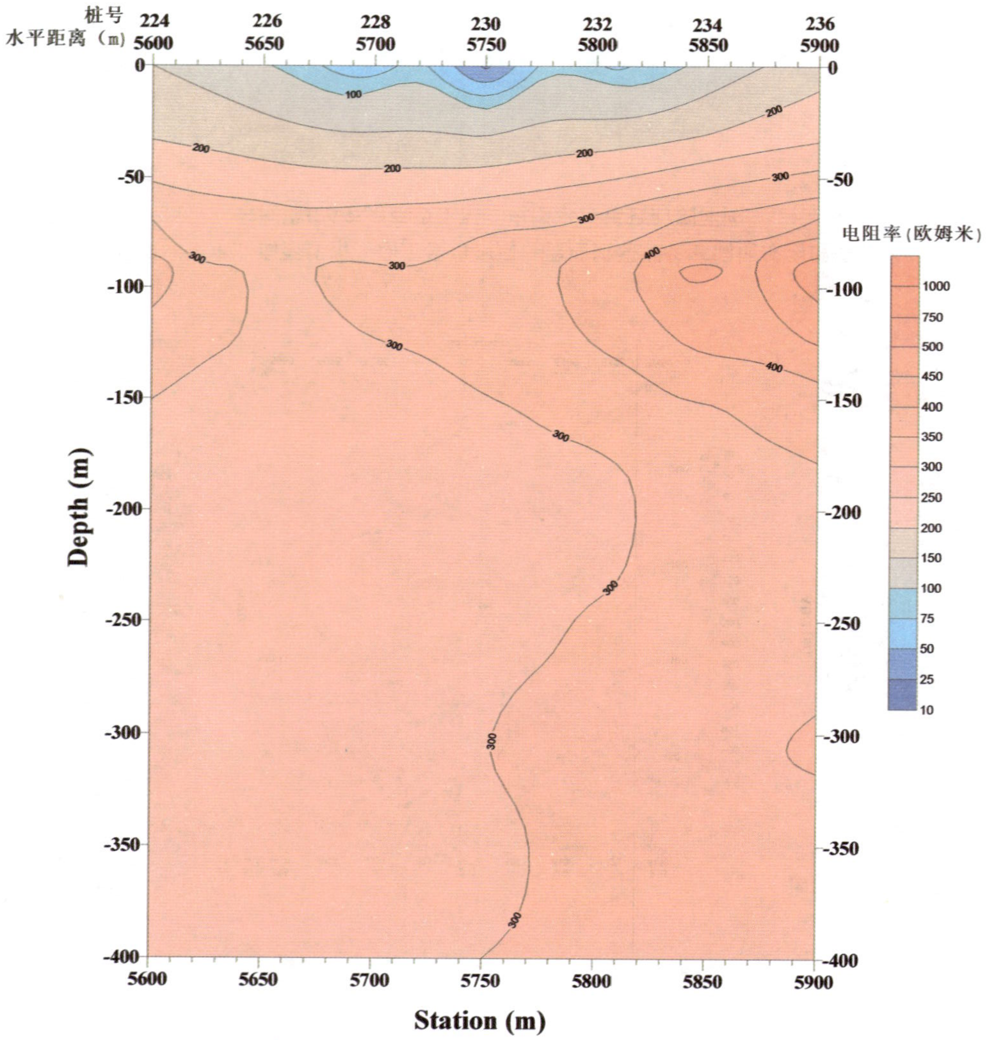

附图10　南水北调西线第一期工程玛柯河—贾曲段深埋长隧洞地球物理探测东剖面224～236桩段瞬变电磁法（TEM）电阻率断面图

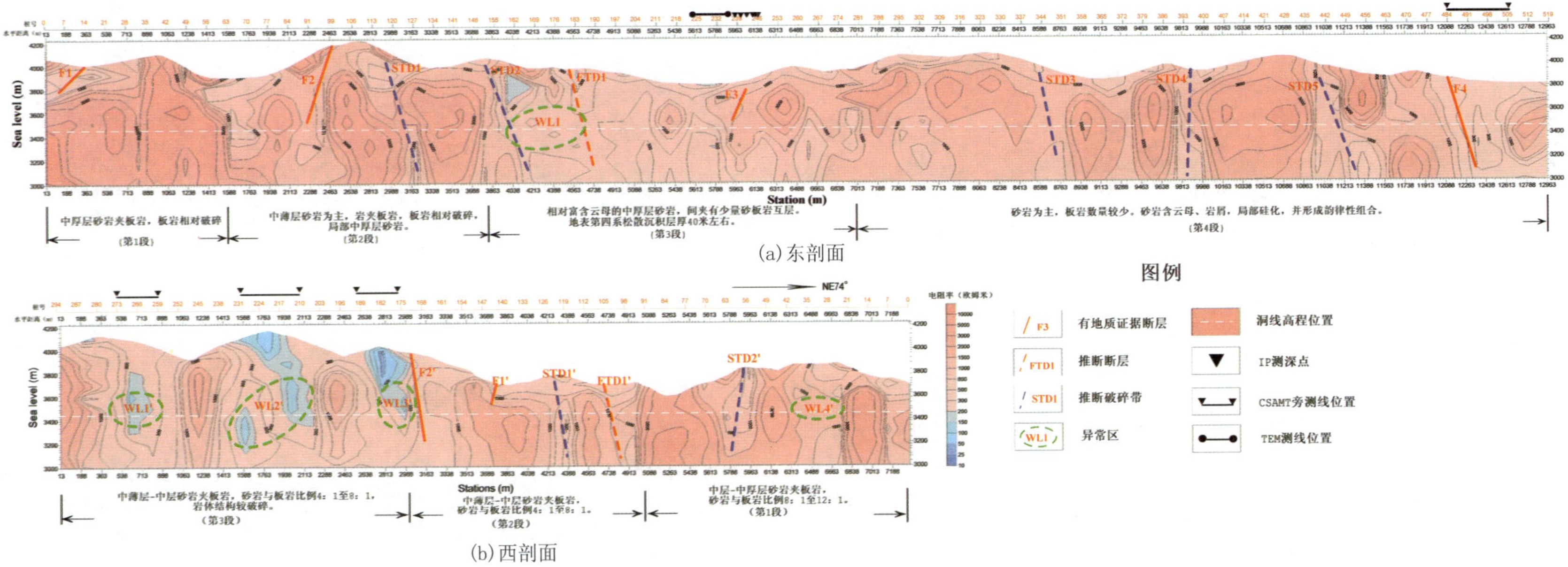

附图11　南水北调西线第一期工程玛柯河—贾曲段深埋长隧洞地球物理探测综合解释图（1:25 000）